高职高专教改系列教材

办公自动化
实用案例教程

主　编　丁亚明　何永太
副主编　陈时禄　余　强

内 容 提 要

本书是根据教育部国家示范性高等职业院校建设计划电子信息类专业群人才培养方案要求，按照计算机技术应用型人才培养标准编写完成的。本书编写模式新颖、层次分明、立足应用，充分考虑了高职学生的认知特点。全书共选取了15个实际工作任务，每个任务又拓展出若干个实训任务和综合实践任务，所选案例都具有很强的典型性和实用性，重在培养读者的实际动手能力。

本书可作为高等职业学校、高等专科学校及各类成人高校计算机类、文秘类、管理类、信息类相关专业的办公自动化课程教材或教学参考书，也可作为办公自动化的社会培训教材。

图书在版编目（CIP）数据

办公自动化实用案例教程 / 丁亚明，何永太主编
北京：中国水利水电出版社，2015.8(2021.6重印)
高职高专教改系列教材
ISBN 978-7-5170-3571-8

Ⅰ. ①办… Ⅱ. ①丁… ②何… Ⅲ. ①办公自动化－高等职业教育－教材 Ⅳ. ①C931.4

中国版本图书馆CIP数据核字(2015)第206373号

书　　名	高职高专教改系列教材 **办公自动化实用案例教程**
作　　者	主编　丁亚明　何永太　　副主编　陈时禄　余强
出版发行	中国水利水电出版社 （北京市海淀区玉渊潭南路1号D座　100038） 网址：www.waterpub.com.cn E-mail：sales@waterpub.com.cn 电话：（010）68367658（营销中心）
经　　售	北京科水图书销售中心（零售） 电话：（010）88383994、63202643、68545874 全国各地新华书店和相关出版物销售网点
排　　版	中国水利水电出版社微机排版中心
印　　刷	天津嘉恒印务有限公司
规　　格	184mm×260mm　16开本　14.75印张　349千字
版　　次	2015年8月第1版　2021年6月第4次印刷
印　　数	5001—8000册
定　　价	**49.00元**

凡购买我社图书，如有缺页、倒页、脱页的，本社营销中心负责调换

版权所有·侵权必究

前 言

本书是根据《教育部关于全面提高高等职业教育教学质量的若干意见》（教高〔2006〕16号）、《教育部关于推进高等职业教育改革创新引领职业教育科学发展的若干意见》（教职成〔2011〕12号）等文件精神，根据教育部国家示范性高等职业院校建设计划电子信息类专业群人才培养方案要求，按照计算机应用技术应用型人才培养标准编写完成的。

在现代信息社会中，办公自动化技术已经深入到各行各业、各个领域、各个学科。近年来，随着政府机构改革以及现代企业制度的不断完善，企事业单位对办公室人员提出了越来越高的要求。如何切实有效地提高办公人员的办公自动化技术成为一个迫切而重要的问题。

本书从高等职业教育学生对办公自动化技术的应用能力要求和实际工作后的需求出发，根据实际工作任务提取能力目标，并将其整合到对应的任务之中。每个任务均通过"任务情境""任务分析""任务实现""拓展实训"和"综合实践"5个部分展开。与同类教材相比，本书具有5个特点：①知识重构，任务引领；②虚拟角色，创设情境；③任务分层，因材施教；④知识与技能有机结合；⑤强化流程性操作。

本书内容共由15个任务构成，由安徽水利水电职业技术学院承担编写工作，编写人员及编写分工如下：任务1由何永太编写，任务2由余强编写，任务3和任务4由田芳编写，任务5和任务6由张峰编写，任务7、任务8由蒋冬梅编写，任务9和任务10由王亮编写，任务11和任务15由赵艳平编写，任务12由陈时禄编写，任务13和任务14由冯毅编写。本书由丁亚明和何永太担任主编并负责全书统稿；由陈时禄、余强担任副主编。

借此，向对本书给予帮助的同仁表示衷心感谢！

由于编者水平有限，书中难免有疏漏和错误之处，恳请广大读者批评指正。

编者
2015年5月

目 录

前言

第一部分 基 础 理 论

任务 1　了解办公自动化的基础知识 ·· 1
　1.1　办公自动化基础概念 ·· 1
　1.2　办公信息系统的组成与功能 ·· 2
　1.3　办公信息系统的安全与保密 ·· 3

第二部分 日常办公事务处理

任务 2　制作个人工作计划 ·· 6
　2.1　任务情境 ·· 7
　2.2　任务分析 ·· 7
　2.3　任务实现：制作个人工作计划 ·· 7
　2.4　拓展实训 ·· 19
　2.5　综合实践 ·· 21

任务 3　制作员工考勤表 ·· 23
　3.1　任务情境 ·· 23
　3.2　任务分析 ·· 24
　3.3　任务实现：制作员工考勤表 ·· 24
　3.4　拓展实训 ·· 33
　3.5　综合实践 ·· 35

任务 4　制作设备采购询价单 ·· 36
　4.1　任务情境 ·· 36
　4.2　任务分析 ·· 37
　4.3　任务实现：制作设备采购询价单 ·· 37
　4.4　拓展实训 ·· 41
　4.5　综合实践 ·· 43

任务 5　通知、请示、邀请函等公文处理 ··· 44
　5.1　任务情境 ·· 45

    5.2 任务分析 ········ 46

    5.3 任务实现：制作通知 ········ 46

    5.4 拓展实训 ········ 56

    5.5 综合实践 ········ 57

任务 6 制作宣传海报 ········ 61

    6.1 任务情境 ········ 62

    6.2 任务分析 ········ 62

    6.3 任务实现：制作通知 ········ 63

    6.4 拓展实训 ········ 68

    6.5 综合实践 ········ 69

任务 7 制作产品说明书 ········ 70

    7.1 任务情境 ········ 70

    7.2 任务分析 ········ 71

    7.3 任务实现：制作产品说明书 ········ 71

    7.4 拓展实训 ········ 81

    7.5 综合实践 ········ 82

任务 8 批量制作商务信函 ········ 83

    8.1 任务情境 ········ 84

    8.2 任务分析 ········ 84

    8.3 任务实现：批量制作商务信函 ········ 84

    8.4 拓展实训 ········ 93

    8.5 综合实践 ········ 95

任务 9 员工档案管理 ········ 96

    9.1 任务情境 ········ 96

    9.2 任务分析 ········ 97

    9.3 具体操作：制作员工档案信息表 ········ 97

    9.4 拓展实训 ········ 117

    9.5 综合实践 ········ 119

任务 10 员工工资管理 ········ 120

    10.1 任务情境 ········ 120

    10.2 任务分析 ········ 121

    10.3 具体操作：员工工资管理表格设计与工资计算 ········ 121

    10.4 拓展实训 ········ 133

    10.5 综合实践 ········ 136

任务 11 公司销售业绩统计与分析 ········ 137

    11.1 任务情境 ········ 137

11.2　任务分析 ······ 137
　11.3　任务实现：销售业绩的统计与分析 ······ 137
　11.4　拓展实训 ······ 151
　11.5　综合实践 ······ 155

任务12　产品生产方案的优化设计 ······ 156
　12.1　案例情境 ······ 156
　12.2　案例分析 ······ 157
　12.3　具体操作：产品生产方案优化设计 ······ 157
　12.4　拓展实训 ······ 167
　12.5　综合实践 ······ 169

任务13　制作会议方案演示文稿 ······ 170
　13.1　任务情境 ······ 171
　13.2　任务分析 ······ 171
　13.3　任务实现：制作会议方案演示文稿 ······ 171
　13.4　拓展实训 ······ 188
　13.5　综合实践 ······ 190

任务14　制作产品介绍演示文稿 ······ 191
　14.1　任务情境 ······ 191
　14.2　任务分析 ······ 192
　14.3　任务实现：制作产品介绍演示文稿通知 ······ 192
　14.4　拓展实训 ······ 208
　14.5　综合实践 ······ 209

第三部分　办公设备部分

任务15　常用办公设备的使用与维护 ······ 210
　15.1　打印机的使用与维护 ······ 210
　15.2　传真机的使用与维护 ······ 216
　15.3　复印机的使用与维护 ······ 218
　15.4　扫描仪的使用与维护 ······ 221
　15.5　多功能一体机的使用与维护 ······ 223
　15.6　移动存储设备的使用与维护 ······ 225

参考文献 ······ 227

第一部分 基础理论

任务 1 了解办公自动化的基础知识

本章主要介绍办公自动化的基本概念、发展状况、未来发展趋势、我国办公自动化的发展和整体现状；办公自动化信息系统的含义、构成、功能，以及安全和保密对策。

知识目标

- 办公自动化的含义与作用。
- 办公自动化的层次。
- 办公自动化的起源、发展与趋势。
- 我国办公自动化发展概况。
- 办公信息系统的组成与功能。
- 办公信息系统的安全与保密。

能力目标

- 了解办公自动化的基本概念、起源和发展趋势。
- 了解我国办公自动化发展情况。
- 理解办公信息系统的组成与功能，了解办公信息系统的安全与保密。

1.1 办公自动化基础概念

1.1.1 办公自动化的含义

办公自动化（Office Automation，OA）作为一个术语是由美国通用汽车公司 D. S. 哈特于 1936 年首次提出的。20 世纪 70 年代，美国麻省理工学院教授 M. C. Zisman 为办公自动化下了一个较为完整的定义：办公自动化就是将计算机技术、通信技术、系统科学及行为科学应用于传统的数据处理难以处理的数量庞大且结构不明确的、包括非数值型信息的办公事务处理的一项综合技术。

1985 年，我国召开第一次办公自动化规划讨论会，与会的专家、学者们综合了国内外的各种意见，将办公自动化定义为：办公自动化是利用先进的科学技术，不断使人的一部分办公业务活动物化于人以外的各种设备中，并由这些设备与办公室人员构成服务于某种目标的人-机信息处理系统，其目的是尽可能充分地利用信息资源，提高生产率、工作效率和质量，辅助决策，求得更好的效果，以达到既定（即经济、政治、军事或其他方面）目标。办公自动化的核心任务是为各领域、各层次的办公人员提供所需的信息。

1.1.2 办公自动化的意义

一个单位或组织进行办公自动化建设，通常具有以下重要意义。

1. 实现办公活动的高效率、高质量

现代化的技术、设备、理念进入办公领域，使参与办公活动的人员能够使用新的手段和方法改变传统的信息生成、传输、处理的手段和方法。例如，公文的往来形式，网上办公事项的审批，文件电子档案的保管和检索，信息的收集、统计、打印、复印等。由此，可以达到提高工作效率和工作质量、节省人力和物资资源的目的。

2. 实现办公信息处理的大容量、高速度

以计算机为代表的办公设备，具有处理速度快、存储容量大的能力。在相应软件的配合下，可以向办公人员提供多样的服务，对各项办公业务工作会起到辅助决策的作用。

3. 实现办公活动的智能化

在办公自动化中，人和机器设备是重要的组成部分。办公自动化系统就是人-机系统，而智能化的机器设备可以代替工作人员来完成那些重复的、琐碎的，以及适合使用智能化机器的工作，以提高办公的速度和准确性。

1.2 办公信息系统的组成与功能

1.2.1 办公信息系统的含义

20世纪90年代以后，计算机网络的发展不仅为办公自动化提供了信息交流的手段与技术支持，更使办公活动跨时空的信息采集、处理与利用成为可能，并为办公自动化赋予了新的内涵和应用空间，也提出了新的问题与要求。鉴于上述情况，在2000年11月召开的办公自动化国际学术研讨会上，专家们建议将办公自动化（Office Automation）更名为办公信息系统（Office Information System，OIS），并认为：办公信息系统是以计算机科学、信息科学、地理空间科学、行为科学和网络通信技术等现代科学技术为支撑，以提高专项和综合业务管理水平和辅助辅助效果为目的的综合性人-机信息系统。

1.2.2 办公信息系统的构成要素

办公信息系统的构成要素牵涉人员、业务、机构、制度、设备、环境等多个方面，其中最主要的有4个，分别是办公人员、办公信息、办公流程和办公设备。

1. 办公人员

办公人员包括高层领导、中层干部等管理决策人员，秘书、通信员等办公室工作人员以及系统管理员、软硬件维护人员、录入员等其他人员。这些人应当具有现代化的思想，掌握一定的现代科学技术知识、现代管理知识与业务技能。他们的自身素质、业务水平、敬业精神、对系统的使用水平和了解程度等，对系统的运行效率乃至成败至关重要。

2. 办公信息

办公信息是各类办公活动的处理对象和工作成果。办公在一定的意义上讲就是处理信息。办公信息覆盖面很广，按照其用途，可以分为经济信息、社会信息、历史信息等；按照其发生源，又分为内部信息和外部信息；按照其形态，办公信息有各种文书、文件、报表等文字信息，电话和录音等语言信息，图表、手迹等图像信息，统计结果等数据信息。各类信息对不同的办公活动提供不同的支持：它们可以为事务工作提供基础，为研究工作提供素材，还能为管理工作提供服务，为决策工作提供依据。

办公信息系统就是要辅助各种形态办公信息的收集、输入、处理、存储、交换、输出乃至全部过程，因此，对办公信息的外部特征、办公信息的存储与显示格式、不同办公层次需要与使用信息的特点等方面的研究是研制办公信息系统的基础性工作。

3. 办公流程

办公流程是有关办公业务处理、办公过程、办公人员管理的规章制度和管理规则。办公流程的科学化、系统化和规范化，将使办公活动易于纳入自动化的轨道。应该注意的是，由于办公信息系统往往要模拟具体的办公过程，办公流程或者组织机构的某些变化必然会导致系统的变化，同时，在新系统运行之后，也会出现一些新要求、新规定和新的处理方法，这就要求办公信息系统与现行办公流程之间有一个过渡和切换。

4. 办公设备

办公设备是决定办公质量的物质基础。现代化的办公设备包括计算机、打印机、扫描仪、电话、传真机、复印机、微缩设备等。办公自动化的环境要求办公设备主要以现代化设备为主。办公设备的水平与成熟程度直接影响办公信息系统的应用与普及。

1.2.3 办公信息系统的基本功能

从外在形式上看，办公信息系统的基本功能包括如下 8 个方面：

（1）公文管理。公文管理包括公文的收发、起草、传阅、批办、签批、会签、下发、催办、归档、查询、统计等基本功能，初步实现公文处理的网络化、自动化和无纸化。

（2）会议管理。会议管理包括会议计划、通知、组织、纪要、归档、查询、统计等功能和会议室管理功能，使会议通知、协调、安排都能在网络环境下实现。

（3）部门事务处理。事务处理包括部门值班、休假安排、工作计划、工作总结、部门活动等。

（4）个人办公管理。个人办公管理包括通讯录、日程、个人物品管理等。

（5）领导日程管理。领导日程管理包括为领导提供的日程、活动的设计和安排等。

（6）文档资料管理。文档资料管理包括文档资料的立卷、借阅、统计等。

（7）人员权限管理。人员权限管理包括人员的权限、角色、口令、授权等。

（8）业务信息管理。业务信息管理包括人事、财务、销售、库存、供应，以及其他业务信息的管理。

1.3 办公信息系统的安全与保密

办公信息系统中输入、处理、输出的是政府部门和企事业单位的有用信息，都有非常重要的经济和实用价值，以及一定程度的保密性要求，在现代开放式的网络办公环境下，系统很容易遭到非法人员、黑客和病毒的入侵，传输的数据也可能被截取、篡改、删除。因此，加强系统安全与保密显得非常重要。

1.3.1 信息系统安全与保密的含义

办公信息系统的安全与保密是两个不同的概念。安全是指为防止有意或无意的破坏系统息资源行为的发生以避免企业遭受损失所采取的措施,包括硬件安全、软件安全、数据安全和运行安全;保密是指防止有意窃取信息资源行为的发生,使企业免受损失而采取的措施。

1.3.2 影响系统安全与保密的因素

影响办公信息系统的安全和保密的因素是多方面的,归纳起来有以下 3 大类。

1. 人为因素

人为因素是指系统运行中由人的行为造成的不利因素,主要有两类:一类是系统的合法使用者造成的损失,如操作失误、管理不善、录入错误、应急措施不足等;另一类是故意制造的损失,即各种类型的计算机犯罪、计算机病毒制造、信息窃取和篡改等。应该指出的是,在办公信息系统的安全控制中,故意或者说是恶意的人为破坏可能会极大地危害办公系统,甚至是危害国家利益,必须予以注意。操作失误因素对办公信息系统的危害是每时每刻都可能发生的,其造成的损失同样是不可估量的。

2. 自然因素

自然因素是指各种由自然界、环境等的影响造成的对办公信息系统的不利因素,如水灾、火灾、雷电、地震,以及环境空间中存在着的电磁波等。这一类因素的危害主要针对系统设备、存储质、通信线路等。

3. 技术因素

技术因素主要涉及 3 个方面:第一是物理方面,主要是指计算机系统及各种附加设备的管理与维护,包括主计算机系统的可靠与稳定、存储介质的保管、网络结构的合理与适用、电压的变化或中断故障处理,以及是否有电磁泄漏抑制措施等;第二是软件方面,主要是指软件(包括系统软件、支撑软件和应用软件)是否有重大缺陷,软件在发生故障或者遭受破坏后是否具有自恢复能力等;第三是数据方面,主要是指系统的数据保护能力,例如,能否限制和制止数据的恶意或无意的修改、窃取和非法使用,是否有数据的安全性、正确性、有效性、相容性检查与控制等。

1.3.3 加强系统安全保密的常用措施

确保办公信息系统的安全,在系统安全管理和保密控制方面应采取以下几类措施。

1. 严格制度管理

加强管理可以从制度上对办公信息系统的安全起保护作用,它是办公信息系统安全最主要的一道防线。在实际业务中,可以考虑制定如下具体管理制度。

(1)建立计算机管理和监察机构,制定系统安全目标和具体的管理制度。

(2)对计算机系统的关键场所,如主机房、网络控制室、数据介质库房和终端室,应视不同情况进行安全保护,重要部位应安装电视监视设备,有的区域应设置报警系统。

(3)计算机系统启用前进行安全性检查,重要部门的计算机在启用前要报请有关部门进行安全保密检查,例如,有没有计算机病毒或逻辑炸弹等非法程序侵入等。

(4)执行主要任务的机构应该做到专机、专盘、专用;重要数据应定时及时备份。

（5）采用口令识别、分级授权、存取控制等成熟的安全技术。

（6）进行安全审计，掌握非法用户访问或合法用户的非法操作，以便发现潜在的问题，及时制止非法活动或者对刚出现的问题采取补救措施。

（7）禁止使用来历不明的磁盘，严禁玩游戏。慎重使用共享软件，尽量不从网上下载软件，来历不明的电子邮件不要随便查阅。

（8）完整地制作系统软件和应用软件的备份，并结合系统的日常运行管理与系统维护，做好数据的备份及备份的保管工作。

（9）敏感数据应尽可能以隔离方式存放，由专人保管。

2．加速法制建设

建立完善的计算机信息系统安全法律体系是系统安全的法律基石，主要包括两个方面：一是由国家最高领导机关组织制定计算机安全方针、政策并颁布法令；二是建立计算机安全法律体系，加快信息系统法制化的进程。

3．加强宣传教育

开展计算机信息系统安全的宣传和教育工作，使社会全体人员了解计算机信息系统安全的重要性，提高个人修养，加强职业道德，是保障信息系统安全、杜绝隐患的重要工作内容。

4．开展技术研究

加强办公信息系统安全和保密方面的技术研究工作，选择其中的关键性技术，有计划、分层次地研究防护措施，是确保系统安全保密的重要途径。这包括：进行办公信息系统有关风险分析，确定影响系统安全的各个要素；研究系统安全理论与有关政策，以建立完整有效的计算机安全体系；加强办公信息系统安全的具体技术研究；加强计算机安全产品的设计与应用，即将有关理论和技术的研究转化为具体的产品。

第二部分　日常办公事务处理

任务 2　制作个人工作计划

文字型文档是指只包含文字、没有图表等其他对象的文档,是日常办公中应用最广泛的 Word 文档之一。文字型文档虽然普通但并不简单,可以通过格式设置、版式调整以及各种应用达到理想的效果。本任务通过制作个人工作计划为例来介绍如何进行文字型文档的编辑与排版。制作的"个人工作计划"效果如图 2-1 所示。

个人工作计划

在新的一年里,我即将开始担任大张圩村的大学生村官,为了开展好本职工作,现制定如下工作计划。

一、要不断提高自身的素质和业务水平,更好地为村民服务

1. 加强各种知识的学习,注重理论结合实际,向乡、村干部学习农村工作方法,向书本学习农村理论知识,从各方面提升自己。

2. 参加各种实践,增强基层工作业务水平。

3. 坚持记录好个人工作日志,详细记录每天工作的内容、进度、成效、收获、不足等,形成完整的到村任职工作日志。

二、要做好村里的各项工作

1. 做好村中的各项日常工作,及时做好各类会议、活动记录,资料的整理、归档等日常管理工作,发挥专长做好网络宣传、计算机维护等工作。

2. 加大对大张圩村旅游业的宣传力度。

3. 做好河道清淤以及沿河农民生活用水排污口的治理等工作。

4. 主动关心弱势群体,继续完善我村困难群众档案,通过个人努力给予他们帮助,并积极联系外部力量对困难群众予以帮助。

5. 继续走访村民,进一步做到深入基层、深入群众。

总之,我会加强学习,严格要求自己,提高农村工作能力,努力为群众做好事、办实事、解难事,为加快新农村建设步伐做出自己应有的贡献,不辜负上级领导对我的期望和支持。

小李
2014 年 1 月 5 日

图 2-1　个人工作计划效果图

2.1 任务情境

小李是一名刚到大张圩村工作的大学生村官,按照乡里统一要求,所有村官都要撰写一份年度个人工作计划。

知识目标

- Word 2007 启动与退出。
- 熟悉 Word 2007 工作环境。
- 文字录入的方法与技巧。
- 文本的基本编辑操作。
- 字符格式排版。
- 段落格式排版。
- 简单的页面设置与打印。
- 文档的保存操作。

能力目标

- 能够根据工作职责制定个人工作计划,并进行简单的编辑与排版。
- 能够利用所学知识对文字型文档进行排版。

2.2 任务分析

无论是单位还是个人,无论办什么事情,事先都应有个计划和安排。有了工作计划,工作就有了明确的目标和具体的步骤,就可以协调大家的行动,增强工作的主动性,减少工作的盲目性,使工作有条不紊地开展。同时,计划本身又是对工作进度和质量的考核标准,有较强的约束和督促作用。制定工作计划要做到简明扼要、明确具体,除了具体内容之外,还需要美观的排版。

工作计划的内容一般只包含文字,属于文字型文档。一份标准的文字型文档通常具有以下特征:

- 文档标题位于页面正中,字体较正文字体偏大,具有醒目、概括的作用。
- 正文部分字体大小适中,段落结构清晰,再设置以适当的文字格式,便可具有规范、美观的效果。
- 文档结尾的落款一般位于页面偏右侧,要求简明、清晰、大小适中。

2.3 任务实现:制作个人工作计划

利用 Word 2007 制作一份工作计划一般需要经过以下几个步骤:
(1) 新建一个空白的 Word 文档。
(2) 录入工作计划的主要内容。

(3) 对文档进行页面设置。
(4) 对文本内容进行排版。
(5) 设置段落格式。
(6) 保存文档。
(7) 打印文档。

2.3.1 启动 Word 2007

可以通过以下几种方法启动 Word 2007：

方法一：执行"开始"/"所有程序"/"Microsoft Office"/"Microsoft Office Word 2007"菜单命令，便可启动 Word 应用程序，如图 2-2 所示。

图 2-2 启动 Word 2007

方法二：双击桌面上的 Word 2007 快捷方式图标，即可启动 Word 应用程序。
方法三：找到 Word 程序的可执行文件，双击该文件启动 Word 应用程序。

注意：Word 2007 程序的可执行文件扩展名为 .dcox。

2.3.2 耳目一新的 Word 2007 工作界面

启动 Word 2007 成功后，其工作界面如图 2-3 所示，要想使用好 Word 2007，首先必须对其工作界面有比较熟悉的了解。

Word 2007 工作界面主要由 Office 按钮、快速访问工具栏、标题栏、选项卡菜单栏、文档编辑区、状态栏、滚动条、标尺等部分组成，如图 2-3 所示。

1. 标题栏

标题栏中显示正在编辑的文档的名称以及正在使用的软件的名称。

2. Office 按钮

在使用"新建""打开""另存为""打印"，以及"关闭"等基本命令时，可单击此按钮。

3. 快速访问工具栏

默认情况下，快速访问工具栏位于 Word 窗口的顶部，使用它可以快速访问频繁使用的工具，如图 2-4 所示。用户可以将命令添加到快速访问工具栏，从而对其进行自定义。
方法为：单击"Word 选项"按钮，在其对话框中选择"自定义"菜单项，然后在其对话

任务2 制作个人工作计划

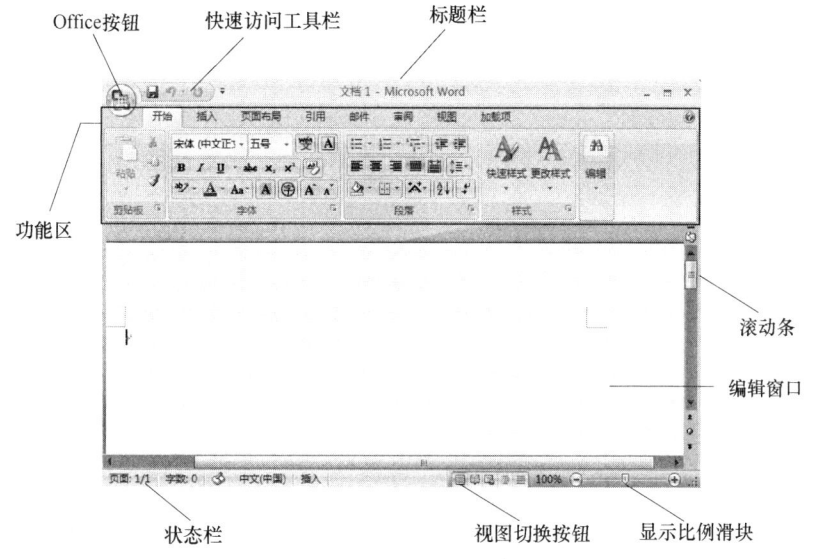

图2-3 Word 2007工作界面

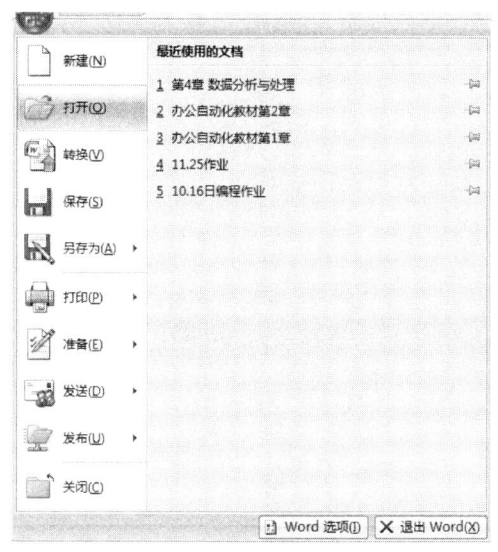

图2-4 Office按钮下拉菜单

框中设置，如图2-5所示。

4．功能区

在Office Word 2007中，功能区是菜单和工具栏的主要替代控件。为了便于浏览，功能区包含若干个围绕特定方案或对象进行组织的选项卡。而且，每个选项卡的控件又细化为几个组。功能区能够比菜单和工具栏承载更加丰富的内容，包括按钮、库和对话框内容。

5．编辑窗口

显示正在编辑的文档，这里是用户主要操作的窗口。

6．视图切换按钮

可根据需要更改正在编辑的文档的显示模式。

7．滚动条

可更改正在编辑的文档的显示位置。

8．显示比例滑块

可更改正在编辑的文档的显示比例设置。

9．状态栏

显示关于正在编辑的文档的信息。

2.3.3 新建Word文档

Word 2007中新建文档的方法如下：

图 2-5 自定义快速启动工具栏

(1) 在 Word 2007 窗口中依次单击 "Office 按钮" → "新建" 按钮。

(2) 打开 "新建文档" 对话框,在 "空白文档和最近使用的文档" 选项卡中单击 "空白文档" 选项,并单击 "创建" 按钮,如图 2-6 所示。

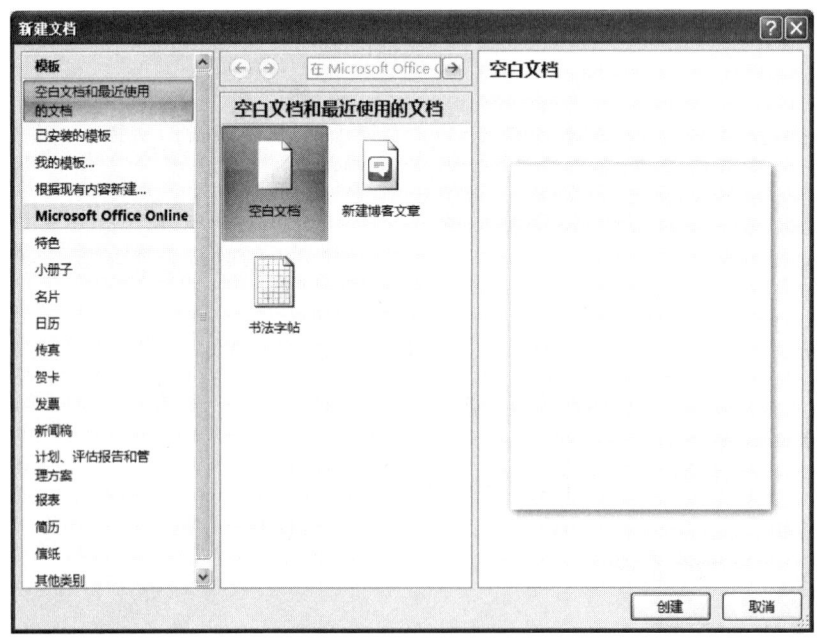

图 2-6 新建文档

小提示：在 Word 2007 中有三种类型的 Word 模板，分别为：.dot 模板（兼容 Word97－2003 文档）、.dotx（未启用宏的模板）和 .dotm（启用宏的模板）。在"新建文档"对话框中创建的空白文档使用的是 Word 2007 的默认模板 Normal.dotm。

2.3.4 页面设置

在输入具体文本之前应首先进行页面设置，页面设置包括设置纸张和页边距。

1. 设置纸张

启动 Word 2007，切换到"页面布局"选项卡，单击"页面设置"选项组中的"纸张大小"按钮，在"纸张大小"下拉列表框中选择即可，这里选择 A4 纸张，如图 2－7 所示。

除了 Word 提供的纸张大小，用户可以根据需要自定义纸张大小。其操作步骤如下：

单击"其他页面大小"选项，弹出"页面设置"对话框；在"纸张"选项卡"纸张大小"下拉列表中选择"自定义大小"，在"宽度"和"高度"微调按钮中设置大小，如图 2－8 所示。

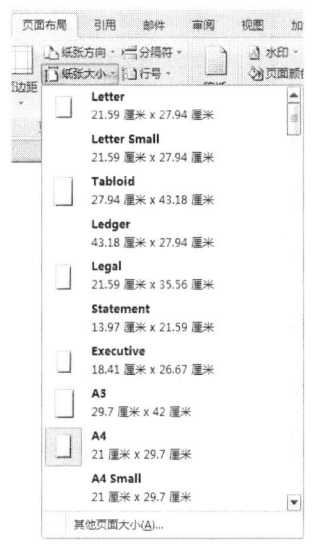

图 2－7 选择纸张大小

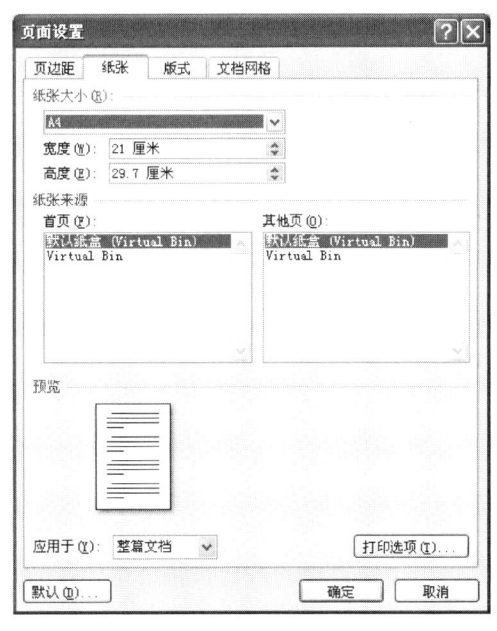

图 2－8 自定义纸张大小

2. 设置页边距

页边距是指文档内容与页面顶端和低端的距离，包括上边距、下边距、左边距和右边距。在页边距的可打印区域中可以插入图片、页眉页脚等。可以通过下列步骤来设置页边距：

(1) 打开 Word 2007 文档窗口,切换到"页面布局"功能区。在"页面设置"选项组中单击"页边距"按钮,如图 2-9 所示。

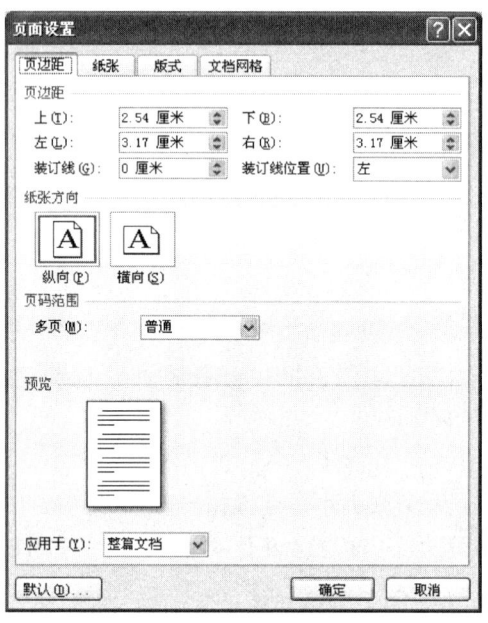

图 2-9 "页面设置"对话框

(2) 在打开的"页面设置"对话框中切换到"页边距"选项卡,在"页边距"区域分别设置上、下、左、右的数值,单击"确定"按钮即可。

2.3.5 输入文本内容

在录入文本内容过程中,应先进行文本录入,然后再对其编辑排版。输入文本时应遵循的原则如下:

- 不要使用空格键进行字间距的调整以及居中方式、段落首行缩进等设置。
- 不要使用回车键对段落间距进行调整,当一个段落结束时,才按回车键。
- 不要使用连续按回车键产生空行的方法进行分页设置。

2.3.6 文本的基本编辑操作

1. 选定文本

(1) 使用鼠标选中文本。使用鼠标选中文本,是最直接、最基本的选定方法,有以下几种方法:

- 按住鼠标左键并拖动,选择需要选定的文本的范围,然后释放鼠标左键,或者在所选内容的开始处单击鼠标左键,然后按住"Shift"键,并在所选内容结尾处单击鼠标左键,可选定任意数量的文本。
- 双击鼠标左键,可选定一个单词或词组。
- 将鼠标指针移动到某行的左侧,直到鼠标变为 ⇗ 形状时,单击鼠标左键,即可选定该行文本。
- 将鼠标指针移动到某行的左侧,直到鼠标变为 ⇗ 形状时,任意向上或向下拖动鼠标到需要的位置，可选定多行文本。
- 按住"Alt"键，然后拖动鼠标到需要位置，可选定垂直的一块文本。
- 将鼠标指针移到段落的左侧，直到鼠标变为形状时，双击鼠标左键，或者三次单击该段落的任意位置，即可选定该段落。
- 将鼠标指针移到文档正文的左侧，直到鼠标变为形状时，按住"Alt"键，单击鼠标左键，或者三次单击鼠标左键，即可以选定整篇文档。

（2）使用键盘选中文本。在使用键盘进行文本选定之前，必须将光标定位在将要选定区域的起始位置，然后才能进行键盘选定的操作。使用键盘选定文本的快捷键见表2-1。

表2-1 　　　　　　　　　　常 用 快 捷 键 操 作 表

操　　作	快捷键
光标右边的一个字符	按"Shift+向右"组合键
光标左边的一个字符	按"Shift+向左"组合键
光标之后的一个单词	按"Ctrl+Shift+向右"组合键
光标之前的一个单词	按"Ctrl+Shift+向左"组合键
光标处到上一行的文本	按"Shift+向上"组合键
光标处到下一行的文本	按"Shift+向下"组合键
所有文本	按"Ctrl+A"组合键

（3）取消文本的选定。如果选定的文本不符合操作的需要，用户可以取消选定，返回到正常的编辑状态，取消文本选定的方法如下：
- 在文档中的任意位置单击鼠标左键。
- 按键盘上的4个方向键，或者按住"PageUp""PageDown""Home""End"键，并且将插入点移动到相应的位置。

2．移动和复制文本

（1）移动文本的具体步骤。

1）选中需要移动的文本。

2）移动鼠标到选定的文本上，按住鼠标左键，并将该文本块拖到目标位置，然后释放鼠标。如果按住"Ctrl"键拖到可实现复制操作。

技巧：按"Ctrl+X"组合键可剪切文本，按"Ctrl+V"组合键可粘贴文本。

（2）复制文本的具体步骤。

1）选中需要移动的文本。

2）在功能区用户界面中的"开始"选项卡中，单击"剪贴板"组中的"复制"按钮。

3）将光标定位在目标位置，在功能区用户界面中的"开始"选项卡中，单击"剪贴板"组中的"粘贴"选项。

技巧：按"Ctrl+C"组合键可复制文本，按"Ctrl+V"组合键可粘贴文本。

(3) Office 剪贴板。使用 Office 剪贴板复制或移动文本的具体操作步骤如下：

1）选中要复制或移动的文本，在功能区用户界面"开始"选项卡"剪贴板"组中单击"复制"按钮，对选定的文本进行复制。

2）重复上述步骤，把复制的文本放到 Office 剪切板中，最多可存放 24 项剪贴内容。

3）在功能区用户界面"开始"选项卡"剪贴板"组中单击"剪贴板"任务窗格启动器按钮，打开"剪贴板"任务窗格，如图 2-10 所示。

4）将光标定位在需要粘贴的位置。

5）选中"剪贴板"任务窗格中需要的内容，即可在文档中粘贴该内容。如果要粘贴 Office 剪贴板中的所有内容，可单击"剪贴板"任务窗格中的"全部粘贴"按钮；如果要删除 Office 剪贴板中的所有内容，可单击"剪贴板"任务窗格中的"全部清空"按钮。

3. 删除文本

在编辑文本的过程中，有时会遇到输入多余或错误的文本情况，这时候需要对其进行删除操作。常见删除文本的方法如下：

(1) 按"Delete"键可删除光标右侧的一个字符。

(2) 按"Backspace"键可删除光标左边的一个字符。

(3) 如果要删除一段文本，可选定要删除的文本，然后按"Delete"键。

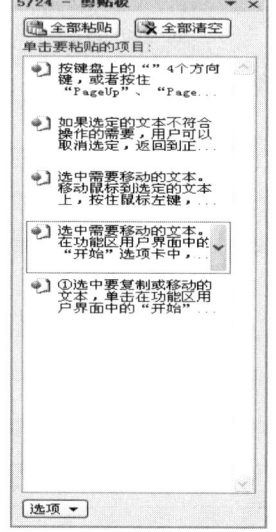

图 2-10 剪贴板窗口

4. 插入与改写文本

默认情况下，文本是在插入状态下进行操作，用户可以在状态栏中单击"改写"按钮，使其变成有效状态，即可切换到"改写"状态；如果再次单击，返回到"插入"状态。另外也可以按"Insert"键进行切换。

2.3.7 设置文本格式

文本格式包括标题和正文格式两部分，可以分别设置不同的格式，达到美观的效果。本任务中文本格式设置如图 2-11 所示。

1. 设置标题格式

(1) 选中标题。

(2) 设置为仿宋_GB2312，四号字，加粗，红色字体，段后距离为 1 行。

2. 设置正文格式

(1) 选中正文普通文本设置为仿宋_GB2312，小四号字。

(2) 选中正文中一级标题文本，设置为仿宋_GB2312，加粗，小四号字，段前段后间距均为 0.5 行。

(3) 选中正文中的二级小标题，设置为仿宋_GB2312，小四号字，行距为 1.2 多倍行距。

2.3.8 打印文档

在 Word 2007 中，用户可以通过设置打印选项使打印设置更适合实际应用，且所做的设置适用于所有 Word 文档。

任务2 制作个人工作计划

> 标题：仿宋_GB2312，加粗，四号字，红色，段后
>
> 正文：仿宋_GB2312，小四号字
>
> **个人工作计划**
>
> 　　在新的的一年里，我即将开始担任大张圩村的大学生村官，为了开展好本职工作，现制定如下工作计划。
>
> **一、要不断提高自身的素质和业务水平，更好地为村民服务**
>
> 　　1. 加强各种知识的学习，注重理论结合实际，向乡、村干部学习农村工作方法，向书本学习农村理论知识，从各方面提升自己。
>
> 　　2. 参加各种实践，增强基层工作业务水平。
>
> 二级小标题：仿宋_GB2312，小四号字，行距为1.2多倍行距
>
> 一级标题：仿宋_GB2312，加粗，小四号字，段前段后间距均为0.5行

图2-11　文本格式

在 Word 2007 中设置 Word 文档打印选项的步骤如下：

图2-12　"Word 选项"按钮

（1）打开 Word 2007 文档窗口，依次单击"Office 按钮"/"Word 选项"按钮，如图2-12所示。单击"Word 选项"按钮。

（2）在打开的"Word 选项"对话框中，切换到"显示"选项卡。在"打印选项"区域列出了可选的打印选项，如图2-13所示。各选项的作用如下：

1）选中"打印在 Word 中创建的图形"选项，可以打印使用 Word 绘图工具创建的图形。

2）选中"打印背景色和图像"选项，可以打印为 Word 文档设置的背景颜色和在 Word 文档中插入的图片。

3）选中"打印文档属性"选项，可以打印 Word 文档内容和文档属性内容（例如文档创建日期、最后修改日期等内容）。

4）选中"打印隐藏文字"选项，可以打印 Word 文档中设置为隐藏属性的文字。

5）选中"打印前更新域"选项，在打印 Word 文档以前首先更新 Word 文档中的域。

6）选中"打印前更新链接数据"选项，在打印 Word 文档以前首先更新 Word 文档中的链接。

（3）切换到"高级"选项卡，在"打印"区域可以进一步设置打印选项，各选项的作用如下：

1）选中"使用草稿品质"选项，能够以较低的分辨率打印 Word 文档，从而实现降低耗材费用、提高打印速度的目的。

图 2-13 "显示"选项卡设置打印选项

2)选中"后台打印"选项,可以在打印 Word 文档的同时继续编辑该文档,否则只能在完成打印任务后才能编辑。

3)选中"逆序打印页面"选项,可以从页面底部开始打印文档,直至页面顶部。

4)选中"打印 XML 标记"选项,可以在打印 XML 文档时打印 XML 标记。

5)选中"打印域代码而非域值"选项,可以在打印含有域的 Word 文档时打印域代码,而不打印域值。

6)选中"打印在双面打印纸张的正面"选项,当使用支持双面打印的打印机时,在纸张正面打印当前 Word 文档。

7)选中"在纸张背面打印以进行双面打印"选项,当使用支持双面打印的打印机时,在纸张背面打印当前 Word 文档。

8)选中"缩放内容以适应 A4 或 8.5×11 纸张大小"选项,当使用的打印机不支持 Word 页面设置中指定的纸张类型时,自动使用"A4 或 8.5×11"尺寸的纸张。

9)"默认纸盒"列表中可以选中使用的纸盒,该选项只有在打印机拥有多个纸盒的情况下才有意义,如图 2-14 所示。

2.3.9 保存文档

创建文档后,应该将文档保存到磁盘上便于以后使用,如果不存盘,关机后信息将会丢失。用户应该养成及时保存文档的良好习惯,以防止数据丢失。Word 2007 为用户提供了多种保存文档的方法,而且具有自动保存功能,可以最大限度地保护因意外而引起的数据丢失。

任务 2　制作个人工作计划

图 2-14　"高级"选项卡设置打印选项

1. 新建文件的保存

保存新建文件的具体操作步骤如下：

(1) 单击快速 "Office" 按钮，然后在弹出的菜单中选择 "保存" 命令，弹出 "另存为" 对话框，如图 2-15 所示。

图 2-15　"另存为"对话框

（2）在"保存位置"下拉列表中选择要保存文件的文件夹位置。

（3）在"文件名"下拉列表中输入文件名，这里保存为"个人工作计划"文件名；在"保存类型"下拉列表中选择保存文件的格式，格式为 Word 文档（扩展名为 .docx）。

（4）输入完毕后，单击"保存"按钮即可。

注意：允许为文件取一个最多可达 255 个字符的文件名，文件名中可以有空格，可以中英文混编，还可以区分大小写字母。

2．保存已有文档

对已有文档修改后需要进行保存，保存已有文档有以下两种方法：

（1）在原来位置保存。在对已有文档修改完成后，单击"Office"按钮，在弹出的菜单中选择"保存"命令，Word 2007 将修改后的文档保存到原来的文件夹中，修改前的内容将被覆盖，并且不再弹出"另存为"对话框。

（2）另存为。如果需要将已有的文档保存到其他的文件夹中，可以在修改完成文档之后，单击"Office"按钮，然后在弹出的菜单中选择"保存"命令，弹出"另存为"对话框。在该对话框中的"保存位置"下拉列表中重新选择文件的为位置；在"文件名"下拉列表中输入文件的名称；在"保存类型"下拉列表中选择文件的保存类型；最后单击"保存"按钮即可。

3．设置文档自动保存

Word 2007 可以按照某一固定时间间隔自动对文档进行保存，这样大大减少断电或死机时由于忘记保存文档所造成的损失。设置"自动保存"功能的步骤如下：

（1）单击"Office"按钮，在弹出的菜单中选择"Word 选项"命令，弹出"Word 选项"对话框，在左侧选择"保存"选项，如图 2-16 所示。

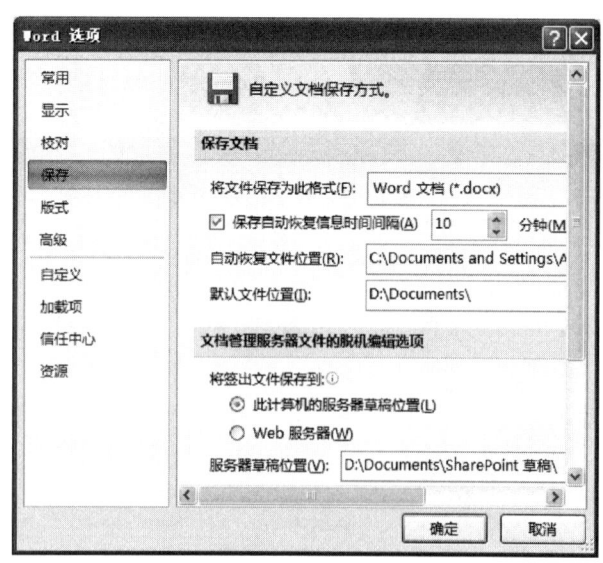

图 2-16 文档自动保存设置

（2）在右侧"保存文档"选区中的"将文件保存为此格式"下拉列表中选择文件保存

类型。

（3）选中"保存自动回复信息时间间隔"单选按钮，并在其后的微调框中输入保存文件的时间间隔。

（4）在"自动恢复文件位置"文本框中输入保存文件的位置，或者单击"浏览"按钮，在弹出的如图2-17所示的"修改位置"对话框中设置保存文件的位置。

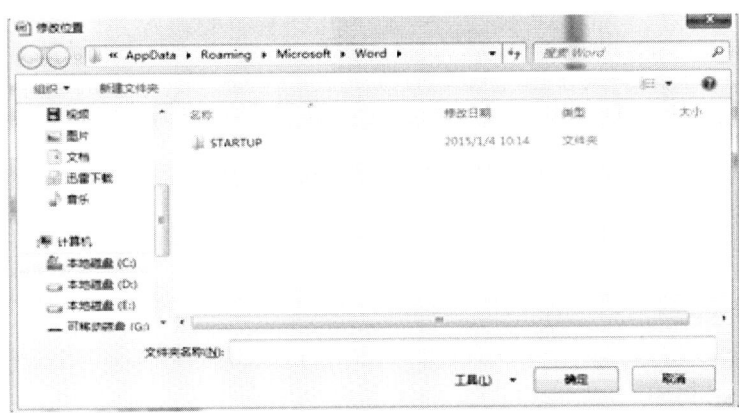

图2-17 "修改位置"对话框

（5）设置完成后，单击"确定"按钮，即可完成文档自动保存的设置。

注意：自动保存的时间间隔并不是越短越好，默认状态下保存时间间隔为10分钟，一般5~15分钟较为合适。

2.4 拓展实训

2.4.1 实训1：制作某品牌手机说明书

HTC手机使用说明

安装和准备

1．确认设备电源已经关闭。

2．一只手握住设备，让其底部朝上且背面朝向自己。

3．另一只手拇指按住背盖中间部位，食指从设备底部的槽口处打开背盖。

安装电池

1．打开电池背盖。

2．将电池的金属触点部位对准电池槽的金属接点。

3．先放入电池的金属触点端，然后轻轻将电池放入到位。

安装UIM/SIM卡

1．关闭设备，打开设备背盖，取出电池。

2．将UIM卡植入卡槽一中，SIM卡植入卡槽二中，将卡的金属触点部分朝下，注意截角方向，不要放反。
3. 将UIM/SIM卡完全推入卡槽。
安装存储卡
1. 打开设备背盖，找到存储卡槽的位置。
2. 将存储卡金属触点部分朝下插入插槽，直到卡入到位。
为电池充电
1. 将USB数据线的micro-USB接头连接到设备的接口。
2. 将USB数据线的另一端插入电源适配器尾部的接口中。
3. 将电源适配器的电源插入到电源插座中，开始为电池充电。

格式和页面设置要求：
- 标题格式：字体自选，四号，深灰色，居中对齐。
- 正文格式：自选，小五号，1倍行距，加文字水印效果。
- 纸张大小：自定义大小，宽度：12厘米，高度：20厘米。
- 页边距：上、下、左、右页边距均设置为：1.27厘米。

2.4.2 实训2：制作旅行社路线报价单

——国内旅游线路报价单

特价路线：
1. 挖红薯、磨豆浆、做年糕、踩水车，南京亲子农家乐一日游150元/人。
2. 黄山风光3日纯游玩（住2晚山下）470元/人。

经典线路：
1. 九华山圣地祈福1日游（含门票）275元/人。
2. 黄山精华2日纯游玩（住1晚山上）560元/人。
3. 黄山风光3日纯游玩（住1晚山上）590元/人。

自驾游：
1. 黄山自驾游，含塔川门票（2张）、徽州文化园门票（2张）、华商山庄住宿（4星）、双自助早餐359元/人。
2. 九华山自驾游，含东崖宾馆（3星）、九华山门票、导游服务515元/人。
3. 黄山自驾游，含黄山温泉度假酒店（黄山半山腰5星温泉酒店＋自助双早＋2张温泉票）668元/人。
4. 牯牛降自驾游，含石台牯牛降、蓬莱仙洞、奇石谷风景区（景点门票1张＋酒店标间住宿，单人需补房差）265元/人。

咨询热线电话：0551-64659226

格式和页面设置要求：
- 标题格式：华文行楷，一号，红色字体，居中对齐，带圈字。
- 小标题格式：华文行楷，三号，红色字体。

- 正文格式：小标题格式：华文行楷，小三号，黑色字体。
- 其他正文格式：仿宋_GB2312，小四号，黑色字体，20 固定行距，添加绿色背景。
- 纸张大小：B5 纸。
- 页边距：上下左右页边距均为：2 厘米。

2.5 综合实践

请为下列红霉素软膏说明书编辑和排版，效果如下。

红霉素软膏说明书

请仔细阅读说明书并按说明使用或在药师指导下购买和使用

【药品名称】
通用名称：红霉素软膏
英文名称：*Erythromycin Ointment*
汉语拼音：Hongmeisu Rungao
【成　　分】本品每克含红霉素10毫克。辅料为：黄凡士林、液状石蜡。
【性　　状】本品为自甘白色至黄色软膏。
【作用类别】本品为皮肤科用药类非处方药品。
【适 用 症】用于脓疱疮等化脓性皮肤病、小面积烧伤、溃疡面的感染和寻常痤疮。
【规　　格】1%。
【用法用量】用局部外用。取本品适量，涂于患处，一日 2 次。
【不良反应】偶见刺激症状和过敏反应。
【禁　　忌】尚不明确。
【注意事项】
1. 避免接触眼睛和其他黏膜（如口、鼻等）。
2. 用药部位如有烧灼感、瘙痒、红肿等情况应停药，并将局部药物洗净，必要时向医师咨询。
3. 孕妇及哺乳期妇女应在医生指导下使用。
4. 对本品过敏者禁用，过敏体质者慎用。
5. 本品性状发生改变时禁止使用。
6. 请将本品放在儿童不能接触的地方。
7. 儿童必须在成人监护下使用。
8. 如正在使用其他药品，使用本品前请咨询医师或药师。
【药物相互作用】
1. 与氯霉素及林可霉素有拮据抗作用，应避免合用。
2. 如与其他药物同时但使用可能发生药物相互作用，详情请咨询医师或药师。
【贮　　藏】密闭，在阴凉干燥处（不超过20℃）保存。
【包　　装】药用软膏铝管，10克/支、15克/支。
【有 效 期】60个月。
【执行标准】《中国药典》2010年版二部。
【批准文号】国药准字 H34020379。
【说明书修订日期】2010 年 10 月 1 日。

【生产企业】
企业名称：安徽新和成皖南药业有限公司
生产地址：安徽省宣城市经济技术开发区
邮政编码：242000
电话号码：0563-2613188
传真号码：0563-2613112
如有问题可与生产企业联系。

任务 3

制作员工考勤表

在日常办公中经常要制作各种表格，如工资报表、员工考勤表、培训计划表、差旅费报销单、客户资料卡等。利用 Word 提供的制表功能，用户可以方便地生成表格、编辑和美化表格，在表格中可以输入文字、插入图片，还可以对表格中的内容进行排序和简单的运算操作。下面通过制作一份员工考勤表，介绍如何利用 Word 来制表。

"员工考勤表"效果图如图 3-1 所示。

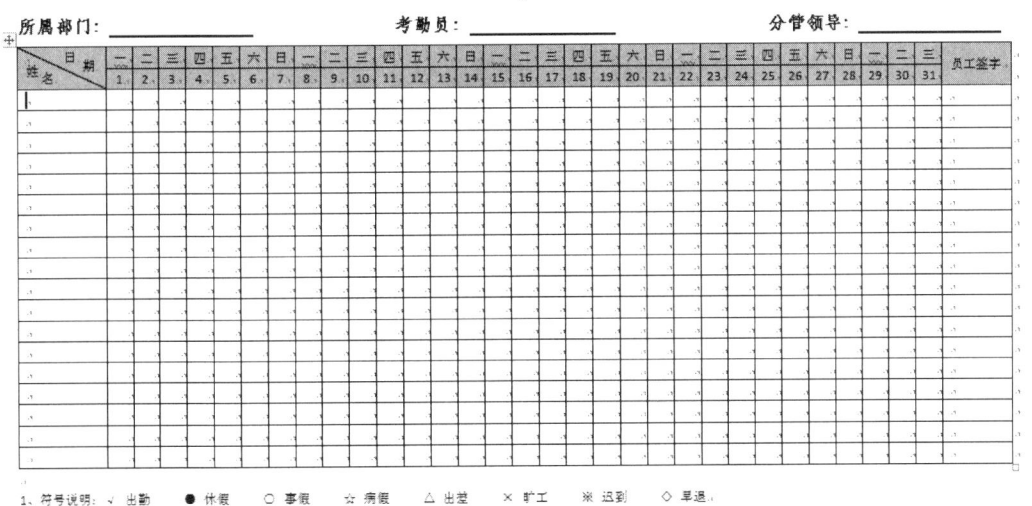

图 3-1　员工考勤表

3.1　任务情境

随着企事业单位管理制度的进一步加强，考勤管理的重要性日益为人们所认识，考勤制度的完善，不仅可以增强员工的时间观念，提高工作效率，更重要的是，可以大大改善单位的精神风貌，提升单位的整体形象。近期，某公司对员工考勤制度进行了修订，根据现行规定需要制作一份员工考勤表，该表对员工的出勤、出差、病假、旷工等情况做了详细记录。通过该任务的学习，可以掌握表格的建立、编辑和格式化等操作。

知识目标

- 创建规则表格的方法。
- 表格的基本编辑操作。
- 设置表格的格式。

能力目标

- 能够根据公司考勤制度，设计并制作出美观实用的员工考勤表。

3.2 任务分析

考勤可以督促员工自觉遵守工作规章制度，是记录员工工作表现和行为的有效凭证，同时也是计算薪酬的主要依据。制作一张符合考勤制度要求的考勤表，必须首先熟悉公司目前的考勤制度，明确考勤表在各个环节中所起的作用，然后才能准确、合理地设置考勤项目。

考勤表项目清晰、结构简单，又不涉及数据处理，所以使用 Word 的表格功能来制表是最合适的。制作该表，首先，进行页面设置；其次，录入表格标题，插入一个空表格，调整表格的大小和位置，再输入表格内的内容；最后，对表格进行格式化。

3.3 任务实现：制作员工考勤表

3.3.1 考勤表页面设置

考勤表需要记录员工每天的考勤情况，以月为单位进行考勤，至多需要 31 天的考勤记录，列数多，表格比较宽，所以需要将表格的纸张方向设置为"横向"，纸张大小为 A4 纸。

根据以上分析，需要在"页面布局"选项卡的"页面设置"选项组中进行以下设置：上、下、左、右页边距分别为：1.5 厘米、1.5 厘米、0.8 厘米、0.8 厘米；装订线 1 厘米，装订线位置：上；纸张方向：横向，如图 3-2 所示。纸张大小：A4 纸，如图 3-3 所示。

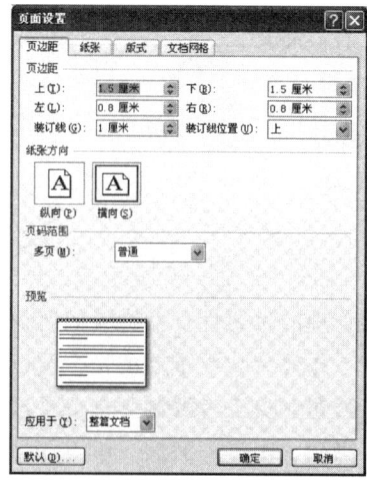

图 3-2 设置"页边距"

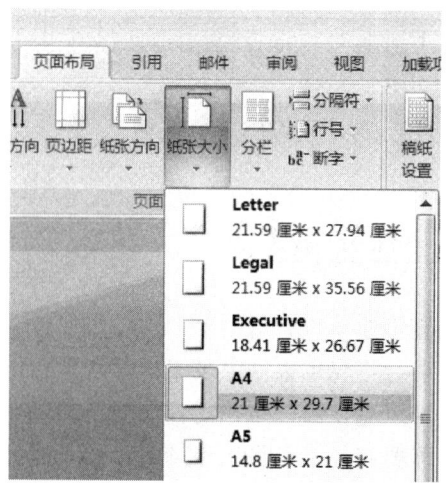

图 3-3 设置"纸张大小"

3.3.2 表格标题设置

录入表格标题后,按图 3-4 所示进行设置。选定"12月份考勤表"文本内容,切换到"开始"选项卡,在"字体"选项组中,选择"华文行楷""1号",单击"加粗"按钮 ,再单击"下划线"按钮,选择"双下划线",最后单击"段落"选项组中的"居中"按钮,即可完成标题文字的格式设置。

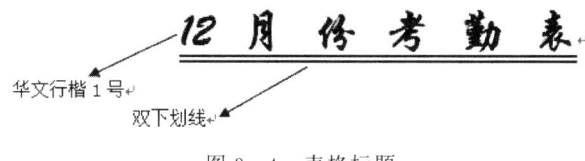

图 3-4 表格标题

3.3.3 创建表格

本任务中,需要先插入一个 20 行 33 列的空表,Word 2007 中创建表格的方法有多种。

1. 方法一:使用"插入表格"

使用"插入表格"方法插入表格,操作步骤如下:

(1) 将光标定位到插入表格的起始位置。

(2) 单击"插入"选项卡的"表格"选项组,在打开的下拉菜单中选择"插入表格"命令,如图 3-5 所示。

(3) 在打开的"插入表格"对话框中输入表格的行数 20 和列数 33,可以通过"'自动调整'操作"选项区对表格进行调整,如图 3-6 所示。

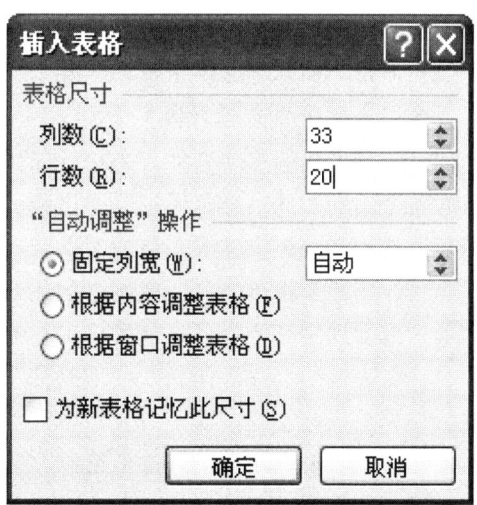

图 3-5 "表格"下拉列表　　　　图 3-6 设置行数和列数

(4) 单击"确定"后,即可插入一个 20 行 33 列的表格,如图 3-7 所示。

2. 方法二:利用"插入表格"选项中的网格

利用"插入表格"选项中的网格插入表格,操作步骤如下:

图3-7 空白表格

(1) 将光标定位到插入表格的起始位置。

(2) 单击"插入"选项卡的"表格"选项组,打开其下拉菜单,在"插入表格"选项的网格中拖动鼠标选择所需的行数和列数之后,单击鼠标即可在光标插入点的位置自动插入相对应的表格,如图3-8所示。

注意:通过此方法只能插入有限的行数与列数。

3. 方法三:利用"绘制表格"命令

利用"绘制表格"命令插入表格,其操作步骤如下:

(1) 单击"插入"选项卡的"表格"选项组,在打开的下拉菜单中选择"绘制表格"命令,鼠标光标变为铅笔形状 ∅。

(2) 将笔形鼠标移动到插入表格的起始位置,按下鼠标左键不放,拖动笔形鼠标绘制表格的整个边框,此时绘制的是一个虚线的矩形框,直到满意后释放鼠标左键,绘制的虚线矩形框变为实线框,整个表格的边框就确定下来。

(3) 绘制好表格边框后,在表格的左边框任意处按下鼠标左键不放,拖动笔形鼠标向右移动,拖动到满意位置后,释放鼠标左键,即可看到表格中增加了一行。

(4) 在表格的上边框任意处按下鼠标左键不放,拖动笔形鼠标向下移动,拖动到满意位置后,释放鼠标左键,即可为表格中增加一列。

(5) 根据需要,在表格边框中绘制合适的行与列,即可将表格绘制完成。

4. 方法四:使用"快速表格"命令

使用"快捷表格"命令插入表格,操作步骤如下:

(1) 将光标插入点定位到插入表格的起始位置。

(2) 单击"插入"选项卡的"表格"选项组,打开其下拉菜单,将鼠标移动到"快速表格"命令上,弹出"内置"表格模板列表,从中选择所需的表格模板,如图3-9所示,单击所需的表格模板，即可在文档中插入表格。

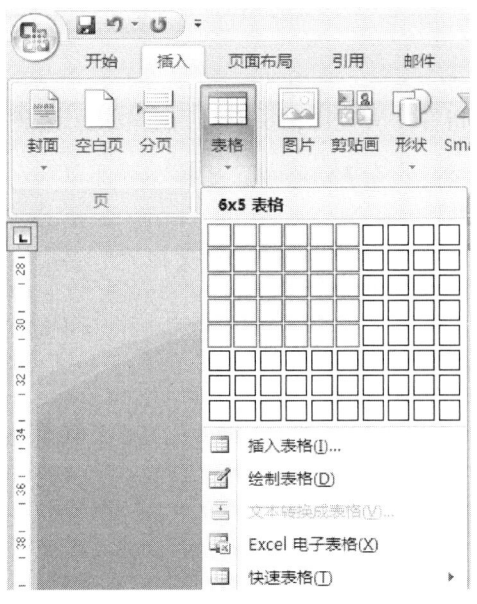

图 3-8 "表格"下拉列表

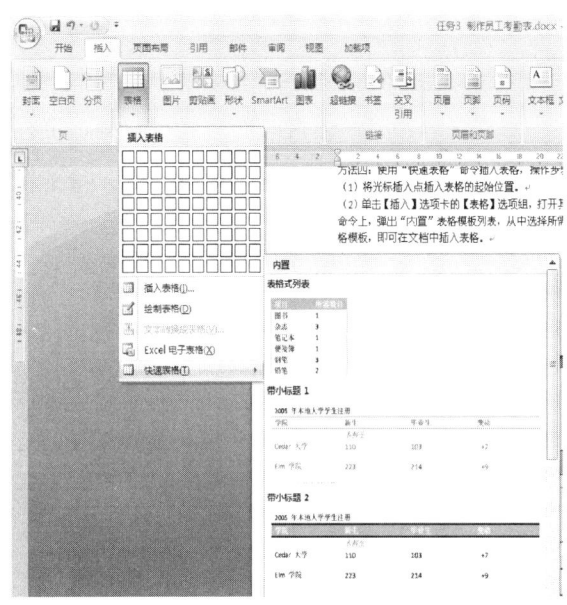

图 3-9 内置表格模板

3.3.4 表格基本编辑操作

创建好空表格后，需要对表格进行一些编辑操作，如表格大小和表格位置的调整，单元格、行、列的增加与删除等。一般使用"表格工具"选项卡来编辑表格，把光标插入点移入表格内，或选择表格中的单元格、行、列或整个表格，系统就会自动显示"表格工具"选项卡，单击下面的"布局"选项卡，其界面如图 3-10 所示。

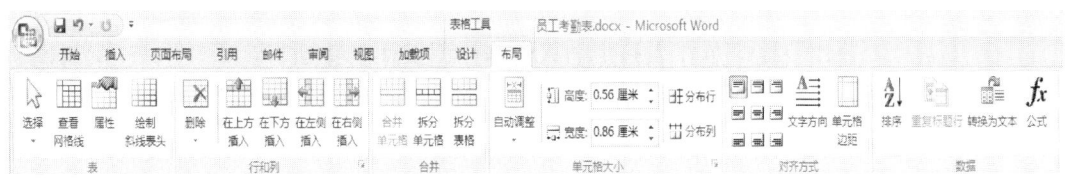

图 3-10 "布局"界面

1. 选定操作

（1）选定单元格。

方法一：将鼠标指向单元格左侧，待指针呈黑色粗箭头时，单击鼠标左键即可选中该单元格。

方法二：将光标定位到要选择的单元格中，单击"表格工具"/"布局"选项卡的"表"选项组下的"选择"按钮，在弹出的下拉列表中选择"选择单元格"选项，如图 3-11 所示。

图 3-11 "选择"菜单

> **注意**：如要选定多个连续的单元格，则按下鼠标左键拖动或者按下"Shift"键。如要选定多个不连续的单元格，则按下"Ctrl"键不放的同时，单击不连续的单元格。

(2) 选定行或列。

方法一：将鼠标指向表格某行左侧选定栏，待指针变为空心箭头时，单击鼠标左键即可选定该行。将鼠标指向某列上侧，待指针变为黑心箭头↓时，单击鼠标左键即可选定该列。

方法二：打开图 3-11 所示的下拉列表，在列表中选择"选择行""选择列"完成行列选定。

(3) 选定整个表格。

方法一：单击表格左上角的 ⊞ 标志，可以选中整个表格。

方法二：打开图 3-11 所示的下拉列表，在列表中选择"选择表格"即可选中整个表格。

2. 行与列的插入与删除

在表格的编辑过程中，经常会对表格中不需要的行与列进行插入或删除操作。

(1) 行与列的插入。

例如，公司来了一位新员工，需要在表格中添加一行，或需要添加一列，在编辑过程中，通常有以下几种方法：

1) 方法一：使用插入按钮在表格中插入行与列，操作步骤如下：

a. 将光标定位在准备插入行或列的相邻单元格内，单击"表格工具"/"布局"选项卡，在"行和列"选项组中有四个插入按钮，分别是"在上方插入""在下方插入""在左侧插入"和"在右侧插入"按钮，如图 3-12 所示。

b. 单击所需的插入按钮，如"在下方插入"按钮，即可在表格的指定位置下方插入一行。

2) 方法二：使用快捷菜单在表格中插入行与列，操作步骤如下：

a. 在准备插入行或列的相邻单元格内单击鼠标右键，弹出快捷菜单。

b. 在该快捷菜单中单击"插入"命令，并弹出其下拉列表，如图 3-13 所示，用户可以根据需要选择"在上方插入行""在下方插入行""在左侧插入列"或是"在右侧插入

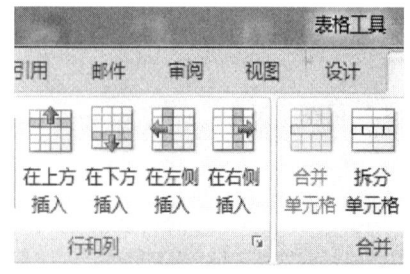

图 3-12 四种插入按钮

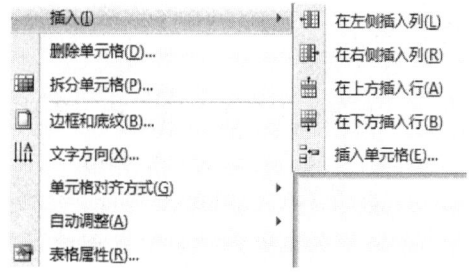

图 3-13 "插入"命令

列"命令,如选择"在右侧插入列"命令,即可在表格的指定位置右侧插入一列。

注意:如需要插入多行或多列,可以先选定相同数量的行数或列数,再用"插入"命令,就可以一次插入多行或多列。

(2) 行与列的删除。

如果有员工辞职,就需要在考勤表里删除多余的行和列,删除行与列的操作方法如下:

1) 方法一:使用"删除表格"按钮删除表格中的行与列,操作步骤如下:

a. 选中需要删除的行或列。

b. 单击"表格工具"/"布局"选项卡的"行和列"选项组下的"删除"按钮,在打开的下拉列表中选择"删除行"命令或"删除列"命令即可。

2) 方法二:使用快捷菜单在表格中删除行与列,操作步骤如下:

a. 选中需要删除的行或列,单击鼠标右键,弹出快捷菜单。

b. 从中选择"删除行"命令或"删除列"命令,即可将选中的行或列删除。

3. 设置表格属性

用户在创建表格时,Word 表格的行高和列宽通常采用默认值,为了使员工考勤表布局更加合理、美观,需要对新建的表格调整行高和列宽。根据 A4 版面的大小,设置本例中表格的行高为 0.5 厘米,第一列和最一列列宽分别为 2.5 厘米和 2 厘米,中间 31 个列的列宽都是 0.76 厘米。

使用"表格属性"对话框,对表格中的行高和列宽进行设置,操作步骤如下:

(1) 将光标插入点插入表格中需要调整行高和列宽的位置。

(2) 单击"表格工具"/"布局"选项卡的"单元格大小"选项组下中右下角的对话框启动器,打开"表格属性"对话框,其中有"表格""行""列"和"单元格"四个选项卡。

(3) 打开"行"选项卡,在"尺寸"选项区中"指定高度"文本框中设置行高数值为 0.5 厘米,如图 3-14 所示。

(4) 若想要调整表格的列宽,方法同上,分别选中第一列、最一列和中间所有列,打开"列"选项卡。选项"指定宽度"文本框前的复选框,分别输入所需的数值 2.5 厘米、2 厘米和 0.76 厘米,如图 3-15 所示。

除此之外,还可以通过拖动水平或垂直分隔线来调整。将鼠标光标对准表格中需要调整的分隔线,如果调整的是行高,则指向调整对象的横向分隔线,鼠标光标变成横向双箭头形状⬥,按住鼠标左键不放,上下拖动鼠标调整行高,满意后释放鼠标左键即可。

若是调整列宽,则对准调整对象的竖向分隔线,鼠标光标变成竖向双箭头形状⬥,按住鼠标左键不放,左右拖动鼠标调整列宽,满意后释放鼠标左键即可。

在表格总尺寸不变的情况下,可以平均分布表格中的行高和列宽。将光标定位到表格中,单击"表格工具"/"布局"选项卡的"单元格大小"选项组的"分布行"或"分布列"命令,即可平均分布表格中的行高或列宽。

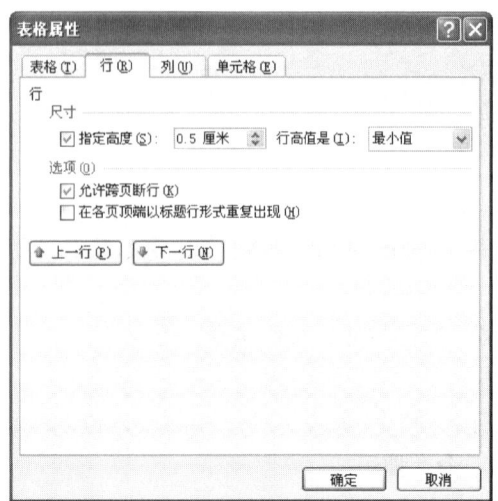

图 3-14 "行"对话框

图 3-15 "列"对话框

4. 绘制斜线表头

员工考勤表创建初步完成,如图 3-16 所示,接下来可以绘制表格的斜线表头。首先,单击"表格工具"/"设计"选项卡的"绘图边框"选项组的"擦除"命令,然后,将第一列的第一行和第二行单元格中间的线段擦除,便可以绘制表格的斜线表头了,如图 3-16 所示。

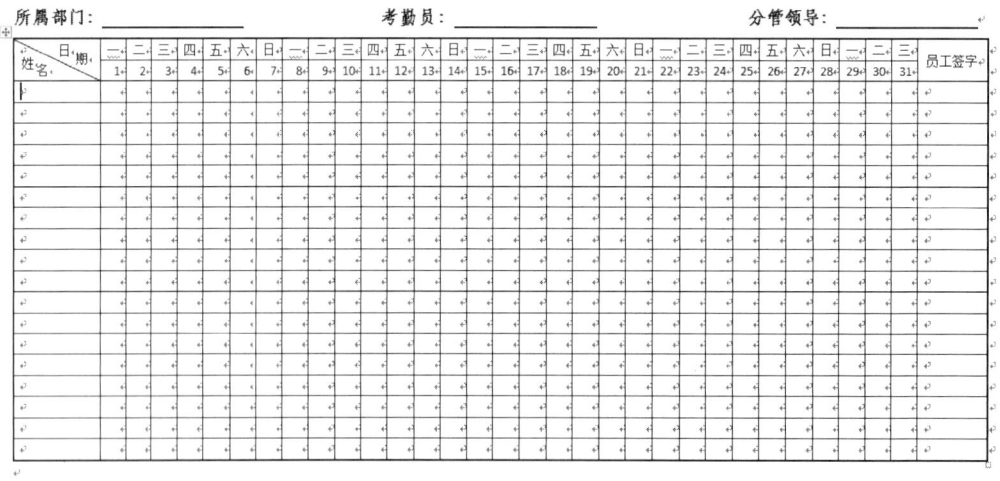

图 3-16 绘制斜线表头

将光标插入到要添加斜线表头的单元格内,单击"表格工具"/"布局"选项卡的"表"选项组的"绘制斜线表头"命令,如图 3-17 所示。打开"插入斜线表头"对话框,在"表头样式"区域中单击所需样式。在"行标题"输入"日期",在"列标题"输入"姓名",单击"确定"即可,如图3-18所示。

图3-17 "绘制斜线表头"按钮

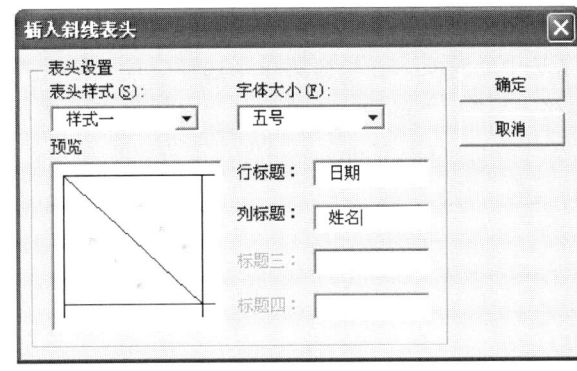

图3-18 "插入斜线表头"对话框

还有一种方法,就是先在表头里把行标题和列标题都设置好,通过换行和空格操作,摆好位置,然后单击"插入"选项卡的"插图"选项组的"形状"命令,选择直线工具,用鼠标拖动画上去即可。

5. 设置表格的对齐方式

当对表格的行高或列宽调整之后,表格的位置会发生变化,这时,可以用表格的对齐方式来调整表格在页面中的位置,Word提供了三种对齐方式:左对齐、居中和右对齐。单击"表格工具"/"布局"选项卡的"表"选项组的"属性"命令,或右键单击表格,在出现的快捷菜单中选择"表格属性"命令,打开"表格属性"对话框,如图3-19所示。在对话框的"对齐方式"选项区域中可以选择"左对齐""居中""右对齐",在"文字环绕"下可以选择"无"或"环绕",然后单击"确定"按钮。

在图3-19中如果单击"环绕"图标,则可以激活"定位"按钮,单击后,出现"表格定位"对话框,如图3-20所示,可以设置表格的水平位置、垂直位置、距离正文的位置等。

图3-19 "表格属性"对话框

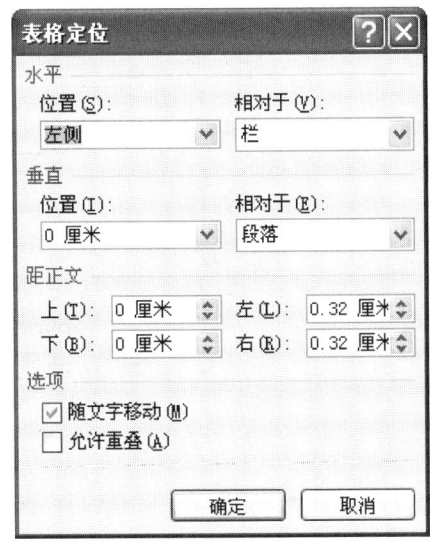

图3-20 "表格定位"对话框

3.3.5 表格文本格式设置

表格的大小及位置调整好后,接下来就要输入员工考勤表中的文本信息,并对这些文本进行格式设置。本例中,表格中的文本为:五号、宋体、水平和垂直方向都居中。右键单击选中的对象,在快捷菜单中选择"单元格对齐方式"命令,如图3-21所示。或单击"表格工具"/"布局"选项卡的"对齐方式"选项组,Word提供了9种对齐方式,如图3-22所示,单击中间的按钮即可实现水平和垂直方向都居中。

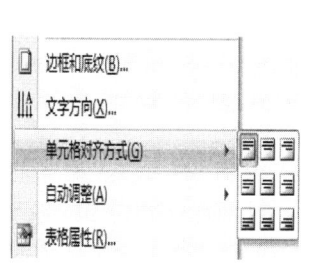

图3-21 单元格对齐方式

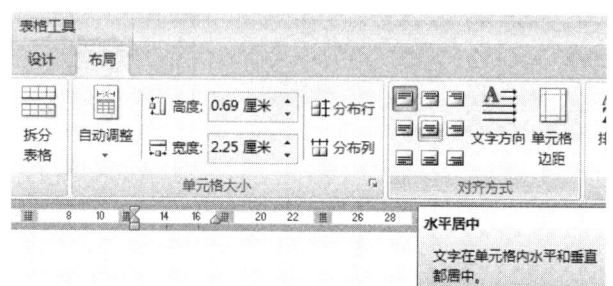

图3-22 "布局"中的单元格对齐方式

3.3.6 表格格式设置

1. 设置表格的边框和底纹

制作成表格后,可以将表格中的边框线设置成各种线形和多种颜色。这样的表格就比平常的表格要多样化一些。设置员工考勤表外边框为1.5磅单实线,内边框为默认值,表格内标题行加"茶色 背景2 深色25%"底纹。

(1) 设置外边框。择整个表格,切换到"表格工具"/"设计"选项卡,单击"绘图边框"旁的启动按钮,打开"边框和底纹"对话框。或选择该表后单击鼠标右键,在快捷菜单中选择"边框和底纹"命令,单击"边框"选项卡,分别在"样式""颜色""宽度"中设置相应的参数,然后,在"预览"区域,用鼠标分别单击田字格的四条外边框线,然后单击"确定"按钮,如图3-23所示。

图3-23 "边框"选项卡

（2）设置底纹。选择整个表格，切换到"表格工具"/"设计"选项卡，单击"绘图边框"旁的启动按钮，打开"边框和底纹"对话框。或单击鼠标右键，在快捷菜单中选择"边框和底纹"命令，单击"底纹"选项卡，在"填充"中选项选择第三行第三列的颜色"茶色 背景2 深色25%"，然后单击"确定"按钮，如图3-24所示。

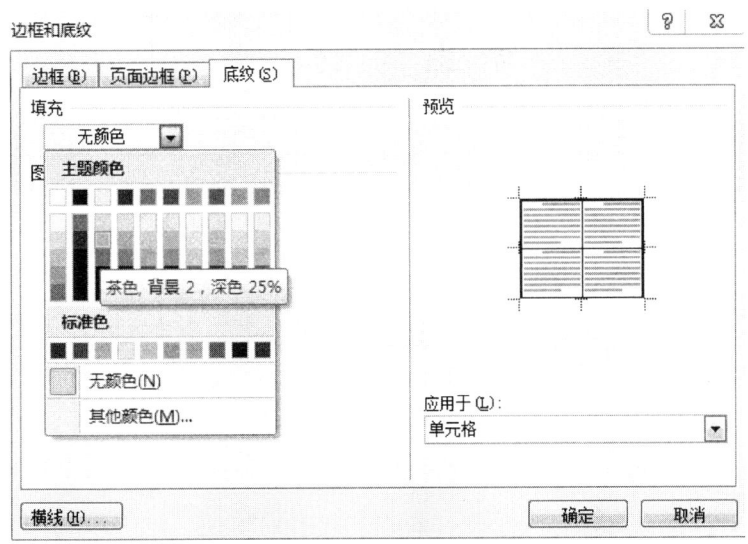

图3-24 "边框和底纹"/"底纹"对话框

2．设置表格样式

除了自行对表格格式进行设置，还可以使用"表格样式"来设置整个表格的格式。选定整个表格，单击"表格工具"/"设计"选项卡的"表样式"选项组命令，将指针停留在每个预先设置好格式的表格样式上，就可以预览表格的外观，如图3-25所示。

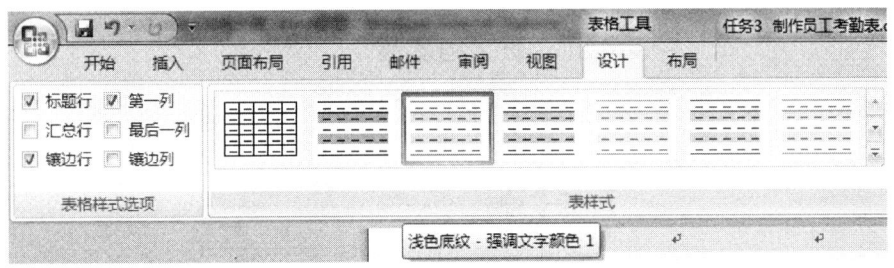

图3-25 部分表格样式

3.4 拓展实训

3.4.1 实训1：制作学生考勤表

新建一个文档，命名为"学生考勤表.docx"，效果如图3-26所示。具体排版要求如下：

（1）纸张大小：A4纸，纸张方向：横向。

（2）标题为黑体，一号，加粗，居中对齐。

（3）表格内文本为宋体，五号，水平和垂直方向均居中对齐。表格上面的一行文字为仿宋体，四号。

（4）表格的外边框线为黑色，1.5 磅，双线；内边框线为默认值。

（5）行高 0.6 厘米。

学 生 考 勤 表

学年：__________ 班级：__________ 值日班长：__________ 班主任签字：__________ 年 月

序号	姓名	时间	出 勤 情 况																														
			1	2	3	4	5	6	7	8	9	10	11	12	13	14	15	16	17	18	19	20	21	22	23	24	25	26	27	28	29	30	31
1	吴强	上午																															
		下午																															
2	李浩	上午																															
		下午																															
3	张民	上午																															
		下午																															
4	花玲	上午																															
		下午																															
5	邓超	上午																															
		下午																															
6	李鹏	上午																															
		下午																															
7	吴俊	上午																															
		下午																															
8	崔帅	上午																															
		下午																															
9	郭凡	上午																															
		下午																															

符号说明：出勤√ 事假△ 旷课× 病假● 迟到/早退△

图 3－26 学生考勤表

3.4.2 实训 2：制作员工培训登记表

员工档案表

姓名		曾用名		籍贯	
性别		出生日期		文化程度	
身份证号		婚姻状况		手机号码	
通讯地址				邮编	
学习经历	起止时间		学校		证明人
	年 月— 年 月				
	年 月— 年 月				
	年 月— 年 月				
工作经历	起止时间		单位		职务
	年 月— 年 月				
	年 月— 年 月				
	年 月— 年 月				
家庭成员及主要社会关系					
姓名	称谓	性别	年龄	工作单位及职务	
受过何种奖励					
本人保证以上资料均属真实，如有虚假，愿受处分。 签名：					

图 3－27 员工档案表

新建一个文档,命名为"员工档案表.docx",效果如图3-27所示。具体排版要求如下:

(1) 纸张大小:A4纸,纸张方向:竖向。
(2) 标题为黑体,一号,加粗,居中对齐。
(3) 表格内文本为宋体,五号,水平和垂直方向均居中对齐(除最后一行)。
(4) 表格的外边框线为黑色,1.5磅,双线;内边框线为黑色,1磅,单线。
(5) 行高:倒数第一行行高为最小值4厘米,倒数第二行行高为最小值2厘米,其他各行行高均为0.8厘米。
(6) "家庭成员及主要社会关系"所在行加12.5%的图案样式。

3.5 综合实践

为了进一步践行企业文化,丰富员工的业余生活,营造一个轻松、愉悦的工作和生活氛围,公司开展了一系列有益员工身心健康的文体活动,这不仅使大家在娱乐中感受到公司的关心和关爱,同时,更增进了员工间的沟通与交流,增强了企业的凝聚力。今年,公司准备举办一个趣味运动会,比赛项目有乒乓球、羽毛球、定点投篮、掷飞镖、拔河、仰卧起坐(俯卧撑)、跳绳、踢毽子、接力跑等,请根据这些项目设计并制作一份员工趣味运动会安排表。要求:内容清楚、安排合理。

任务 4

制作设备采购询价单

在日常办公中,除了制作规则表格,还有一些是不规则表格,如设备采购询价单。在制作此类表格时,先插入一个规则表格,行数和列数以表格的最大值为准,然后再通过合并单元格、拆分单元格命令来调整,最终制成一个不规则表格。

4.1 任务情境

某公司要采购一批笔记本电脑,要求该公司的采购部提供一份记录目前市场上笔记本电脑品牌及单价的询价单。通过该任务的学习,掌握如何利用单元格的拆分与合并功能,实现制作不规则表格的方法,并利用公式对表格中的数据进行简单处理。设备采购询价单如图 4-1 所示。

原胜公司设备采购询价单

采购申请单号	YS-93	询价单号	YS-93-11	申请采购商品名称	笔记本电脑	
供应厂商		电话	厂家报价(单位:元)			
			出厂价	批发价	零售价	备注
IBM		010-86549210	8700	9100	9700	缺货
戴尔		010-86347654	7200	7700	8300	现货
惠普		010-76436768	6900	7300	7900	缺货
联想		010-86879700	6100	6500	7100	现货
神舟		010-45454564	5600	5900	6500	现货
方正		010-89235355	7500	7900	8800	缺货
		平均价	7000	7400	8050	
采购员	王冀北	采购员工号	YS201409	询价日期	2014 年 10 月 26 日	

图 4-1 设备采购询价单

➡ 知识目标

- ◆ 创建不规则表格的方法。
- ◆ 单元格的合并与拆分。
- ◆ 利用公式对表格中的数据进行简单计算。

➡ 能力目标

- ◆ 根据业务要求设计出结构清晰的设备采购询价单,并能够利用单元格的合并与拆分功能制作出符合要求的不规则表格,并进行编辑排版和数据处理。

4.2 任务分析

询价是一个与相关商品采购价格进行比较验证的过程,通过询问多个品牌产品的价格,增加对商品采购价格的了解渠道,充分掌握市场行情,降低采购价格成本,买到物美价廉的产品,为企业赢得效益。

要完成本任务,需要进行如下操作:首先,进行页面设置;然后,插入一个11行6列的规则表格,输入表格的内容后,利用单元格合并与拆分命令,调整为符合要求的表格;最后,对制好的表格,进行格式设置,并对其中的一些数据进行处理。

4.3 任务实现:制作设备采购询价单

4.3.1 页面设置及表格标题设置

1. 页面设置

在"页面布局"选项卡的"页面设置"选项组中进行以下设置:上、下、左、右页边距分别为2厘米、2厘米、1厘米、1厘米;装订线1厘米,装订线位置:上;纸张方向:横向;纸张大小:A4纸。

2. 标题设置

将图4-1所示表格的标题"原胜公司设备采购询价单"设置为宋体字号为一号,加粗并居中,如图4-2所示。

图4-2 标题格式设置

4.3.2 制作不规则表格

1. 插入空表

先插入一个空表,行数和列数以原表中最大值为准,不管行高大小,只要是一行就算一行,列数的确定也如此。本任务需要先插入一个11行6列的规则表格,表格插入操作见本书3.3.3的内容,插入的表格效果如图4-3所示。

2. 合并与拆分单分格

依照图4-3所示,将单元格①和单元格⑫分别拆分为1行2列,鼠标右键单击该单元格,选择 拆分单元格(P)... 命令,输入行数和列数即可。然后将以下单元格区域分别合并成一个单元格:单元格②和③,单元格④和⑤,单元格⑥和⑦,单元格⑧、⑨、⑩和⑪,选中单元格区域,鼠标右键单击,在快捷菜单中选择 合并单元格(M) 命令即可,如

图 4-4 所示。

原胜公司设备采购询价单

①			②	③	
④	⑥	⑧	⑨	⑩	⑪
⑤	⑦				
⑫					

图 4-3 合并前表格

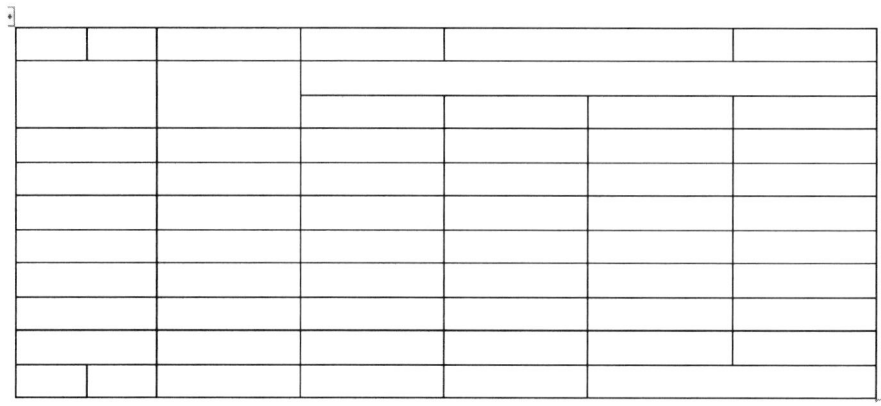

图 4-4 合并后表格

3. 表格内文本格式设置

按照原表所示输入文本内容，然后选中该表格，在"开始"选项卡的"字体"选项组里设置字体为宋体、四号。最后，单击"表格工具"/"布局"选项卡的"对齐方式"选项组，选择中间的按钮即可实现文本水平和垂直方向都居中，如图 4-5 所示。

4. 调整单元格宽度与高度

在图 4-5 中可以看到，表格的部分列宽需要调整。当鼠标光标指向表格左边的边框线变成竖向双箭头形状◄||►时，往左边拖动鼠标扩大列宽，满意后释放鼠标左键。当鼠标光标指向右边的边框线变成竖向双箭头形状◄||►时，往左边拖动鼠标缩小列宽，满意后释放鼠标左键。

任务4 制作设备采购询价单

原胜公司设备采购询价单

采购申请单号	YS-93	询价单号	YS-93-11	申请采购商品名单		笔记本电脑
供应厂商		电话	厂家报价（单位：元）			备注
			出厂价	批发价	零售价	
IBM		010-86549210	8700	9100	9700	缺货
戴尔		010-86347654	7200	7700	8300	现货
惠普		010-76436768	6900	7300	7900	缺货
联想		010-86879700	6100	6500	7100	现货
神舟		010-45454564	5600	5900	6500	现货
方正		010-89235355	7500	7900	8800	缺货
		平均价	7000	7400	8050	
采购员	王冀北	采购员工号	YS201409	询价日期	2014年10月26日	

图4-5 设置文本格式

选中"申请采购商品名称"，当鼠标光标指向右边的边框线变成竖向双箭头形状↔时，往左边拖动鼠标缩小列宽，满意后释放鼠标左键，如图4-6所示。

如"设备采购询价单"占满A4一页，可适当调整各行的行高。通过鼠标光标变成横向双箭头形状⇳拖动实现，或通过快捷菜单的"表格属性"命令，输入精确的值来调整。

原胜公司设备采购询价单

采购申请单号	YS-93	询价单号	YS-93-11	申请采购商品名称		笔记本电脑
供应厂商		电话	厂家报价（单位:元）			备注
			出厂价	批发价	零售价	
IBM		010-86549210	8700	9100	9700	缺货
戴尔		010-86347654	7200	7700	8300	现货
惠普		010-76436768	6900	7300	7900	缺货
联想		010-86879700	6100	6500	7100	现货
神舟		010-45454564	5600	5900	6500	现货
方正		010-89235355	7500	7900	8800	缺货
		平均价				
采购员	王冀北	采购员工号	YS201409	询价日期	2014年10月26日	

图4-6 调整表格列宽

5. 边框和样式

设置"原胜公司设备采购询价单"应用"浅色网格-强调文字颜色3"样式，并设外边框线为双线。

选定整个表格，单击"表格工具"/"设计"选项卡的"表样式"选项组命令，再单击"浅色网格-强调文字颜色3"样式图标即可，如图4-7所示。选择该表后单击鼠标右键，在快捷菜单中选择"边框和底纹"命令，在"边框"选项卡中设置该表外边框线为双线，如图4-8所示。

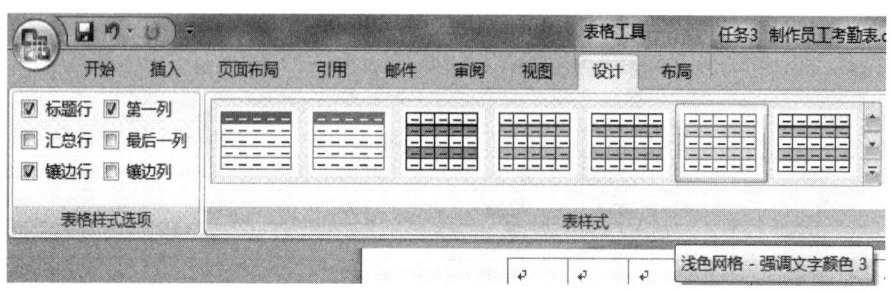

图4-7 部分表格样式

原胜公司设备采购询价单

采购申请单号	YS-93	询价单号	YS-93-11	申请采购商品名称	笔记本电脑	
供应厂商		电话		厂家报价（单位：元）		
				出厂价	批发价	零售价	备注
IBM		010-86549210		8700	9100	9700	缺货
戴尔		010-86347654		7200	7700	8300	现货
惠普		010-76436768		6900	7300	7900	缺货
联想		010-86879700		6100	6500	7100	现货
神舟		010-45454564		5600	5900	6500	现货
方正		010-89235355		7500	7900	8800	缺货
平均价							
采购员	王冀北	采购员工号	YS201409	询价日期	2014年10月26日	

图4-8 应用样式后的表格

6. 求平均值

通过询价，获得一些品牌产品的"出厂价""批发价"和"零售价"，现需计算这些价

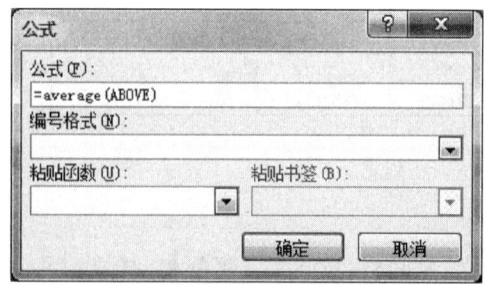

图4-9 "公式"对话框

的平均值。将光标置于"平均价"后面的单元格中，先计算"出厂价"的"平均价"。单击"表格工具"/"布局"选项卡的"数据"选项组中的"公式"命令，在"粘贴函数"区域选择"Average"函数，并在"( )"内输入参数"Above"，如图4-9所示，单击"确定"按钮，会自动计算光标所在单元格上面带数字的单元格内数值的平均值，并将结果放在光标所在的单元格。与以上步骤相同，再分别计算"批发价"和"零售价"的平

均价，最终效果如图 4－1 所示。

4.4　拓展实训

4.4.1　实训 1：制作专项经费报销单

新建一个文档，命名为“专项经费报销单 . docx”，如图 4－10 所示，按以下要求进行排版：

（1）纸张大小：16K；纸张方向：横向。

（2）标题为华文新魏，一号，加粗，居中对齐。

（3）表格内和上面的一行文字为为宋体，四号。表格下面的两行文字仿宋体，四号。

（4）表格的外边框线为黑色，1.5 磅，单线；内边框线为默认值。

（5）行高 1 厘米。

专项经费报销单

项目名称：　　　　20　年　月　日　　　　支付方式：

开支事由			资金来源	
开支明细	单据张数	金额	备注：	
合计￥		人民币大写：		

经 办 人＿＿＿＿＿＿　　项目负责人（部门分管）＿＿＿＿＿＿　　主管部门＿＿＿＿＿＿

财务处长＿＿＿＿＿＿　　分管院领导＿＿＿＿＿＿　　院　　长＿＿＿＿＿＿

图 4－10　专项经费报销单

4.4.2　实训 2：制作个人简历

新建一个文档，命名为“个人简历表 . docx”，如图 4－11 所示，按以下要求进行排版：

（1）纸张大小：A4；纸张方向：竖向。

（2）标题为黑体，一号，加粗，居中对齐，字符间距加宽 1.5 磅。

（3）表格内文字“个人工作经历”竖排，字符间距加宽 1.2 磅。

（4）表格的外边框线为黑色，1.5 磅，单线；内边框线为默认值。

（5）设置“个人概况”“求职意向及工作经历”“教育背景”“专业能力及专长”“个人爱好及志趣”所在行字符间距加宽 1.2 磅，水平、垂直方向均居中，行高 1 厘米，加 10% 的图案样式。

个 人 简 历

个人概况				
姓名		性别		照片
目前居住地		民族		^
户口所在地		身高		^
婚姻状况		出生年月		^
邮政编码		联系电话		^
通信地址				
E-mail				
求职意向及工作经历				
人才类型		应聘职位		
工作年限		职称		
求职类型		月薪要求		
个人工作经历				
教育背景				
毕业院校				
最高学历		毕业时间		
所学专业一		所学专业二		
掌握何种外语				
专业能力及专长				
个人爱好及志趣				

图 4-11 个人简历

4.5 综合实践

工资表是财会部门不可缺少的一种表格模板,每个月都会在发放工资之前使用。一个简单的工资表,通常包括工号、职工姓名、基本工资、职务工资、住房公积金、应发工资、个人所得税和实发工资等信息。请根据本单位的实际情况,设计出适合自己单位的工资表。

任务 5

通知、请示、邀请函等公文处理

公文是各类机关、单位，在行政、业务等管理过程中形成的具有法定效力和规范体式的文书，是实施管理和进行公务活动的重要工具。公文有鲜明的政治性、政策性，强烈的权威性、约束性，较强的时效性，有法定的作者、规定的收发文方式、知悉范围及特定的体例格式。公文处理的水平关乎着企业的利益、企业的形象和企业的效率。本任务通过制作会议通知为例来介绍如何进行公文的编辑与排版。制作的"会议通知"效果如图 5-1 所示。

辉宏电子股份有限公司文件

辉字【2010】06 号
_____

关于召开代理商工作会议的通知

各地区代理商、公司各部门：

为保证辉宏家用电器在中国的领先地位，建立和谐顺畅而稳定坚固的销售渠道，给厂商、代理商和消费者更多的利益，公司决定在合肥召开辉宏电子2010年度代理商工作会议。现将有关事项通知如下：

一、会议议题

1. 总结各地区代理销售情况。

2. 讨论并解决各地区存在的销售矛盾。

3. 商讨如何建立一个和谐顺畅而稳定坚固的销售渠道。

二、参加会议人员：各地区代理商及公司各部门负责人。

三、会议时间：4月16日至4月18日。

四、报到时间和地点：4月15日在合肥希尔顿酒店大堂报到。

五、会议地点：合肥希尔顿酒店三楼第一会议厅。

六、其他事项：

1. 大会将为各与会人员免费提供食宿。

图 5-1（一） 会议通知效果图

任务 5 通知、请示、邀请函等公文处理

2. 参加会议的代理商请按要求填写本通知所附的会议报名表，于 4 月 20 日前寄回会务组。需接车、接机及购买回程机票、车票的人员，务请在会议报名表中注明。

◇会务联系：合肥市××路××号辉宏电子有限公司代理商工作会议会务组
◇联系人：李秘书
◇联系电话：18905511112
◇电子邮箱：liwen@21cn.com

附件：辉宏电子股份有限公司代理商工作会议报名表

辉宏电子股份有限公司
二〇一〇年四月十日

主题词： 代理商　　销售　　销售渠道

抄　　送：×××　×××　×××

辉宏电子股份有限公司　　　　　　　　　二〇××年×月××日印

共印×份

图 5-1（二）　会议通知效果图

5.1 任务情境

小李现为辉宏电子股份有限公司综合办公室文员，接到办公室主管安排的工作。为稳固市场，确保销售渠道畅通，公司准备召开代理商工作会议，主管要求小李根据公司的会议方案，拟一份《关于召开代理商工作会议的通知》，并下发。小李第一次拟公文，她决定结合自己所学知识把这件事做好。

知识目标

- 通知、请示、邀请函等公文的体例格式。
- 创建与使用模板文件的方法。
- 项目符号和编号的设置方法。
- 绘制图形并进行格式设置。

◆ 对象的超链接设置。

能力目标

◆ 能够根据实际情况进行各种公文的写作，并进行编辑和排版。

5.2 任务分析

公文不同于一般文体，公文写作的要求比较苛刻，在政治方面的要求：观点必须正确，内容必须实事求是，政策思想要连贯等；在技术方面的要求：结构严谨、层次分明、符合逻辑，语句通顺，语言准确、鲜明、生动，文字简，标点符号使用正确，引文、数字、人名、地名、机关单位名称、事物名称准确无误等。

通知是我们使用最多的公文文种。适用于布发（印发）本单位的规章制度，批转下级单位的公文，转发上级单位和不相隶属单位的公文，传达要求下级单位办理和需要有关单位周知或者执行的事项，任免人员等。一般由文件版头、发文字号、公文标题、公文正文、成文时间、印章等组成，必要时还可以添加附件链接。

制作会议通知需要进行以下工作：
◆ 创建公司红头模板文件。
◆ 根据模板创建新文档。
◆ 编辑会议通知内容。
◆ 为会议通知添加附件，并设置超链接。
◆ 制作电子公章。
◆ 加盖电子公章。

5.3 任务实现：制作通知

利用 Word 2007 制定一份通知一般需要经过以下几个步骤：
（1）创建公司红头模板文件。
（2）根据模板创建新文档。
（3）制作公文正文内容。
（4）为附件设置超链接。
（5）制作公章。

5.3.1 创建公司红头模板文件

在日常办公中，公司的许多文件都是以红头文件的形式下发的。既然每次都要用到文件的红头部分，那么，何不将红头部分的格式、文字段落、页面格式、基本内容等制作成模板的形式，这样，既避免了重复劳动，又提高了工作效率。

创建模板文件首先应编排好模板文件内容，然后将编排好的文档保存为模板文件即可。

1. 进行页面设置

在 Word 窗口依次单击"页面布局"/"页边距"/"自定义页边距"，选择"页边距"

附签,如图 5-2 所示,设定"页边距"上:3.7 厘米,下:3.5 厘米,左:2.8 厘米,右:2.6 厘米。选择"版式"附签,将"页眉和页脚"设置成"奇偶页不同",在该选项前打"√"。选择"文档网格"附签,如图 5-3 所示,选择"字体设置","中文字体"设置为"仿宋";"字号"设置成"三号",单击"确定"按钮,选中"指定行网格和字符网格";将"每行"设置成"28"个字符;"每页"设置成"22"行。然后单击"确定"按钮,这样就将版心设置成了以 3 号字为标准、每页 22 行、每行 28 个汉字的国家标准。

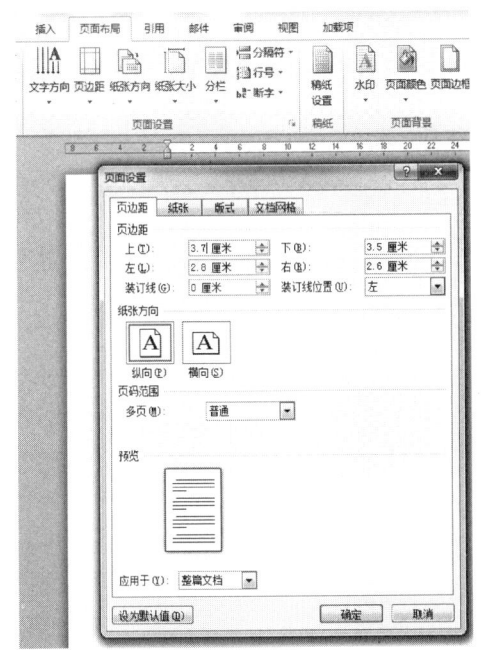

图 5-2 页边距设置

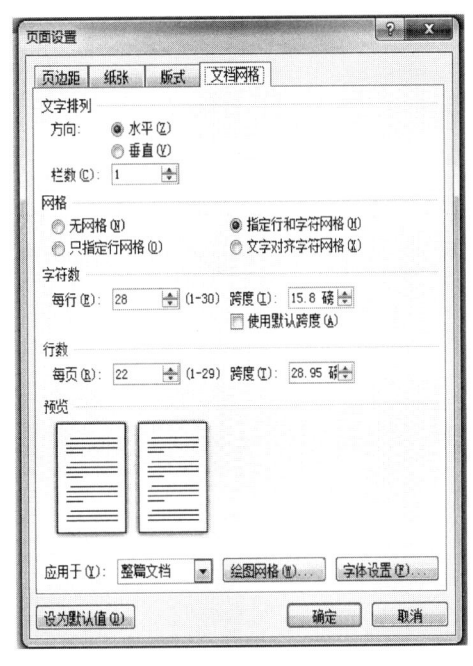

图 5-3 版心设置

2. 插入页号

在 Word 窗口依次单击"插入"/"页码","位置"设置为"页面底端(页脚)",如图 5-4 所示,"对齐方式"设置为"外侧"。然后单击"设置页码格式"按钮,"数字格式"设置为全角的显示格式,单击"确定"按钮完成页码设置,如图 5-5 所示。双击页码,在页码两边各加上一条全角方式的短线;并将页码字号设置成"四号";字体任意;奇数页的页码设置成右空一个汉字,偶数页的页码设置成左空一个汉字。

3. 发文机关标识制作

在 Word 窗口依次单击"插入"/"文本框"/"绘制文本框",鼠标将会变成"十",单击鼠标左键,出现一个文本框,在该文本框内输入发文机关标识,输入完成后,选中该文本框,单击鼠标右键,在弹出的快捷菜单中选择"设置形状格式"和"其它布局选项",在这里来设置红头的属性。

(1)选中该文本框,单击鼠标右键,在弹出的快捷菜单中选择"设置形状格式",选择"颜色"和"线条颜色"附签,"颜色"设置成"无颜色"。选择"文本框"附签,"文字版式",垂直对齐方式:中部对齐,文字方向:横排;内部边距:左、右、上、下都设置成"0 厘米",单击"关闭"完成,如图 5-6 所示。

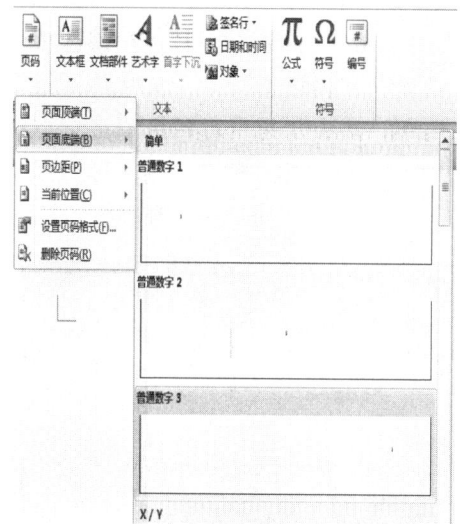

图 5-4 插入"页码"

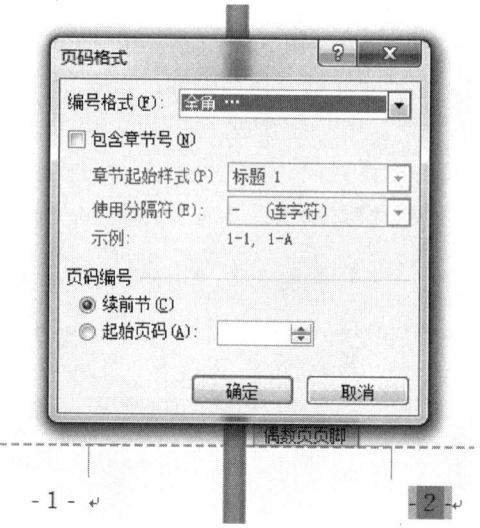

图 5-5 设置"页码格式"

图 5-6 设置文本框

（2）选中该文本框，单击鼠标右键，在弹出的快捷菜单中选择"其它布局选项"，选择"位置"附签，"水平"，"对齐方式"设置成"居中"，"相对于"设置成"页面"；"垂直"，"绝对位置"设置成"页边距"，"下侧"设置成"2.5厘米"（平行文标准），"8.0厘米"（上行文标准），如图5-7所示，注：用户可根据实际情况调节尺寸。选择"大小"附签，"高度"设置成"2厘米"；宽度设置成"15.5厘米"。注：用户可根据实际情况调节尺寸。然后单击"确定"，如图5-8所示。

（3）选中文本框内的全部文字，将颜色设置成"红色"，字体设置成"标宋简体"，字号根据文本框的大小设置成相应字号，但要尽量充满该文本框，这样，宽为155mm、高为20mm、距上25mm的红头制作完成。

4. 文号制作

平行文文号：文号，三号仿宋、居中显示。

任务 5　通知、请示、邀请函等公文处理

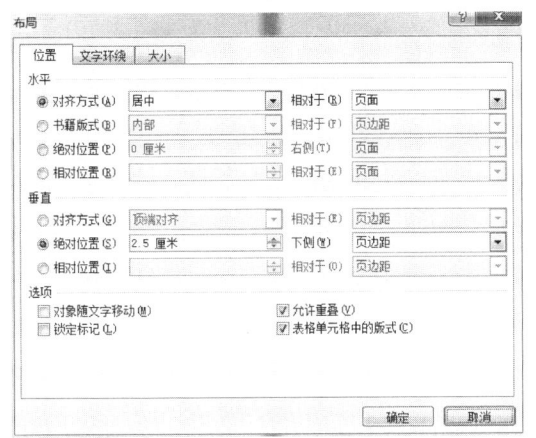

图 5-7　设置文本框位置

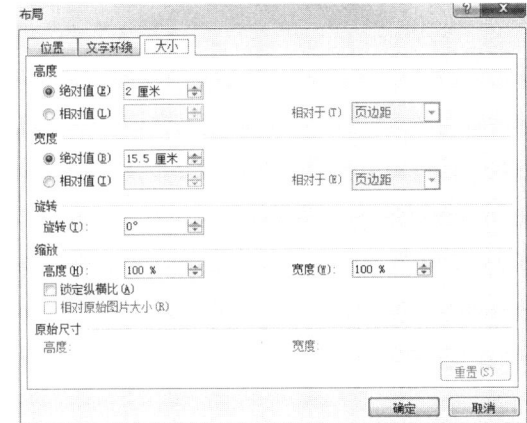

图 5-8　设置文本框大小

上行文文号：文号，三号仿宋字体、左空一个字的距离；签发人，三号仿宋字体；签发人姓名，三号楷体、右空一个字的距离。

注：文号一定要使用全角符号。全角符号插入方法：选择"插入"→"符号"→"符号"附签，找到全角符号后，将光标置于准备插入的地方，单击"插入"按钮即可。

5. 红线制作

在 Word 窗口依次单击"插入"/"形状"/"直线 \"，鼠标会变成"十"字形，左手按住键盘上的 Shift 键，右手拖动鼠标从左到右划一条水平线，然后选中直线单击鼠标右键，在弹出的快捷菜单中选择"设置形状格式"和"其它布局选项"，红线的属性在这里进行设置，如图 5-9 所示。

（1）选中直线，单击鼠标右键，在弹出的快捷菜单中选择"设置形状格式"，选择"线条颜色"附签，设置为"实线"，"颜色"设置为"红色"；选择"线型"附签，"宽度"设置为"2.25 磅"。

（2）选中直线，单击鼠标右键，在弹出的快捷菜单中选择"其它布局选项"，选择"位置"附签，"水平"，"对齐方式"设置成"居中"，"相对于"设置成"页面"；"垂直"，"绝对位置"设置成"页边距"，"下侧"设置成"7 厘米"（平行文标

图 5-9　绘制红色分隔线

准），"13.5 厘米"（上行文标准）。注：用户可根据实际情况调节尺寸。选择"大小"附签，宽度设置成"15.5 厘米"。注：用户可根据实际情况调节尺寸。然后单击"确定"完成设置。

6. 主题词制作

在 Word 窗口依次单击"插入"/"表格"/"插入表格",列数:1,行数:3。选中表格,单击鼠标右键,在弹出的快捷菜单中选择"表格属性","表格"附签,"对齐方式"设置为"居中";然后单击"边框和底纹"按钮,在"预览"窗口中将每行的下线选中,其他线取消,如图 5-10 所示,在表格中填写具体内容:主题词用三号黑体;主题词词目用三号小标宋;抄送、抄送单位、印发单位及印发日期用三号仿宋。

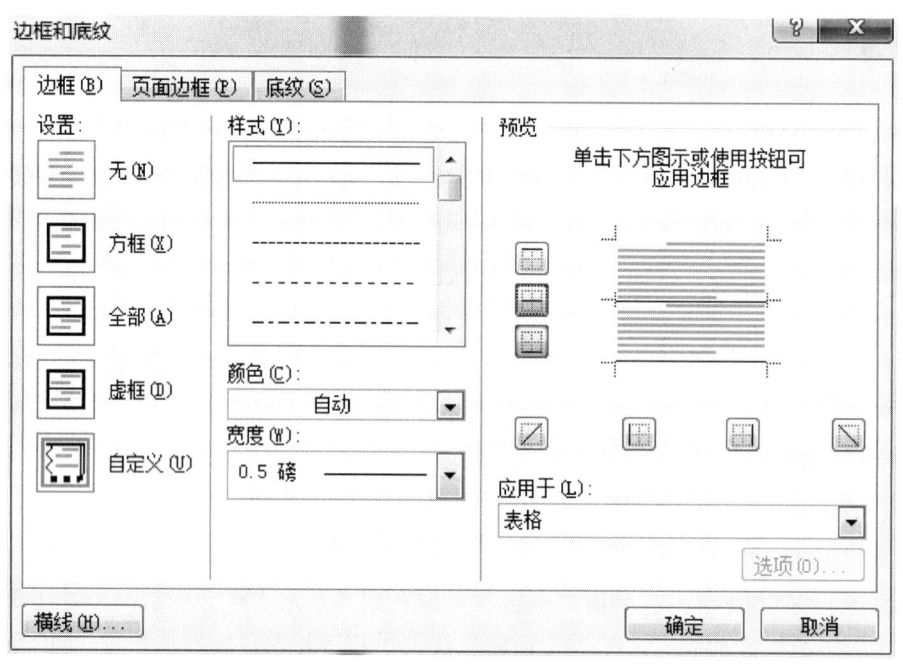

图 5-10　设置主题词位置

7. 保存成模板文件

在 Word 窗口依次单击"文件"/"保存",保存类型:选择"文档模板（*.dot）";"文件名":给模板命名（例:通知模板.dotx）;"保存位置":模板所在路径（一般不做,默认即可）。至此,模板制作完成。以后所有属于此种类型的公文都可以调用该模板,直接进行公文正文的排版。

要对该模板进行修改,可以调出相应模板,方法是:单击"文件"/"打开",找到相应的模板路径,若模板保存时按系统默认设置的,然后单击"打开"按钮调出模板即可进行修改,模板文件效果如图 5-11 所示。

5.3.2　根据模板创建新文档

模板制作好之后,就可以通过模板来创建新文档,从而可以直接应用模板内的格式和内容。

在 Word 窗口依次单击"文件"/"新建"/"我的模板","个人模板"附签,选中所需模板（例:通知模板）,选择"文档"单选项,单击"确定"按钮即可创建新文档,如图 5-12 所示。

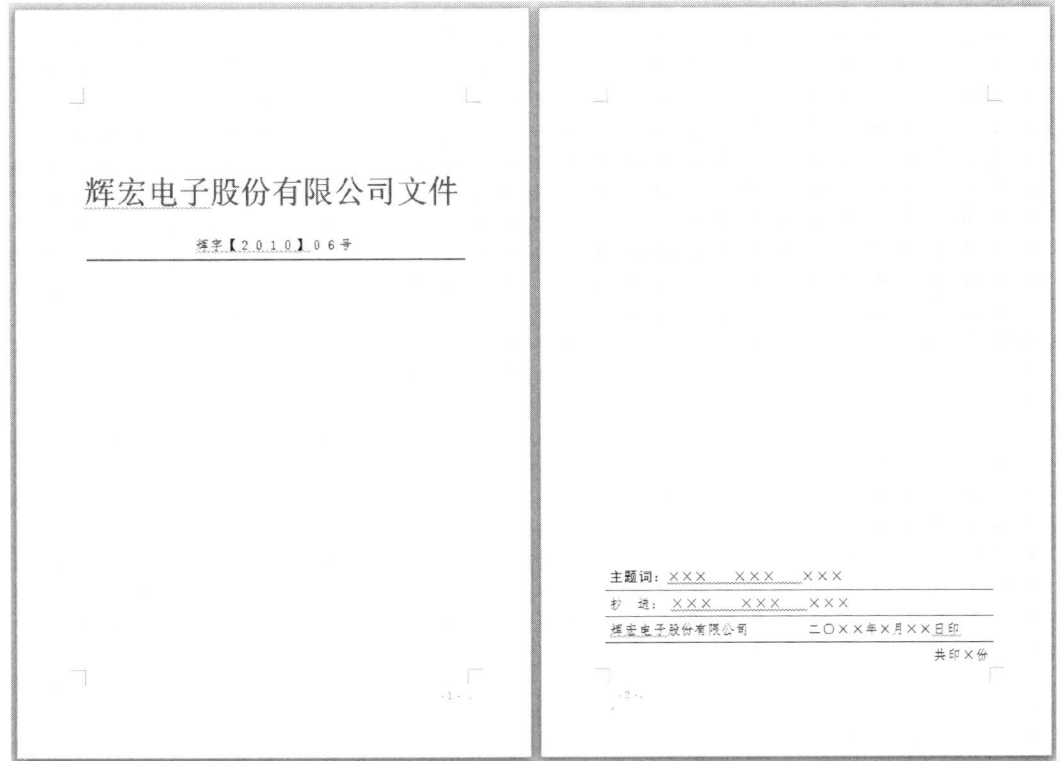

图 5-11　模板文件效果

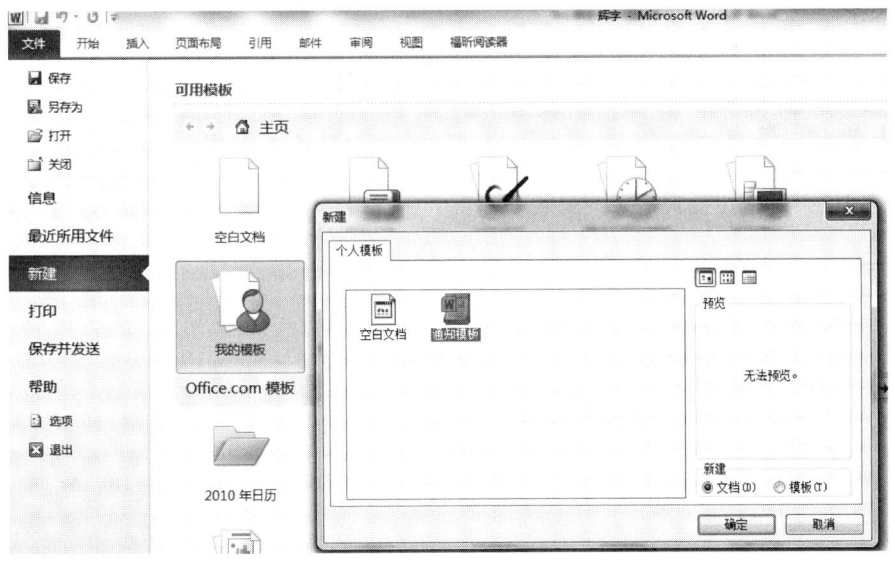

图 5-12　使用模板创建新文档

5.3.3　制作公文正文内容

正文内容根据用户的实际需求，可以直接录入文字，也可以从其他软件中将文字复制进来，但必须遵循以下标准。

1. 正文的体例格式

如图 5-13 所示,正文的体例格式设置如下:

标题,二号标宋字体,居中显示;主送机关,三号仿宋字体,顶格,冒号使用全角方式。

正文,三号仿宋字体;成文日期,三号仿宋字体,右空四个字的距离,"○"和全角符号的输入方法一致,不能使用"字母O"或"数字0"代替。

文号、签发人、主题词,按照模板定义的字体填写完整。最后,将红头、红线、文号、签发人、标题、主送机关、正文、成文日期、主题词的相互位置调整好。

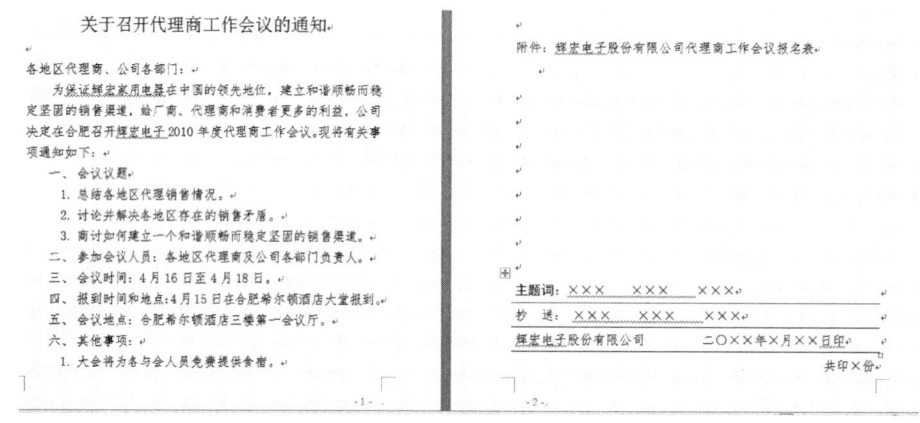

图 5-13　正文的体例格式

2. 项目符号和编号的设置

(1) 添加编号。

1) 按 Ctrl 键依次选中"会议议题""参加会议人员""会议时间""报到时间和地点""会议地点""其他事项"等 6 项不连续的内容。

2) 在"开始"选项卡的"段落"选项组中,单击"编号"按钮右侧的下拉按钮。在弹出的下拉列表中单击第 2 行第 1 列样式,即可为所选段落添加所选编号,如图 5-14 所示。

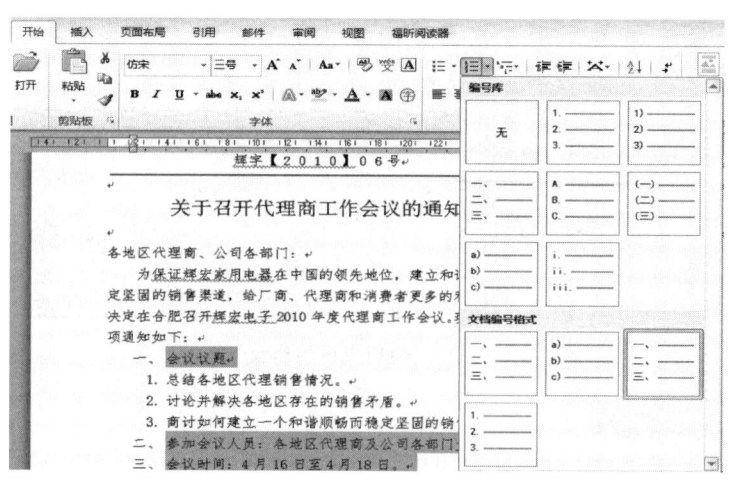

图 5-14　添加编号

（2）添加项目符号。

1）选定"会务联系"等 4 段文字。

2）在"开始"选项卡的"段落"选项组中，单击"项目符号"按钮右侧的下拉按钮。

3）在弹出的下拉列表中单击样式◇，即可为所选段落添加项目符号◇，如图 5-15 所示。

图 5-15　添加项目符号

5.3.4　为附件设置超链接

为了使通知内容更加具体和完善，需要在正文之后添加"辉宏电子股份有限公司代理商工作会议报名表"的附件。

（1）选定"附件：辉宏电子股份有限公司代理商工作会议报名表"文本内容。

（2）在选定区域内单击鼠标右键，在弹出的快捷菜单中执行"超链接"命令。

（3）弹出"插入超链接"对话框，选择"链接到："下的"现有文件或网页"选项，在"查找范围"对应的下拉列表中选择附件所在位置，并选定需链接文件"通知附件.doc"。

（4）单击"确定"按钮即可完成对选定文本的超链接设置，如图 5-16 所示。

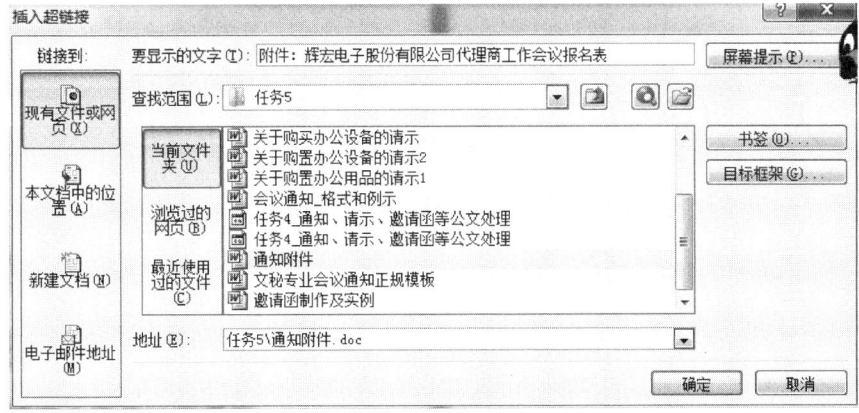

图 5-16　设置超链接

5.3.5 电子公章

1. 制作电子公章

制作电子公章的步骤：首先插入一个圆作为公章外形轮廓；设置艺术字"辉宏电子股份有限公司"并放置于圆形内上方；最后在中间插入红色五角星。

（1）图章轮廓。在 Word 窗口依次单击"文件"/"形状"，在"绘图"工具栏中选择椭圆，按下 Shift 键在文档中拖出一个圆，设置为"无填充色"，线条宽度为 2 磅，颜色为红色，"叠放次序"为"最底层"，如图 5-17 所示。

（2）编辑文字。在文档中插入艺术字，选择环形艺术字，输入内容后设置字体、字号，然后用艺术字周围的 8 个拖拉按钮把文字拖成圆形，并放在已经画好的圆内，可以用 Ctrl 键和方向键帮助移动到准确的位置，并把艺术字设置成红色，如图 5-18 所示。

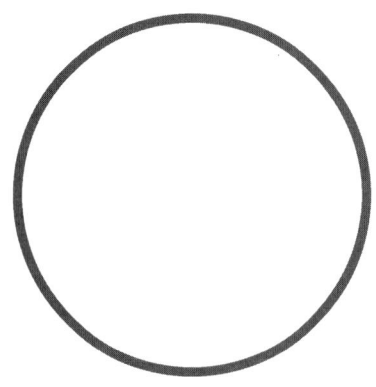
图 5-17 图章轮廓

图 5-18 图章文字

（3）插入五角星。在"形状"→"星与旗帜"中选中五角星，然后在文档中画出一个大小适合的五角星，并设置成红色，移动到圆中合适的位置，然后选中圆、艺术字、五角星，单击鼠标右键，选择"组合"，一个公章就制作出来了，要用时复制一个到目标处。公章效果如图 5-19 所示。

图 5-19 公章效果

但是，用 Word 制作电子公章可以用在一般的文档中，但如果是正式的行文，则要求公章有防伪功能，别人不能仿制。例如：办公之星，可以制作防伪的电子公章。

2. 加盖电子公章

（1）将公章加盖到通知右侧的落款处。

（2）选定制作好的公章，切换到"绘图工具"/"格式"选项卡，单击"位置"样式下的"其他布局选项"按钮，"文字环绕"中选择"衬于文字下方"选项，如图 5-20 所示。

（3）设置好环绕方式后，将公章拖放到落款位置即可，加盖公章后的效果如图 5-21 所示。

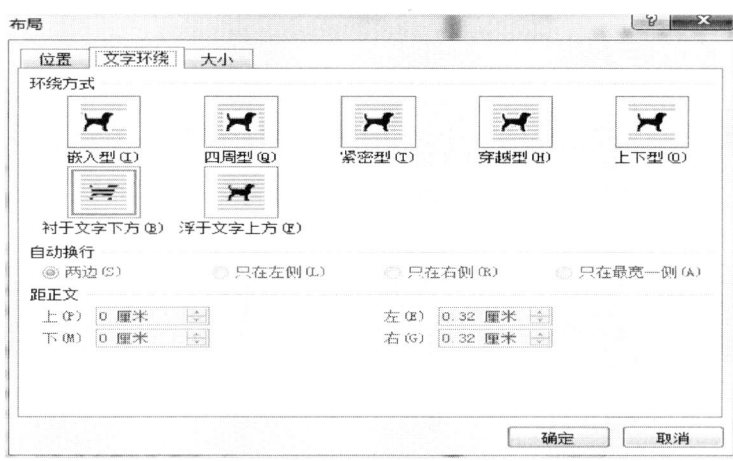

图 5-20 设置公章的版式

图 5-21 加盖公章的效果

5.4 拓展实训

5.4.1 实训1：制作购置办公设备的请示

随着公司的不断发展，业务量在不断增加，需要打印的材料也越来越多。而目前小李所在的销售部只有一台打印机，由于材料不能及时打印，很大地影响了公司的业务和工作效率。业务部经理让小李起草一份购置打印机的请示，以缓解目前办公设备的紧张状况。请示的效果图如图5-22所示。

图 5-22 请示的效果图

5.4.2 实训 2：制作邀请函

邀请函的用途非常广泛，生日聚会、结婚典礼、节日庆典等都需要使用。邀请函也可以在商店购买，但大多设计大众化、简单、单一，我们可以利用 Word 来制作一份个性鲜明的邀请函，邀请函主要包括图片、边框、背景、文字几个部分。

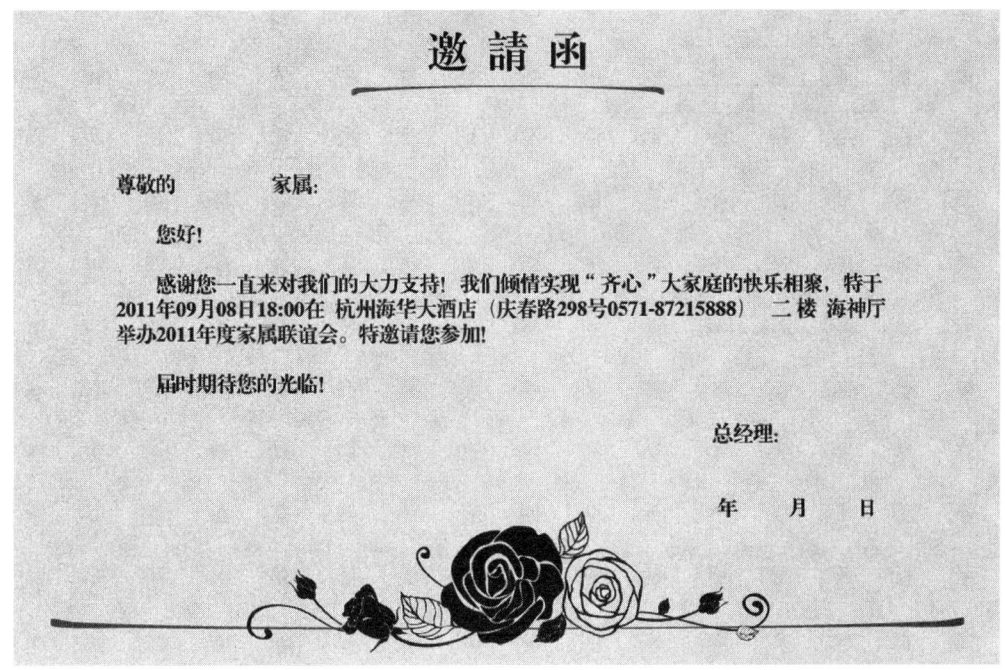

图 5-23　邀请函效果图

5.5　综合实践

请完成试卷的编辑和排版，效果如图 5-24 所示。

制作标准的试卷流程如下：

1. 设置试卷版面

试卷用纸并非标准的 8 开大小，因此需要进行自定义设置。先将相关单位变成毫米。选择工具"菜单"中的"选项"子菜单，打开"选项"对话框，选择"常规"标签。从"度量单位"后面的下拉菜单中选择毫米，并确定"使用字符单位"前的对号取消，单击确定按钮即可。然后，从"文件"菜单中选择"页面设置"命令，打开"页面设置"对话框。

（1）纸张类型。切换到"纸张类型"选项，从"纸张规格"下拉列表框的最底部找到"自定义"项，根据前面测量到的尺寸，将纸张的宽、高分别设置为 390mm、270mm，同时请将"纸张方向"由原来的"纵向"更改为"横向"。

（2）分栏。由于试卷都是左右分栏，因此先分栏。选择"格式"菜单中的"分栏"子菜单，打开分栏对话框。选择预设中的"两栏"，将栏间距设为 20mm 或其他的需要值。

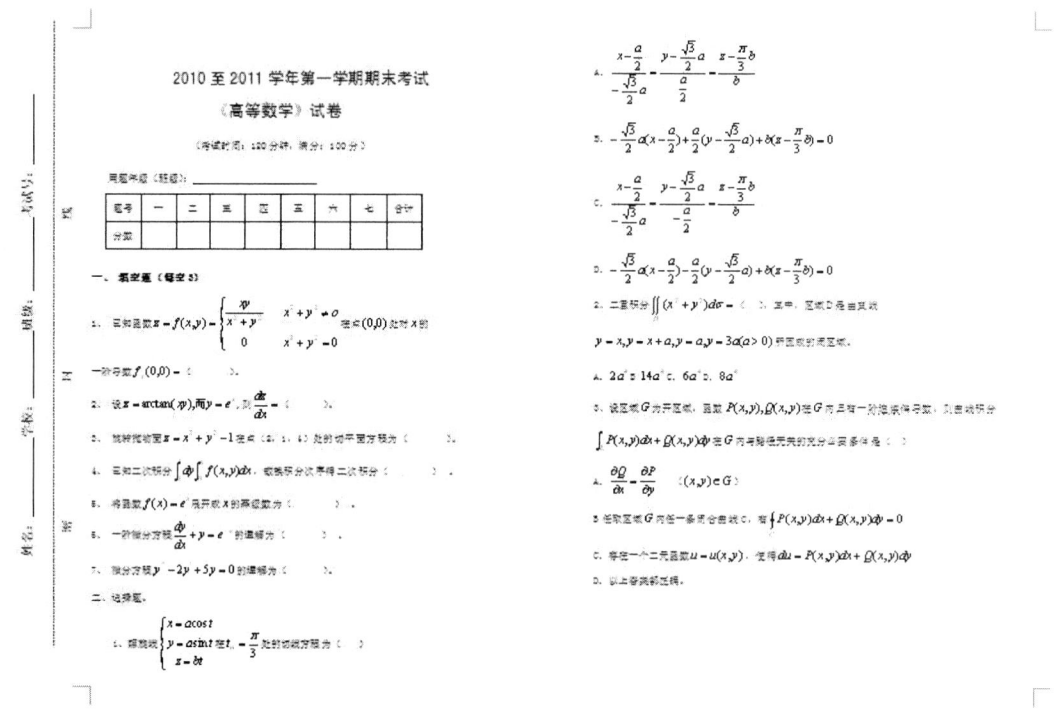

图 5-24 试卷效果图

不选择"分隔线",否则试卷中间会竖着一根长线。

(3) 页边距。继续打开"页面设置"对话框,切换到"页边距"选项页,将上、下、左、右页面边距分别设置为 20mm、20mm、40mm、20mm,这是因为左边需要增加一个密封线栏,因此左边的页面边距应该设置得大一些。

2. 制作试卷左侧的试卷头

完成版面设置后,接下来的重点是制作试卷左侧的试卷头,也就是包括了考生信息和密封线的那部分,这一步应该说是编排试卷的关键所在,也是一份标准试卷必不可少的部分。

(1) 激活"绘图"工具栏。由于制作试卷头的操作基本上都是依靠"绘图"工具栏中的相关按钮来完成的,因此首先从"视图"→"工具栏"中勾选"绘图"工具栏进行激活,工具栏上各个按钮的功能可以将鼠标指向其上即可查看。

(2) 制作考生信息区。由于考生信息区是一个长条形的区域,因此从"绘图"工具栏中选择"竖排文本框"按钮,按住鼠标左键在页面上拖动出一个矩形框,这个矩形框的大小可以定为 230mm 左右或需要的大小,以后还可以重新调整。

(3) 编辑文字信息。光标在文本框中闪烁,单击鼠标右键,选择文字方向,弹出文字方向对话框,选择由下至上的文字方向,确定即可。

双击文本框,弹出设置文本框格式对话框,将填充颜色和线条颜色都设置"无"。然后根据试卷的要求,输入班级、姓名、准考证号等相应的文字信息,需要考生填写的地方可以使用带下划线的空格来完成，而且长度可以灵活调节，调整各段文字的位置。然后再从"绘图"工具栏中选择"直线""矩形"按钮画直线和矩形框，注意在画直线时请按住 Shift 键，否则可能导致画出来的线不那么直，假如"准考证号"后面的矩形小框中的线条位置不那么到位，可以选中后使用键盘上的上、下、左、右四个方向键进行微调。

（4）组合对象。考生信息区中的内容输入完成后，还需要将它们组合起来。按住 Shift 键依次单击鼠标左键选取刚才创建的所有对象，包括文字、直线、矩形框等对象，然后从右键菜单中选择"组合"→"组合"命令将上述对象组合起来。

（5）制作密封线。在考生信息区的右侧，通常还有一条密封线，用来提醒考生在答题时不要超过这条界线。仍然从"图形"工具栏中选择"竖排文本框"按钮，并且文本框无填充颜色，也无线条颜色。按住鼠标左键拖动出一个虚线的矩形框，并在框内按着 Shift 键画一条竖线。双击这条竖线，弹出"设置自选图形格式"对话框，设置线条的虚实为圆点虚线形，粗细设为 1.5 磅即可，其他按默认值，确定。

仍然选择竖排文本框，先设置其填充色为无，选择文字方向为竖向且自下而上，输入"装订线"三个字，并调整三个文字之间的距离。然后调整此文本框的位置，使其位于虚线的上面，再将它们两个组合，在"装订线"的右侧，按照上面的方法输入"考生答题不得超过此密封线"的文字内容，再按照试卷的格式设置字体、字号，注意设置为两端对齐。

可以看到密封线的右侧还有一条粗实线，这只需要利用"图形"工具栏中的"直线"工具直接在相应位置画出来就可以了，注意在画线时请按住 Shift 键，这样才可以保证画出标准的直线。现将左侧试卷头的所有内容组合。

（6）页眉。为了让奇数页均自动出现在左侧试卷头，还需要将组合对象进行设置。选中组合了的试卷头，从"编辑"菜单中选择"剪切"命令，选择"视图"菜单中的"页眉和页脚"命令，插入页眉。在光标闪烁处执行"粘贴"命令。在 Word 2007 中，通过页眉页脚命令设置页眉后，在页眉下面始终带着一根细横线，我们可以去掉这条不和谐的横线。方法如下：

1）打开设了页眉的 Word 文档，单击"格式"工具栏，打开"样式和格式"项目。在弹出的"样式和格式"对话框中选择显示为"所有样式"。在"样式"项中选定"页眉"，再单击"修改"按钮。接着单击"格式"按钮，在弹出的菜单中选择"边框"命令，弹出"边框和底纹"对话框。

2）选定"边框"选项卡，如果要去掉其中的细横线，就在设置项中选定"无"。

我们在页眉处双击，然后在"页眉和页脚"工具栏中选择"页面设置"，弹出"页面设置"对话框，在"页眉和页脚"项，选择奇偶页不同，就能让每一张奇数页试卷左侧都出现试卷头。

3. 创建试卷总卷头

每份试卷都有一个总卷头，例如"安徽水利水电职业技术学院 2014—2015 学年第一学期考试试卷 高等数学"，虽然不同的考试名称不同，但大致格式是相仿的，只要按常规输入相应的文字内容，并设置好字体、字号、位置等即可。

4. 保存为模板文件

标准试卷的左侧试卷头格式其实都大同小异，最多有些小小差别而已。Word 为我们提供了自定义模板的功能，只要将事先制作的左侧试卷头保存为模板文件，以后出试卷时就可以直接调用。

在完成左侧试卷头的工作后，从"文件"菜单下选择"另存为"命令，选择存放各类模板文件的保存路径，在"保存类型"下拉列表框中选择"Word 模板"文档格式，然后键入一个合适的文件名，例如"试卷模板"。

任务 6
制作宣传海报

海报是极为常见的一种招贴形式，多用于电影、戏剧、比赛、文艺演出等活动的宣传。其演变到现在，范围已不仅仅是职业性戏剧演出的专用张贴物了，同广告一样，它具有向群众介绍某一物体、事件的特性，所以也是一种广告，其语言要求简明扼要，形式要做到新颖美观。海报中通常要写清楚活动的性质，活动的主办单位、时间、地点等内容。

海报设计是视觉传达的表现形式之一，通过版面的构成在第一时间内将人们的目光吸引，并获得瞬间的刺激，这要求设计者要将图片、文字、色彩、空间等要素进行完美的结合，以恰当的形式向人们展示出宣传信息。

本任务通过制作某数码商店开业的宣传海报为例来介绍如何进行海报的编辑与排版。制作的宣传海报效果如图 6-1 所示。

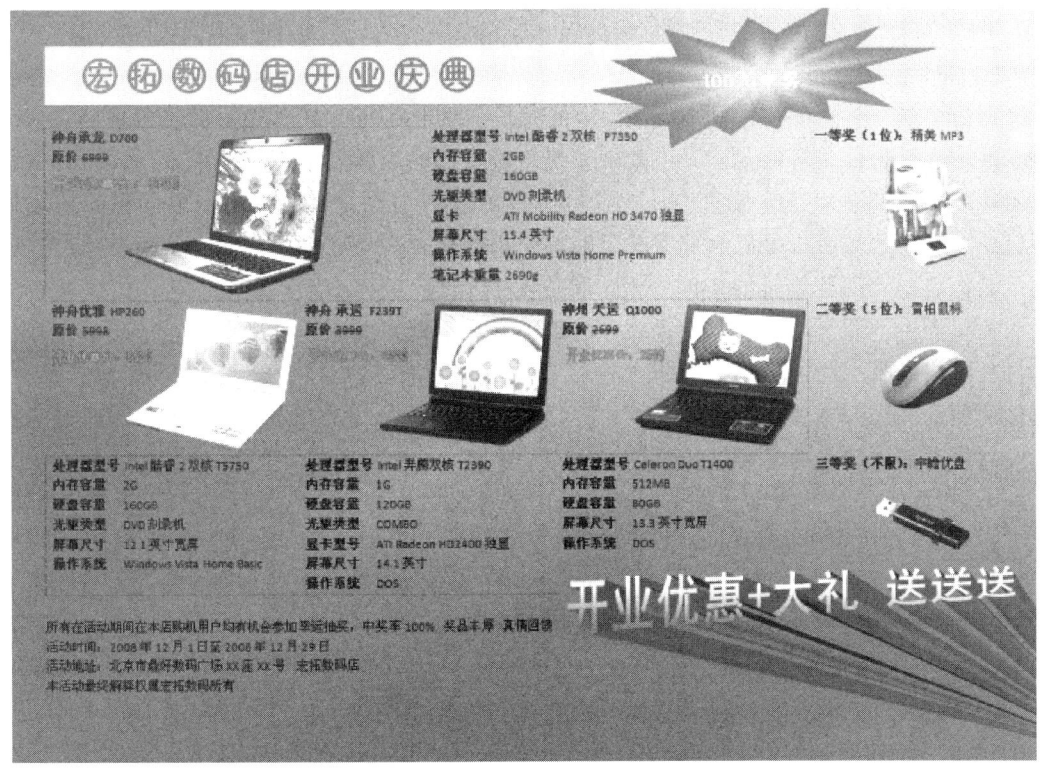

图 6-1 宣传海报效果图

6.1 任务情境

李明是管理系营销专业三年级学生,目前正在某大型超市实习。超市新开业了一组数码产品销售柜台,为更好地促销产品,争取开业取得好业绩,经理要大家做好宣传。李明想到在校期间学习过海报制作,主动提出尝试下做产品宣传海报。

知识目标

- 海报制作的要求及格式。
- 带圈字符的使用。
- 艺术字的使用。
- 自选图形的使用。
- 外部图片引用。
- 使用表格进行版面布局。

能力目标

- 能够根据需求完成实际工作中海报、产品介绍等宣传品的简单设计,设计制作工作证、胸卡等常用小物品。

6.2 任务分析

当前小到小型店铺,大到地产企业,宣传已成为必不可少的营销手段,包括电视、广播、网络、现场传单等形式。其中效果最快、最直接的当属现场宣传的形式。而现场宣传的具体效果除商品本身的吸引力外,宣传海报的表现力也是影响营销效果的重要因素之一。一个好的宣传海报可以激发潜在顾客的购买欲望,有效地提高营销业绩。

制作数码产品开业用的宣传海报,首先要给顾客一种红红火火的感觉,应以暖色如红、黄等为主色调,冷色如蓝、绿等作为点缀。为了更好地达到刺激消费者的目的,在制作过程中将有吸引力的卖点如打折、礼品等内容以特殊格式突出显示。除了商品信息外,具体的地址和联系方式也是必不可少的。

制作产品宣传海报需要进行以下工作:

- 带圈字符、艺术字、自选图形、外部图片引用的使用。
- 用表格进行版面布局。
- 巧用带圈字符制作个性标题。
- 制作产品栏。
- 借用艺术字突出亮点内容。
- 用自选图形装饰版面。

任务6 制作宣传海报

6.3 任务实现：制作通知

利用 Word 2007 制作一份产品宣传海报一般需要经过以下几个步骤：
(1) 用表格进行版面布局。
(2) 巧用带圈字符制作个性标题。
(3) 制作产品栏。
(4) 借用艺术字突出亮点内容。
(5) 用自选图形装饰版面。

6.3.1 用表格进行版面布局

用表格确定版面布局（图 6-2）的优点是整个版面整洁、有条理，各个单元格的内容互不影响，方便用户对各部分进行单独编辑，且为日后修改打下基础。

图 6-2 用表格进行版面布局

6.3.2 巧用带圈字符制作个性标题

作为海报的标题首先要符合海报的整体风格，且要醒目而有特点。本案例使用带圈字符制作标题。

Word 提供的带圈字符的功能主要作用是给某些常见字符添加外框，使得其与其他内容不同，从而体现醒目的效果。常用的情况如标题、并列内容编号等。

单击"开始"/"字体"/"带圈字符"按钮，打开"带圈字符"对话框，如图 6-3 所示。

样式栏中有 3 个选择按钮，"无"按钮表示使文字保持原样；"缩小文字"按钮表示保持圈号大小不变，文字变小以适应圈号；"增大圈号"按钮表示保持文字大小不变，增大

63

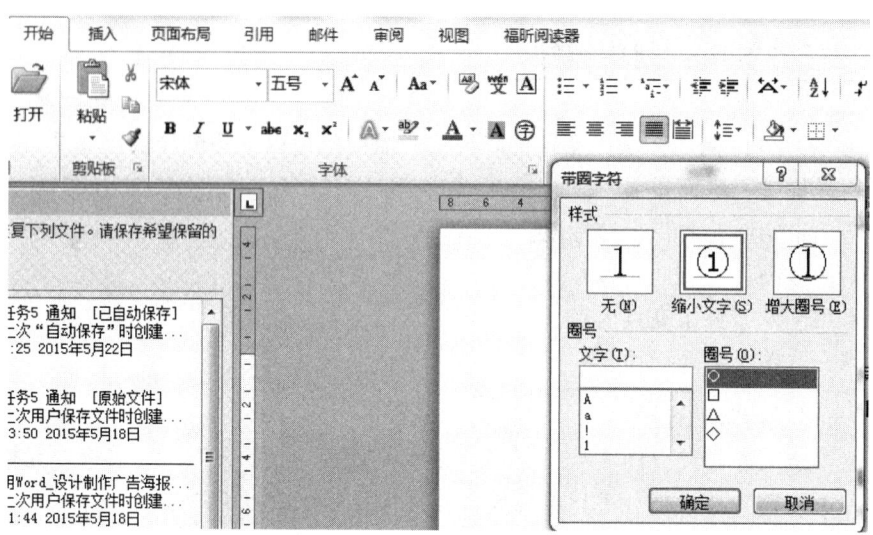

图 6-3 带圈字符制作

圈号以适应文字。"文字"文本框中可以输入需要的文字,每次只能设一个字符。"圈号"栏共有 4 种选择,可视具体情况选择合适的形状即可。

设置完毕后单击"确定"按钮即可将相应文字设置为带圈字符,效果如图 6-4 所示。

图 6-4 带圈字符制作标题效果

6.3.3 制作产品栏

产品栏是海报的主体内容,也是海报的主要宣传对象。为了使其更加直观,需要插入产品相关的图片进行展示,产品栏效果如图 6-5 所示。这就要用到 Word 2007 中的外部图片引用功能和图文混排设置。

1. 插入图片

Word 经常需要引用外部图片来完善文档内容。通常情况下,图片已经第三方软件处理好,引入 Word 后进行简单的大小或裁剪调整即可。

具体方法为单击"插入"/"插图"/"图片"按钮,打开"插入图片"对话框。设置路径选中所需图片后,单击"插入"按钮将图片插入文档中的光标处。

图片插入后默认进入"格式"选项卡,通过设置"格式"选项卡来调整图片的亮度/对比度、分辨率、阴影效果、图文混排方式和大小等。

2. 注意事项

Word 允许将多种来源(包括从剪贴画网站下载、从网页上复制或从保存图片的本地文件插入)的图片和剪贴画插入或复制到文档中。

插入的图片分嵌入式和浮动式两种。

(1) 嵌入式图片:图片的常规格式,如果想改为浮动式可单击"格式"/"排列"/

任务6 制作宣传海报

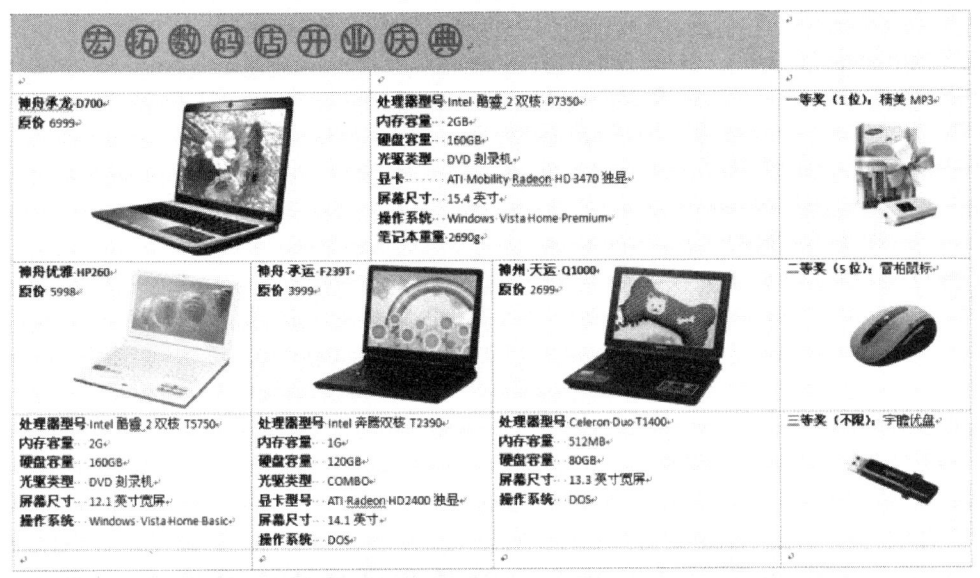

图6-5 产品栏效果

"文字环绕"按钮改变其图文混排样式。

（2）浮动式图片：可在页面上为其精确定位或使其位于文字或其他对象的上方或下方。

6.3.4 借用艺术字突出亮点内容

海报产品栏制作完成后，还需要添加吸引顾客购买的要素，也就是卖点。本实例中的卖点是开业让利，即产品价格上的优惠。为了突出价格优惠这一特点，故用艺术字将其标出，使其不同于其他文字。

为了满足设计多样性的需要，Word提供了艺术字功能。这使得文档不再千篇一律，一个合适的艺术字可以大大提高文档的观赏性。Word 2007中提供了30种常用艺术字样式，如图6-6所示。

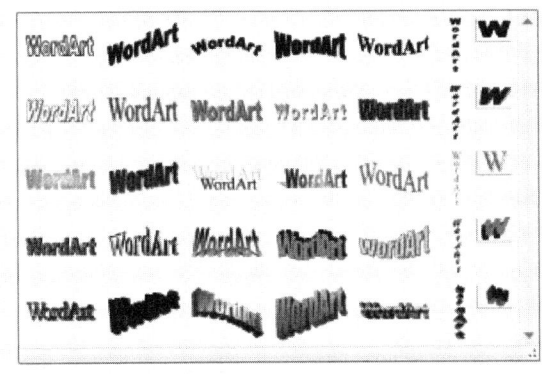

图6-6 艺术字

图 6-7 艺术字效果

注意事项：

艺术字在 Word 中以对象形式插入，用户可以通过更改文字或艺术字的填充、更改其轮廓或添加效果（如阴影、反射、发光、三维旋转或棱台）来更改其外观，如图 6-7 所示。

填充：填充艺术字文字的字母的内部颜色。在更改文字的填充颜色时，还可以向该填充添加纹理、图片或渐变。渐变是颜色和底纹的逐渐过渡，通常是从一种颜色过渡到另一种颜色，或者从一种底纹过渡到同一颜色的另一种底纹。

轮廓：文字或艺术字的每个字符周围的外部边框。在更改文字的轮廓时，还可以调整线条的颜色、粗细和样式。

效果：可以增加艺术字中的文字或幻灯片上的文字的深度或突出效果，主要为阴影效果、三维效果等。

6.3.5 用自选图形装饰版面

制作到这里，海报的主要内容已经基本完成，为了更加渲染喜庆的气氛，使海报不单调，本实例使用自选图形对版面进行装饰。

在文档编辑过程中用户有时会需要插入一些简单的图形，比如独立的连接线、注释性的语言、基本的箭头、装饰性的标语等。如果使用第三方软件制作后再插入显然太过繁琐。这时候就可以用 Word 2007 提供的自选图形功能来满足这些要求。

单击"插入"/"插图"/"形状"按钮,打开如图6-8所示下拉菜单,从里面选择需要的形状即可。

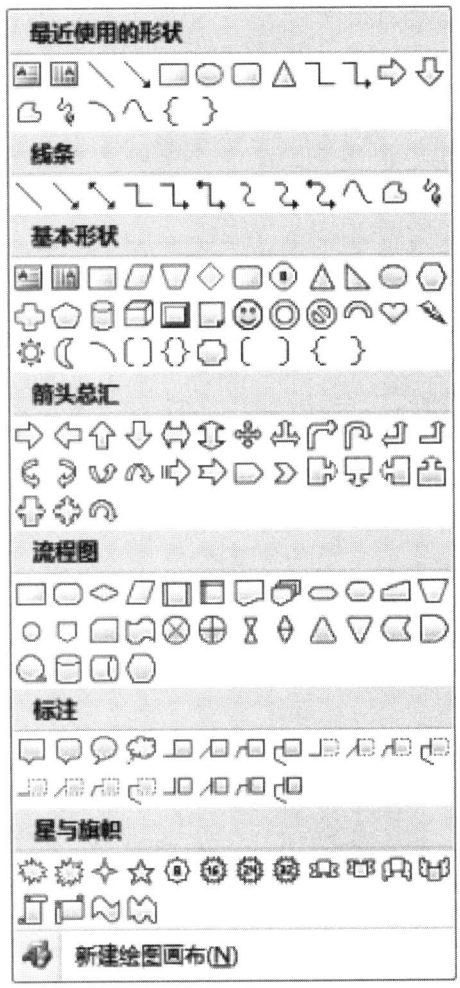

图6-8 形状

注意事项:

Word允许向文档添加一个形状或者合并多个形状以生成一个绘图或一个更为复杂的形状。可用形状包括线条、基本几何形状、箭头、公式形状、流程图形状、星、旗帜和标注。

添加一个或多个形状后,可以在其中添加文字、项目符号、编号和快速样式。

添加文字:右键单击要向其添加文字的形状,单击"添加文字",然后键入文字。

添加项目编号:选择形状中要向其添加项目符号或编号的文字,单击"开始"/"段落"选项组中所需的项目编号按钮添加项目编号。

> 添加样式：快速样式是不同格式选项的组合，单击选择形状后，在"格式"/"形状样式"选项组中样式显示为缩略图。将指针置于某个快速样式缩略图上时，可以看到"形状样式"（或快速样式）对形状的影响。单击需要的样式按钮即可将形状设置为相应样式。

6.3.6 修改图片周围文字的环绕范围

实际应用中有时需要使文字不按照图片的固定外框环绕，如文字覆盖部分图片或远离图片一定距离，那就需要用到 Word 2007 的编辑环绕顶点功能。

单击"格式"/"图片"/"文字环绕"按钮，在下拉菜单中选择"编辑环绕顶点"命令，图片周围会出现许多顶点，拖动它们可以调整文字的位置，按住 Ctrl 键再单击顶点间连线（顶点）可以增加（或删除）顶点。

完成了海报设计，李明交给经理审核，经理很满意，同事们也感觉不错。李明在超市的周工作总结会上受到了表扬。

6.4 拓展实训

6.4.1 实训1：制作上岗工作证

新来的员工需要工作证，主管要李明为新来的员工打印几份工作证。原来的工作证样式电脑中没存，李明按现在的上岗工作证制作了电子稿，主管看了很满意。工作证的效果如图6-9所示。

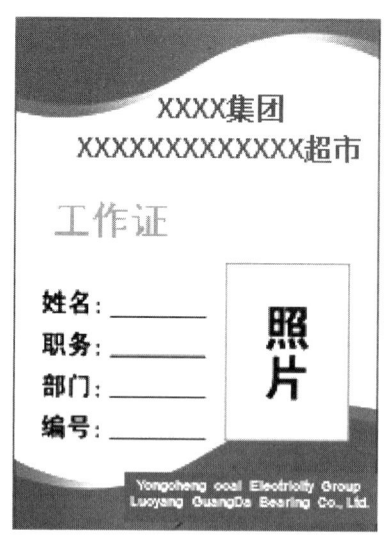

图6-9 工作证的效果图

6.4.2 实训2：制作竞选宣传海报

随着三年级学生的毕业离校，学生会面临换届选举，李明作为上届的学生会主席，积极参与换届工作，新一届的学生会领导竞争激烈。为选出同学们认可的学生会领导机构，决定公开演讲,请同学们自己选出信服的学生会领导。李明制作了一份宣传海报,在校内进行张贴,取得了很好的效果。竞选宣传海报效果如图6-10所示。

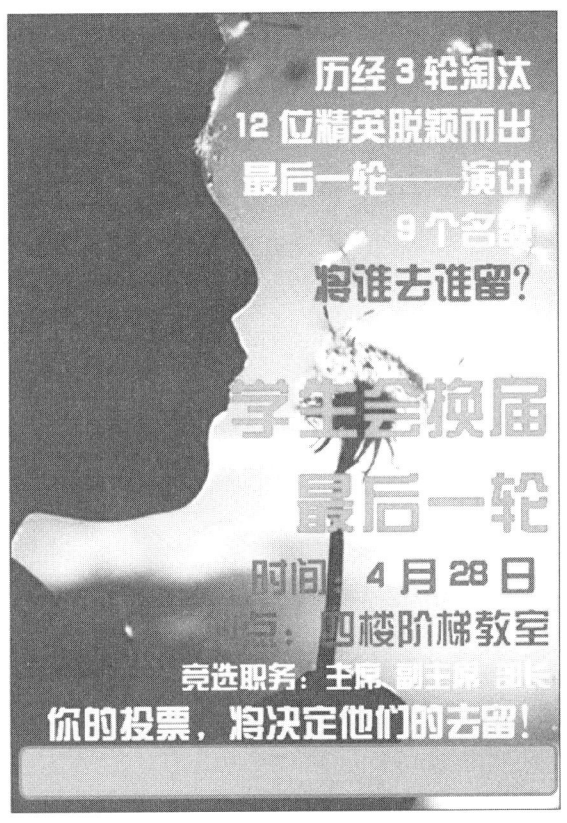

图6-10 竞选宣传海报效果图

6.5 综合实践

请完成房地产广告的宣传,效果如图6-11所示。

图6-11 房地产宣传海报效果图

任务 7

制作产品说明书

在实际工作中经常需要制作大量文字的多章节文档，如企业中常用的工作总结、项目合同、招投标书，以及产品说明书等。这类文档不仅篇幅大、页码多，而且结构复杂。如果我们使用手工一个字一个字设置的方式完成编排的话，那么既浪费了人力又不利于后期修改。并且经常会发生添加或删除文档中某些部分内容而将整个文档发生错乱的情况。

下面我们将通过制作一份产品说明书的案例来介绍较长文档进行编辑的制作过程。这里不仅将要用到文档编辑的相关格式技术，同时还需要用到 Word 的高级编辑技术。比如如何设置文档的分节符、文档结构、奇偶页不同的页眉、自动生成文档的目录的相关技术。产品说明书文档如图 7－1 所示。

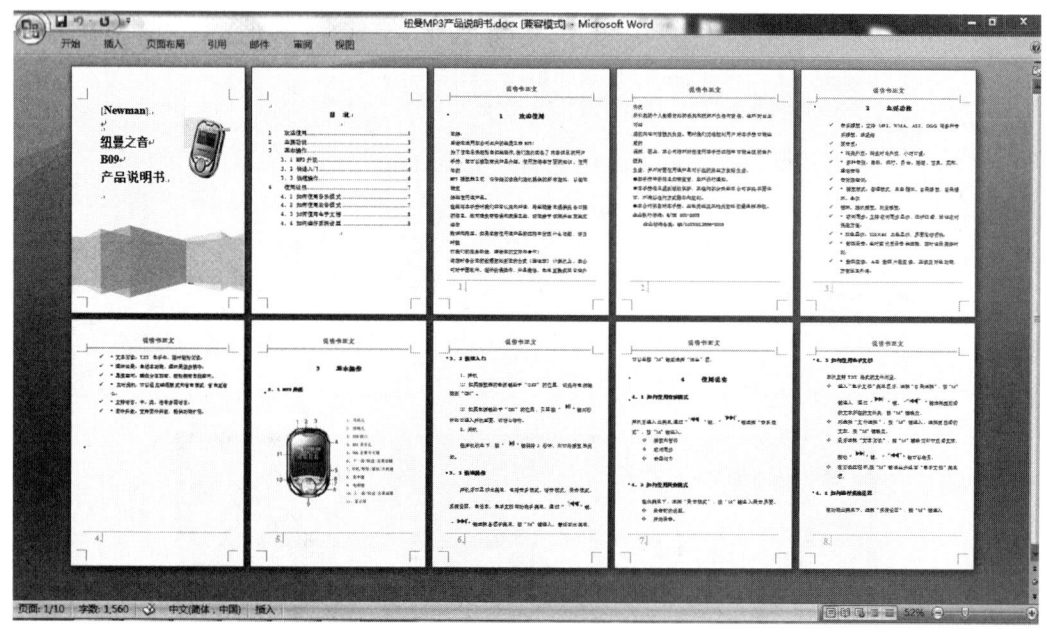

图 7－1　产品说明书文档

7.1　任务情境

王勇大学毕业后任职于一家专业从事研发、生产和销售 MP3 的数码产品企业。近期，公司新研发的纽曼B09系列产品已经研发成功，产品经理给王勇安排了一项任务，为新研发的MP3制作一份产品说明书，王勇根据产品部门提供的产品图片、功能说明、操作步骤等相关资料，进行了产品说明书文档的编辑。接下来我们跟王勇一起来完成这种较长文档的编辑与排版吧。

知识目标

- 设置分节符。
- 设置页眉页脚与页码的编制。
- 针对样式进行应用以及针对相关样式进行修改。
- 自动生成目录。

能力目标

- 能够掌握知识目标中的相关技术的使用并利用上述知识点对长文档进行编排与修饰。

7.2 任务分析

产品说明书是以文体的方式对某产品进行相对的详细表述，使人认识、了解到某产品。产品说明书制作要实事求是，制作产品说明书时不可以为达到某种目的而夸大产品的作用和性能，这是制作产品说明书的职业操守。另外，产品说明书是一种常见的说明文，是生产者向消费者全面、明确地介绍产品名称、用途、性质、性能、原理、构造、规格、使用方法、保养维护、注意事项等内容而写的准确、简明的文字材料。产品说明书一般由封面、前言、正文、落款等部分组成。

经过分析后，制作一份美观、实用的产品说明书需要进行以下工作。

- 准备草拟好产品的说明书大纲，即目录的设置。
- 产品说明书封面进行设计。
- 在标题中加入相关具体文字以及图片等相关内容。
- 针对各级标题样式设置，同时对文档正文进行格式设置。
- 针对文档页眉和页脚设置。
- 自动生成的文档目录，同时带有超级链接效果。

7.3 任务实现：制作产品说明书

7.3.1 使用分节符划分文档

编辑处理之前，首先输入说明书的所有正文字内容。输入正文字过程时不用考虑字符格式以及段落格式，特别是文档中的各级标题，我们不需要做格式调整，后期可以针对文档标题格式利用"样式"直接定义完成的。文本内容输入结束以后，我们再对整篇文档中的正文部分的文字和段落格式进行设置。

文本输入以及格式和段落格式设置完成以后，我们就可以对文档进行进一步的排版了。我们平时会封面、目录以及正文这些不同的部分进行不同的版面设置工作。但我们使用时 Word 并没有提供这样的功能，其原因是在于默认情况下 Word 把整篇文档看作成"1节"了，如果我们对某个部分进行版面设置时整篇文档都会有所变化，和我们想要的不一样，那么这时候就必须对其利用"分节符"进行操作，然后对每一节进行我们想要的版面设置，最后就能达到我们所希望看到的版面结果啦。

现在，将要制作的纽曼 B09 产品说明书的三部分（说明书的封面、目录和正文）分成 3 节。其原因在于，封面里不需要页眉和页脚，目录的页眉页脚也与正文有所不同，分别进行页眉页脚的设置。第 1 节中仅作为说明书的封面；第 2 节作为说明书的目录；第 3 节作为说明书的正文部分。然后再对这三部分单独的进行相关格式和段落的设置。

那么本任务中的利用分节符划分文档的步骤如下：

（1）将插入点置于需要分节的位置，本例中将插入光标定位在整篇文档最开始处。

（2）选择"页面布局"选项卡，单击"页面设置"选项组下的"分隔符"按钮，在"分节符"列表中选择"下一页"选项，如图 7-2 所示。插入下一页以后会在正文文档的前面出现一个空白的文档页面以及"分节符（下一页）"的格式标记在上面，如图 7-3 所示，这就是文档的第 1 节，后面的所有正文页是文档的第 2 节。此时文档中已出现了 2 节。需要注意是，如果图中没有显示"分节符"下一页的格式标记，我们可以利用 Word 左上角的 Office 按钮，找到菜单里的"Word 选项"，在该对话框中选"显示"选项，最后将所需显示的格式标记勾选上单击"确定"即可。

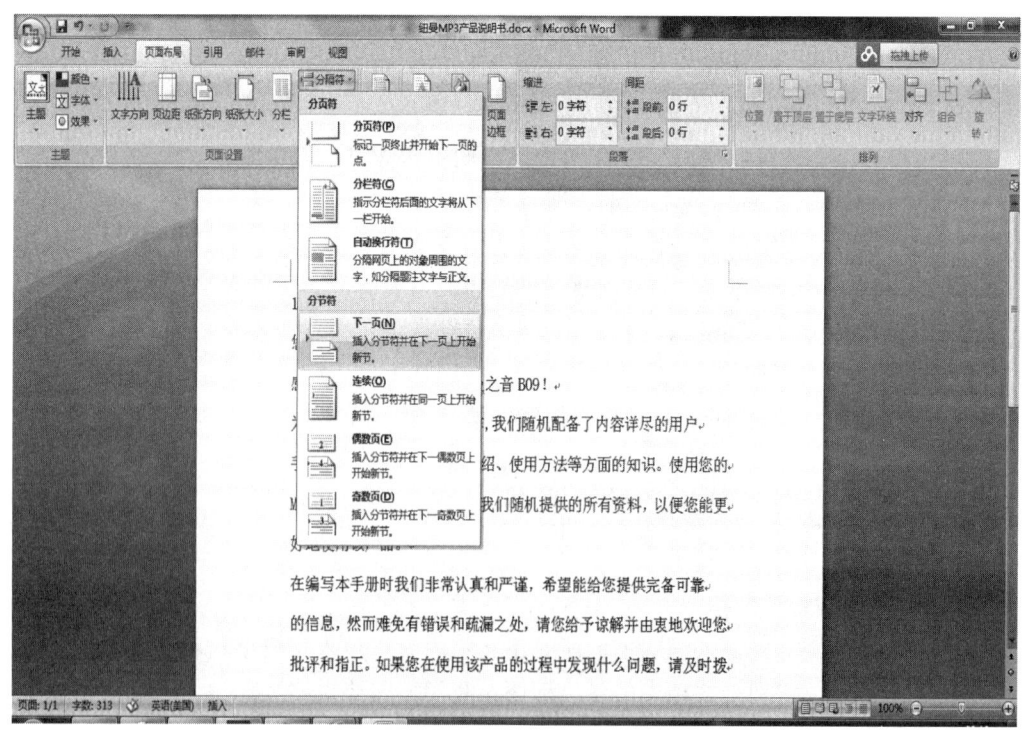

图 7-2 插入"分节符"前

任务 7　制作产品说明书

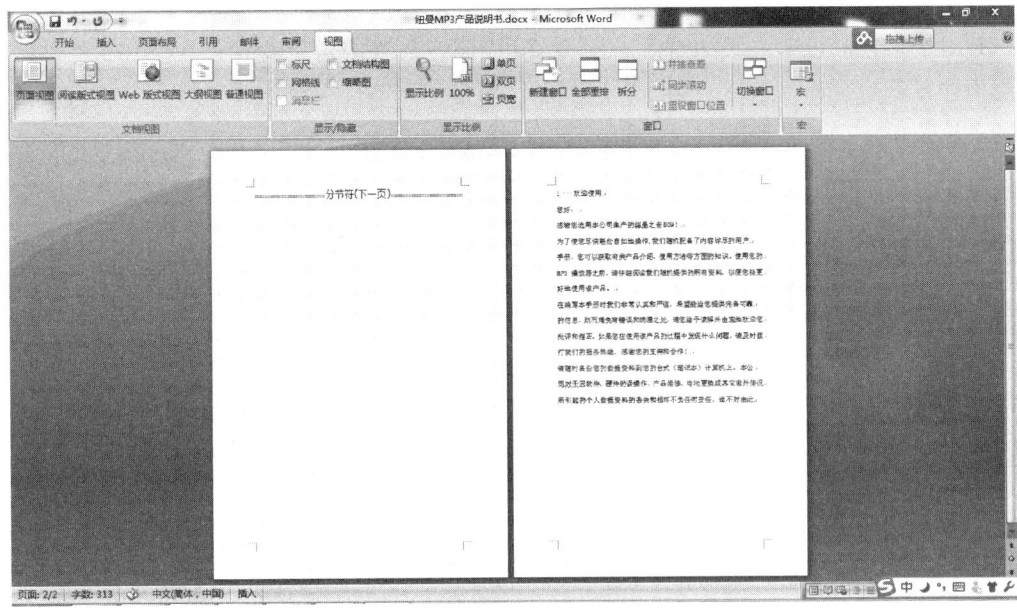

图 7-3　插入"分节符"后

（3）对于我们所需要的 3 节格式，还应使用同样的方法再增加一个空白的页面，将整篇文档分成 3 节的结构，从而达到符合我们需求的 3 节要求。

（4）以上已分成 3 节，现在可以在第 2 节上面输入"目录"（图 7-4），下面目录的相关信息由设置好正文中的相关格式以后再利用目录的自动生成功能实现。

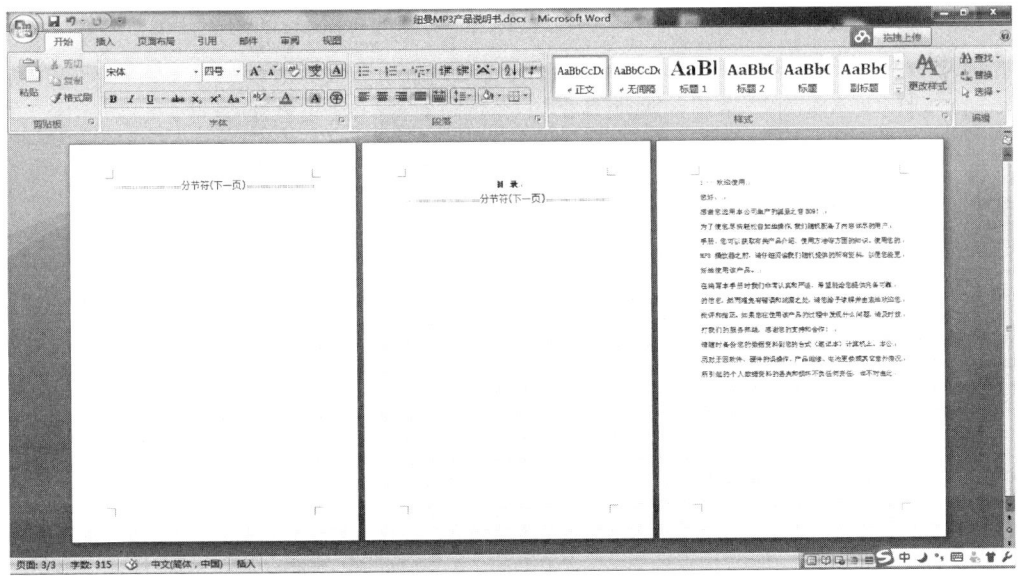

图 7-4　利用分节符分成 3 节图示

7.3.2　制作说明书封面

制作说明书封面，其目的是为了给出产品的识别信息，包括产品名称、使用说明书的

73

编号和出版日期、生产企业全称等信息，可以使得说明书更加好看、特点能够更加得突出，现对于该产品说明书添加封面。在 Word 中制作封面时可以直接使用 Word 提供的内置封面样式获得封面。选择"插入"选项卡，单击"页"选项组下的"封面"按钮，在弹出的下拉菜单中选择需要的封面，如图 7-5 所示。

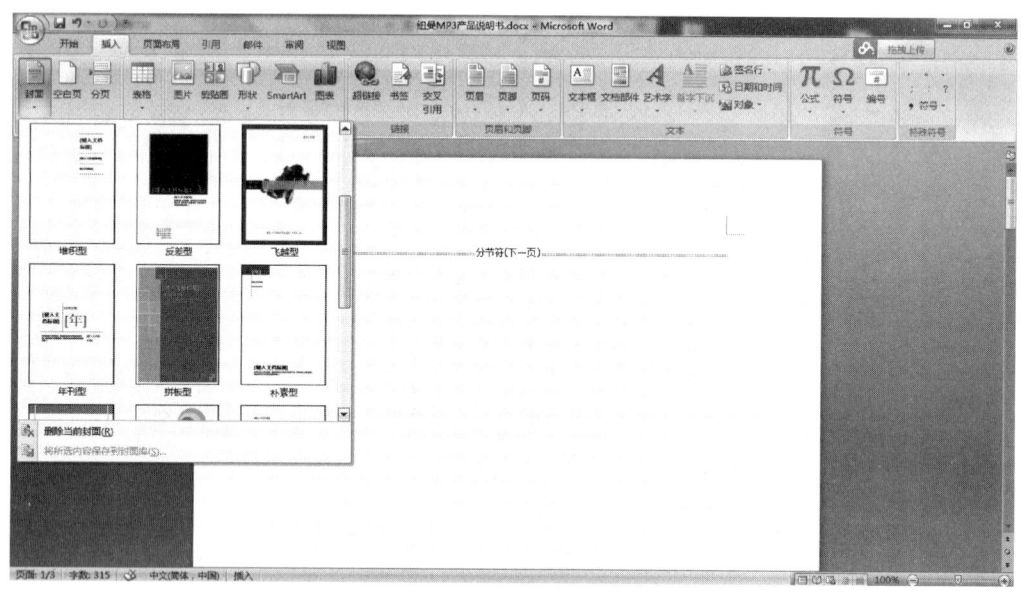

图 7-5 内置封面

那么本任务中的制作说明书封面的步骤如下：

（1）插入封面背景图片。

（2）插入产品图片。

（3）利用文本框对产品添加说明性的文字，同时需注意格式的编排，结果如图 7-6 所示。

7.3.3 设置页眉和页脚

说明书的封面以及目录设置结束以后，接下来可以设置文档的页眉和页脚。页眉是指页面上方的信息，里面可以添加公司名称、部门、文档名称、制作人姓名以及页码等相关信息内容，还可以放入一些标志性的图片对象。页脚是整个页面下方的信息，里面可以添加页码、总页数，以及日期时间等相关信息内容。

需要注意的是，由于产品说明书中的 3 部分中所要求的页眉以及页脚的相关设置不一样，可以对第一部分不设置页眉页脚；第二部分只需要页眉部分，不需要页脚；第三部分设置页眉为"说明书正文"，页脚设置成所需的页码格式。

页眉页脚的设置步骤如下：

（1）将光标定位所需设置的页面中，选择"插入"选项卡，单击"页眉和页脚"选项组中的"页眉"按钮，在下拉列表的下面选择"编辑页眉"选项，进入"页眉和页脚"视图。此时，正文部分的文本部分呈灰色显示，设置完成退出以后正文就呈黑色的，页眉和页脚则呈灰色。

任务 7　制作产品说明书

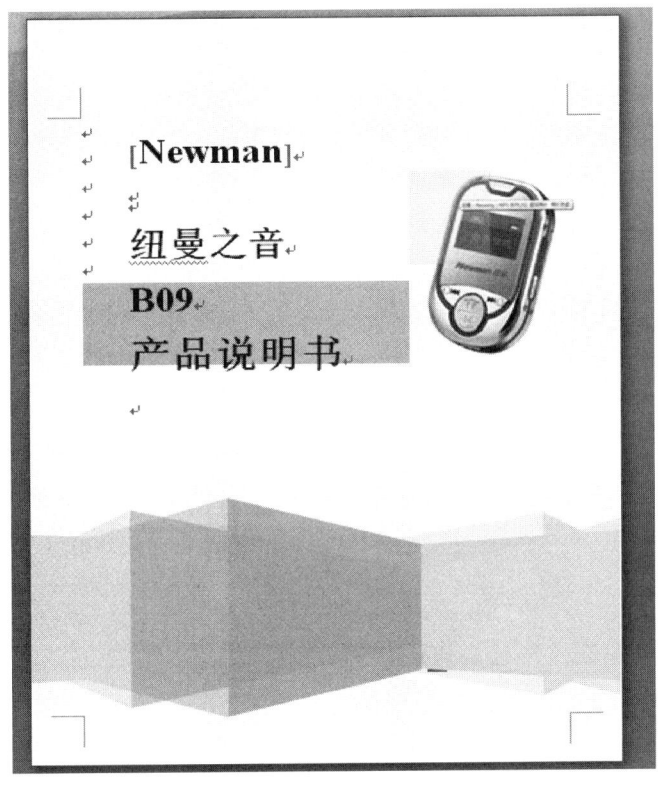

图 7-6　"产品说明书"封面

（2）前面已将文档分成了三个小节，当进行页眉页脚下设置时会出现如图 7-7 所示的界面，会显示是第几节的页眉以及页脚，类似于"页眉-第 1 节-"和"页脚-第 1 节-"的显示字样。

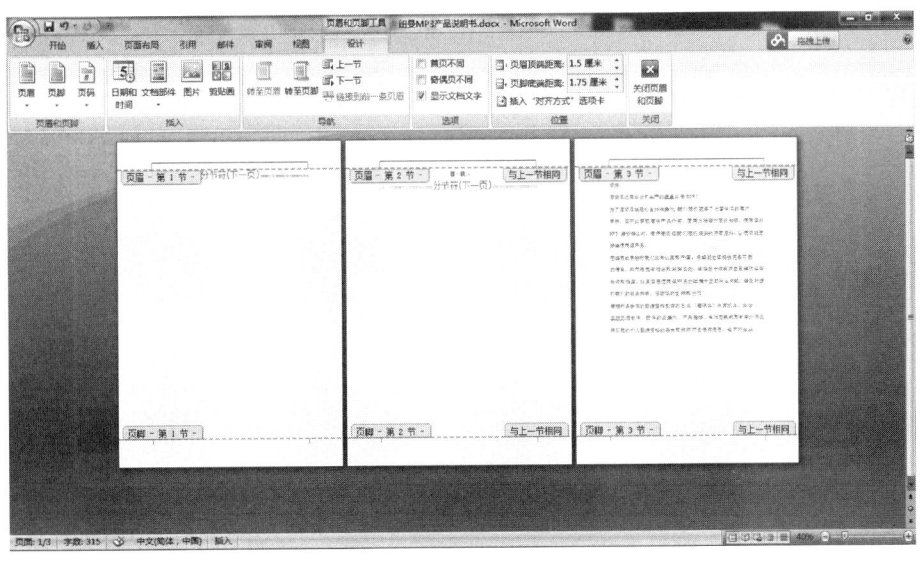

图 7-7　分节设置页眉页脚时界面

(3) 当进行设置时,由于封面不需要,首先将"与上一节相同"的功能取消,避免影响后面小节的页眉页脚。接下来选择"页眉和页脚工具/设计"选项卡,单击"导航"选项组下的"链接到前一条页眉"按钮,使按钮弹起呈"不选中"状态,如图 7-8 所示,再在目录页的页眉位置输入"目录"二字,页脚可以插入页码,也可以不插入,此时便可以完成目录页面中的页眉的设置工作。同时,将上方的"与上一节相同"的功能取消,以至于不影响正文中页眉页脚的设置工作。若不进行取消的话,正文中的页眉将和目录中的页眉一致了。

(4) 在正文中页眉地方输入"说明书正文"文字,再在页脚位置插入页码即可完成第三部分页眉页脚的设置工作,其结果如图 7-9 所示。设置工作结束以后,单击"页眉和页脚工具/设计"选项卡下的"关闭页眉和页脚"关闭其设置工作(图 7-10),返回至文档的页面视图状态下。需要注意的是,通过鼠标双击页眉页脚的位置也可以进入其设置状态,完成其相关设置工作。

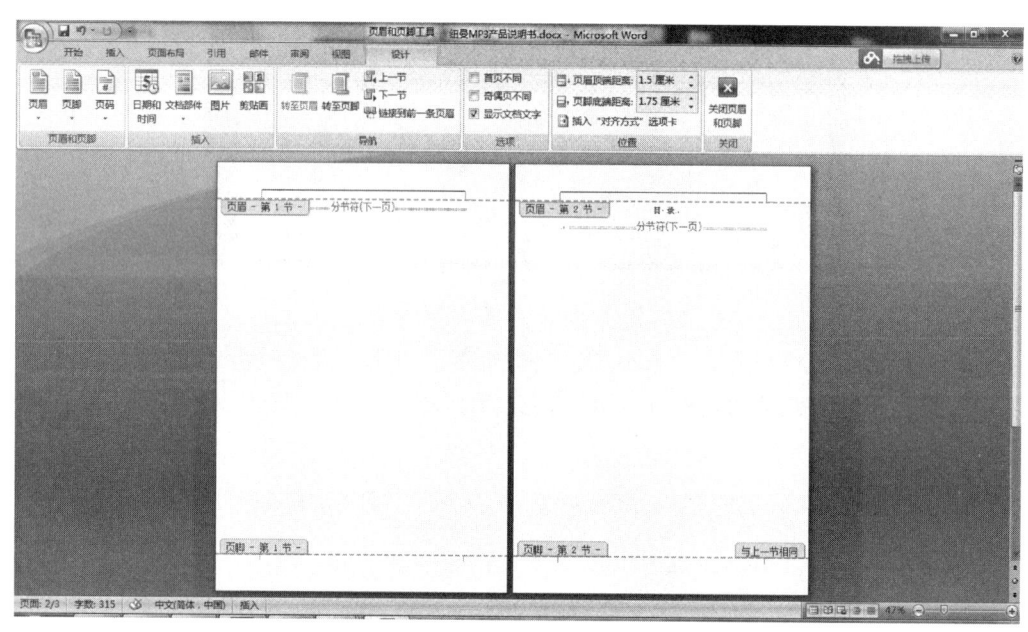

图 7-8 取消"与上一节相同"

7.3.4 应用样式

上述工作完成以后,接下来开始设置目录的工作,设置目录的标题格式之前,我们先了解一下 Word 中关于样式的相关知识。

样式实际上是事先制作好的一组"格式"的集合,每一种样式都具有不同的名字,我们只需要将这些样式应用到指定的文字中以后,便可以将该样式中所有的格式都加入到文本中来。样式通常可用样式名称来标识的一系列字符和格式的组合的字符样式,也可用一种样式名称保存的一套字符格式和段落格式的段落样式,还可用将段落样式和字符样式组合而形成的链接样式。实际上,Word 自身也带了许多样式,称为内置样式。我们可以直接使用已有的样式,也可以修改已有的内置样式,还可以根据具体需要来新建样式,当某

任务 7　制作产品说明书

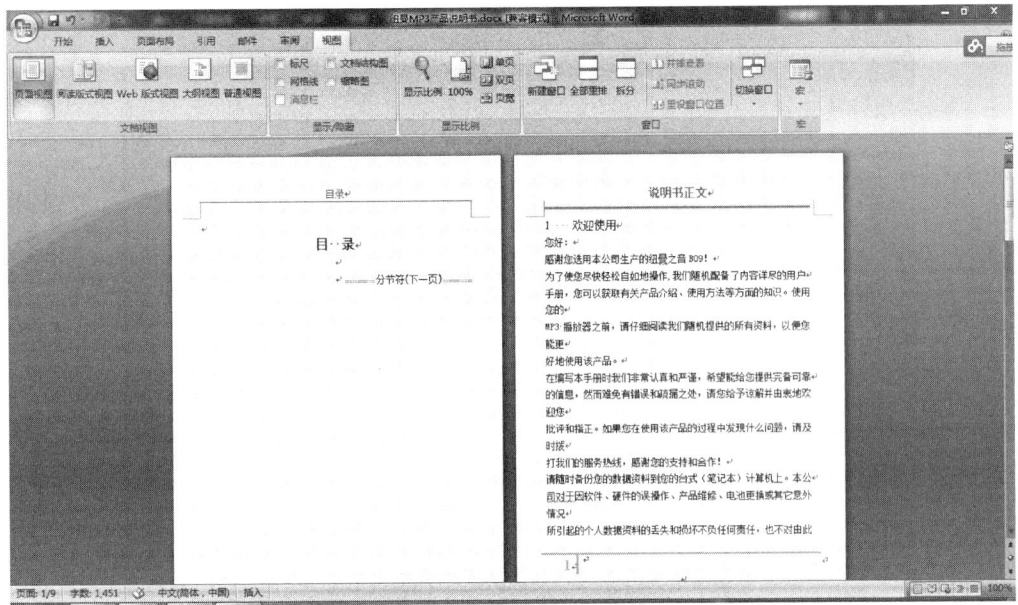

图 7-9　页眉页脚设置结束

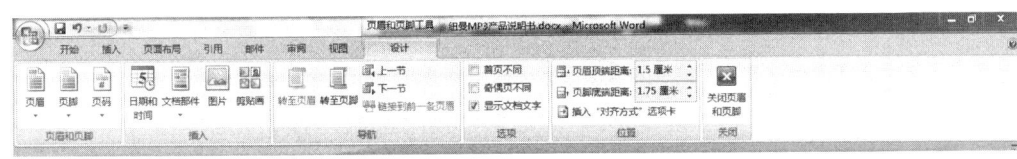

图 7-10　关闭页眉和页脚

些样式不再使用时还可以删除样式。下面来看一下在 Word 中如何新建和删除样式。

1．新建样式

具体步骤如下：

（1）选择"开始"选项卡，单击"样式"选项组右下角的启动按钮，弹出"样式"窗格，单击左下角的"新建样式"按钮，如图 7-11 所示。

（2）弹出"根据格式设置创建新样式"对话框，在"属性"栏下的"名称"文本框中输入样式名称，在"样式类型"下拉列表中选择样式的类型，如图 7-12 所示。

（3）在"格式"栏中为新建样式设置字体、字号、字型和颜色等格式，如要还需要更完善的设置，则单击对话框左下角的"格式"按钮，在弹出的菜单中选择需要设置的格式，如图 7-13 所示。

2．删除样式

具体步骤如下：

（1）选择"开始"选项卡，单击"样式"选项组右下角的启

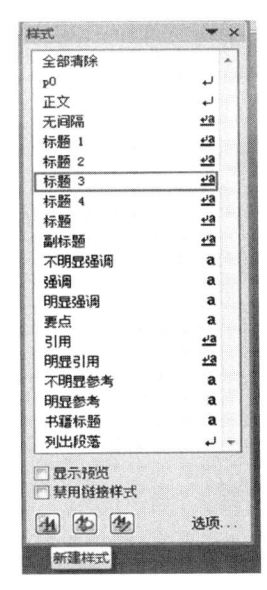

图 7-11　"样式"窗格

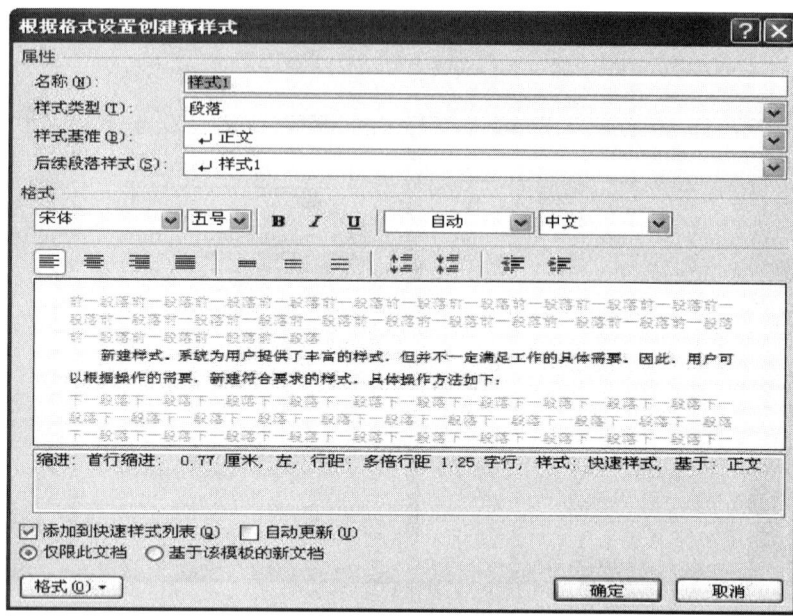

图 7-12 设置样式属性

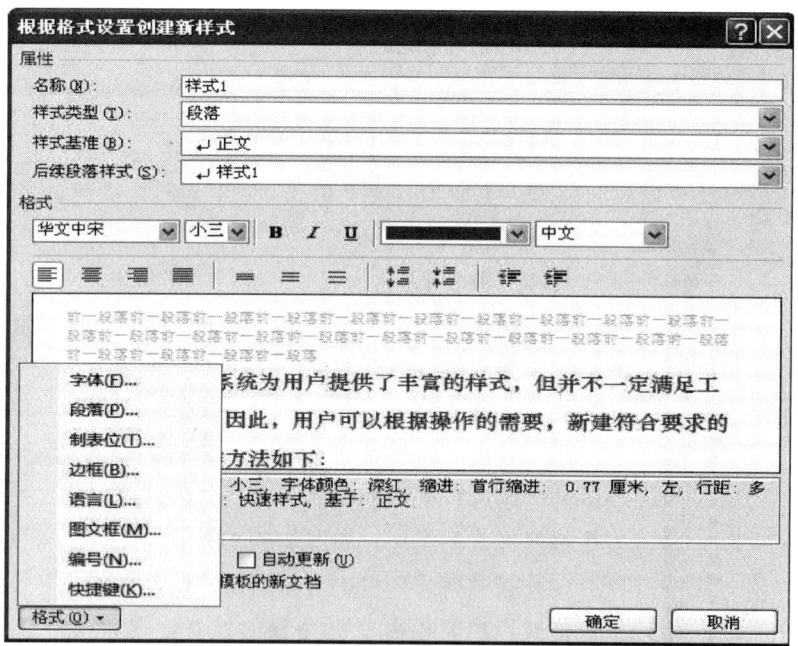

图 7-13 设置样式格式

动按钮,弹出"样式"窗格。

(2) 将鼠标指向需要删除的样式,右键单击该样式,在弹出的下拉菜单中执行"删除"命令,如图 7-14 所示。需要注意的是系统提供的样式不允许用户删除。

3. 修改样式

在本任务中对 Word 自带标题样式进行修改后再来应用的步骤如下：

（1）首先修改"标题1"样式。选择"开始"选项卡，把光标放置在"样式"选项组中的"标题1"选项处并单击鼠标右键，执行下拉菜单中的"修改"命令，弹出"修改样式"对话框。在"格式"栏中设置"标题1"的样式为"宋体，五号，加粗，居中对齐"，如图 7-15 所示。最后单击"确定"按钮，即可将"标题1"样式设置为所需样式。

（2）选定"1 欢迎使用"文本内容，选择"开始"选项卡，单击"样式"选项组中的"标题1"按钮，即可将选定内容设置为"标题1"样式，如图 7-16 所示。

（3）使用相同的方法对其他一级标题进行设置。

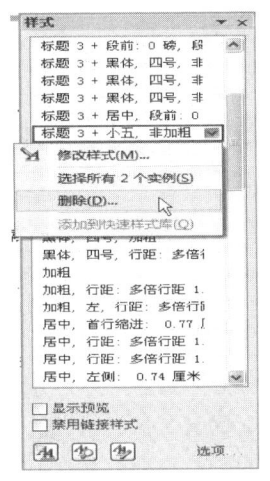

图 7-14 删除样式

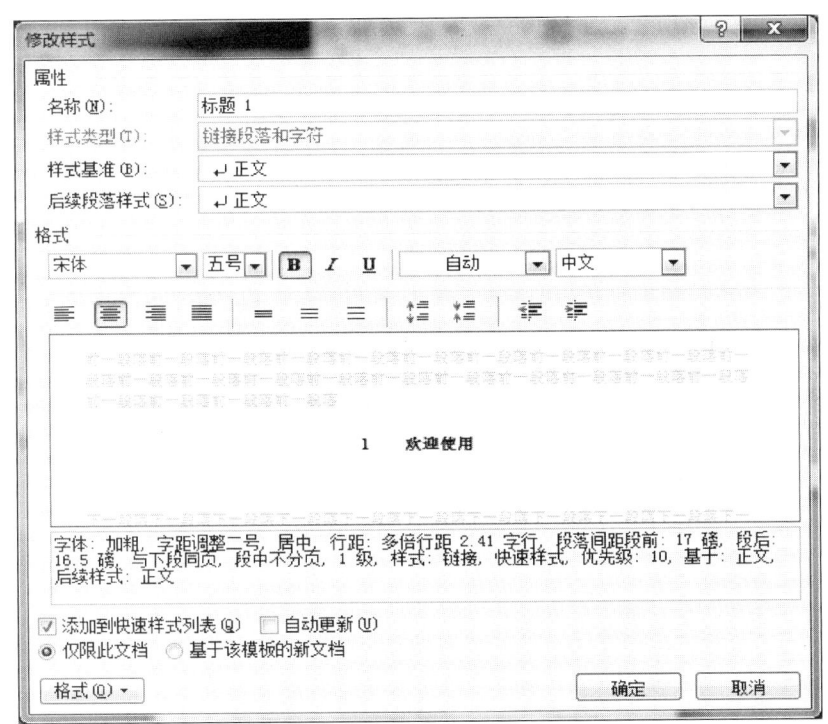

图 7-15 "标题1"的样式

（4）使用相同的方法将"标题2"样式设置为"宋体，小五号，加粗"样式，然后将"标题2"样式应用于文档中的二级标题。若还有三级标题，则继续使用相同的方法完成。

7.3.5 自动生成目录

前面我们已经应用样式，在文档中制作出了能够了解跳转的目录。同时，也为各级标题提供了已设置好的样式，现在我们就可以在文档中插入目录了。

本任务中的插入目录的步骤如下：

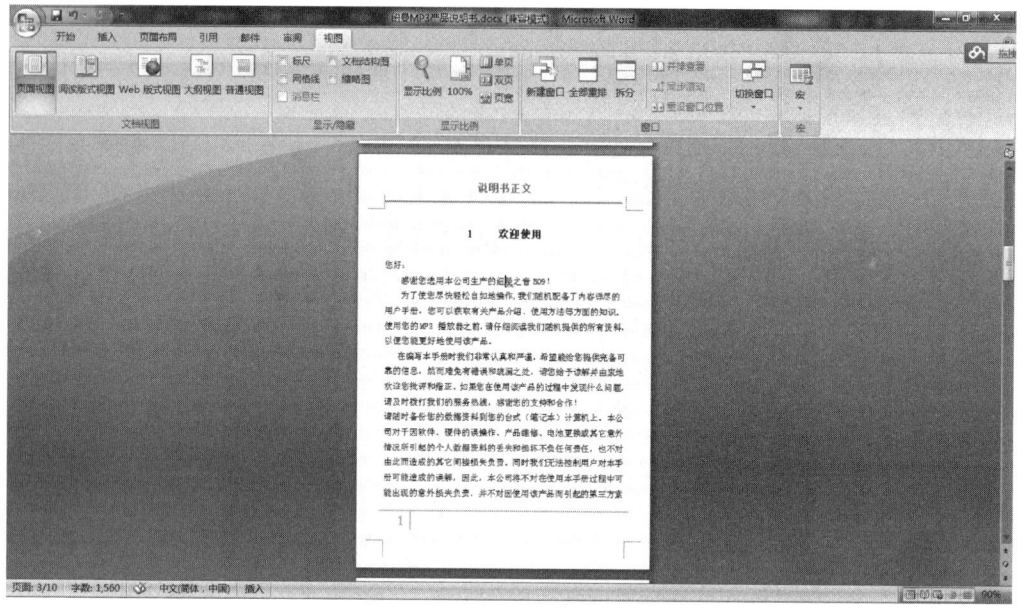

图 7-16 标题设置为"标题 1"样式

(1) 将光标置于目录页的目录的标题下面,选择"引用"选项卡,单击"目录"选项组下的"目录"按钮,在弹出的下拉列表中选择"插入目录"选项,弹出"目录"对话框,如图 7-17 所示。

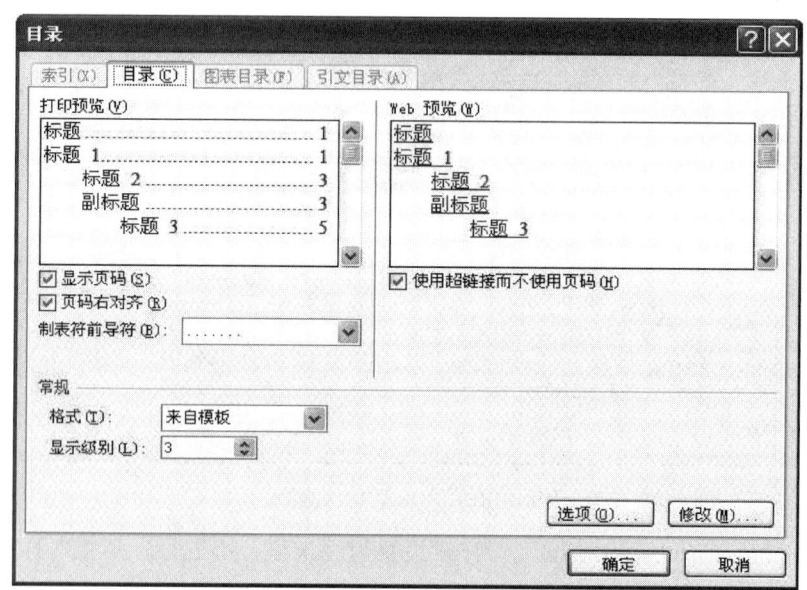

图 7-17 设置目录格式

(2) 再在"目录"选项卡下,对是否显示页码、是否页码右对齐,以及制表符前导符进行设置,结束后,单击"确定"按钮即可在光标所在处插入自动生成的目录,如图 7-18 所示。

任务 7 制作产品说明书

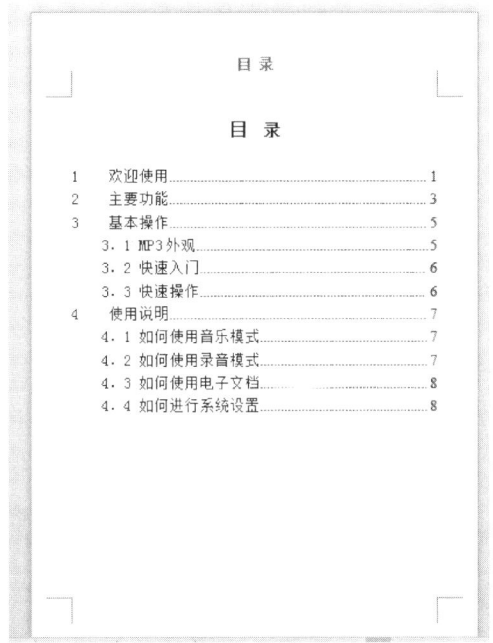

图 7-18 自动生成目录

7.4 拓展实训

7.4.1 实训 1：制作超市物流发展分析报告

"超市物流发展分析报告"最终效果如图 7-19 所示。可按以下步骤完成：

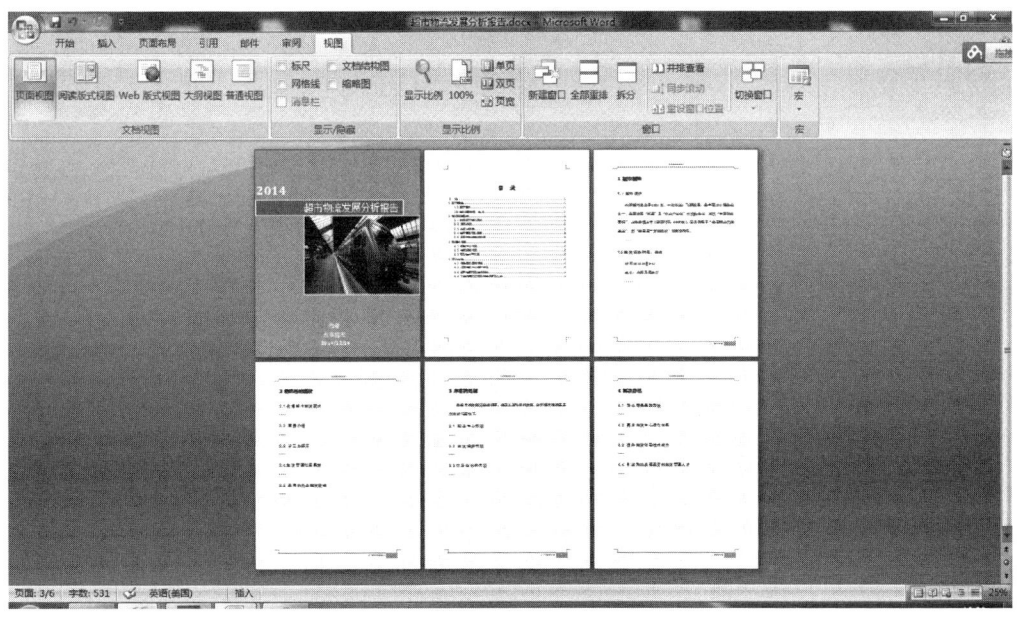

图 7-19 "超市物流发展分析报告"图

(1) 给"超市物流发展分析报告"放置插入如图 7-20 所示的封面。

(2) 利用分节符划分文档,然后,在不同节中设置页眉和页脚,需注意封面页和目录页中页眉和页脚的不同,另外,正文中可以设置奇偶页不同的页眉。

(3) 设置各级标题所应用样式。

(4) 最后自动生成目录即可。

7.4.2 实训2:制作工程项目投标书

完成"工程下面投标书"的制作,可按以下步骤完成:

(1) 熟悉项目投标书中包含的内容以及其写法。

(2) 对投标书中的各级标题进行样式的设置。

(3) 设置文本中的页眉页脚以及利用分节符实现纸张横、竖向混排。

(4) 利用自动生成目录完成目录的生成。其效果图如图 7-20 所示。

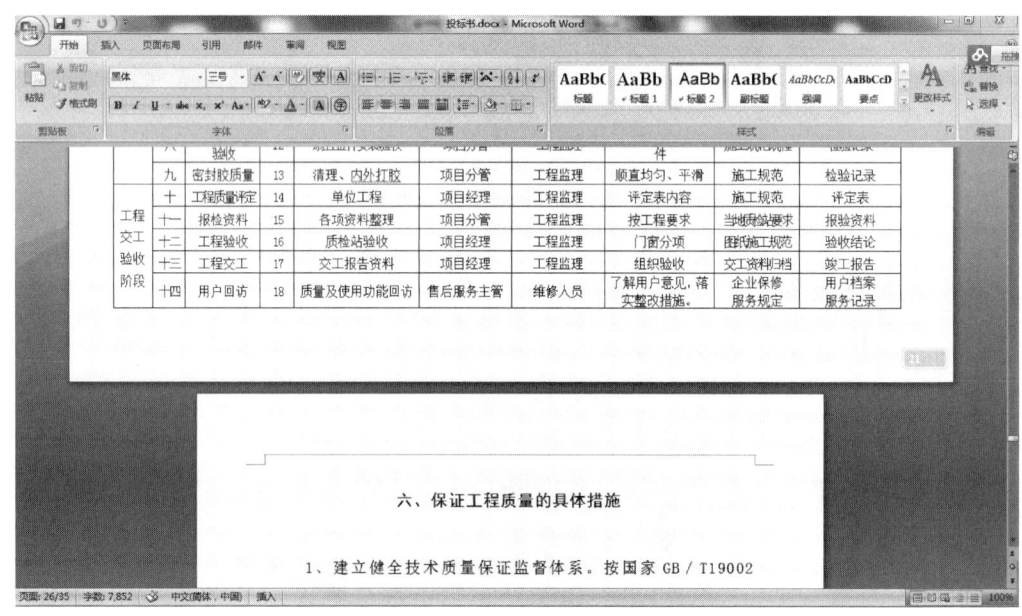

图 7-20 纸张竖向、横向混排效果

7.5 综合实践

根据学校的各项规章制度制定出班级量化规章制度表,然后利用所学知识制作一个"班级量化规章制度表"文件。

要求:设计出个性化封面;利用分节符划分文档;设置奇偶页不同的页眉和页脚;针对标题设置样式并应用;自动生成目录。

任务 8
批量制作商务信函

在企事业工作的文秘人员，在日常工作中，经常需要同时向多个客户发送信函。例如，单位庆典邀请函、会议通知、报价函和催款函、客户问候信等。如果使用 Word 普通文档一封封手动制作然后打印，则工作量大，并且其中很多是重复劳动。由于这些信函的大部分内容相同，一般只是在收信人的姓名、称呼及一些特殊的地方有所不同。对于此类问题如果使用 Word 的信封向导和邮件合并功能则可以很快地完成，从而大大提高工作效率。

通过信封向导和邮件合并功能制作的信封和信函，如图 8-1 和图 8-2 所示。

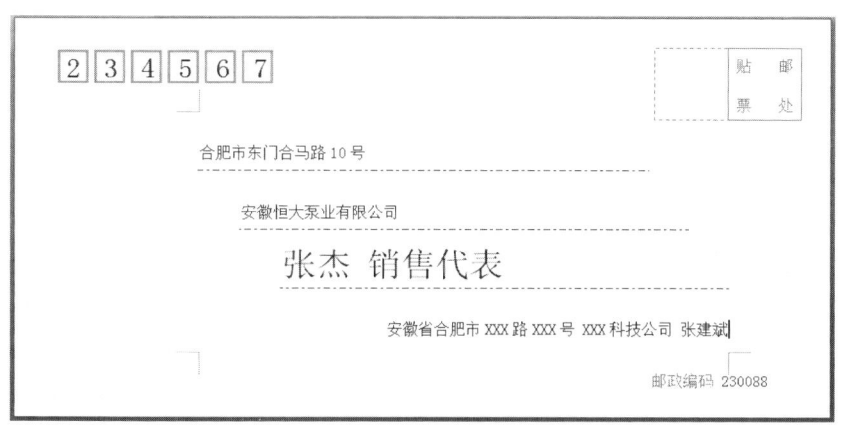

图 8-1 信封

尊敬的客户：

信桥线缆有限公司，贵单位于 12/14/2013 在明信阳光电子商务采购网购买了 MP3 产品 14 个，为您服务的是网站客服任帅，请您确认以上信息。我们将为您提供专业的售后服务保障！谢谢！

明信阳光电子商务采购网
2014 年 10 月 10 日

图 8-2 信函

8.1 任务情境

为了建立良好的客户关系，提供产品生命周期全程服务，明信阳光电子商务采购网规定，营销部对产品线上销售后，运营部需要定时向购买产品的客户邮寄购物订单反馈信函。小王今天接到营销部递来的 12 月份销售表，准备使用 Word 提供的信封向导和邮件合并功能完成批量信函制作。下面我们与小王一起完成这份工作吧。

知识目标

- ◆ 利用信封向导制作批量信封。
- ◆ 利用邮件合并功能制作批量信函。

能力目标

- ◆ 能够掌握知识目标中的相关技术，并利用信封向导制作批量信封以及通过邮件合并功能制作批量信函。

8.2 任务分析

本任务需要制作批量商务信函，可以使用 Word 信封向导以及邮件合并功能来实现。该信函的一部分内容是相同的，例如，发函单位邮编、地址、职务、联系人、公司名称。这些相同的内容将重复出现在每一封信函中，是信函通用的不变的信息，把这些相同的内容作为信函的主文档。另一部分却是各不相同的，例如发往的公司的名称、购买商品的时间、数量以及日期。体现出商务信函的结构简单、内容单一、篇幅较短的实用性特点，便于对方阅读和把握。同时，需注意语言要精练，表达要准确，言简意明。

本任务中的批量制作信封和信函需要进行以下工作：

- ◆ 创建 Excel 形式的数据源文件，主要是为制作信封过程中提取相应信息做准备。本任务中数据源文件应包含"公司名称、联系人、职务、地址、邮政编码"等信息。
- ◆ 利用信封制作向导批量制作信封。
- ◆ 创建 Excel 形式的数据源文件，为下一步邮件合并中插入合并域时使用。根据需要本任务中数据源文件应包含"客户名称、购买产品、购买数量、购买时间、负责业务员"等信息。
- ◆ 利用邮件合并功能批量生成信函。
- ◆ 保存或打印信函即可。

8.3 任务实现：批量制作商务信函

8.3.1 批量制作信封

Word 中提供了很多种国内、国外信封的内置的模板样式，通过这些模板我们可以很快速地创建出批量的信封,从而大大提高效率,减少工作量,节省人力和物力。在批量制作信封之前,应首先创建出一个 Excel 类型的纽曼营销部客户信息表文件,在生成信封的过程中需要使用 Excel 文件取得公司名称、联系人、职务、地址、邮编信息。其客户信息表如图 8-3 所示。

图 8-3 纽曼营销部客户信息表

本任务中,利用信封制作向导批量制作信封的步骤如下:

(1) 选择"邮件"选项卡,单击"创建"选项组中的"中文信封"按钮,如图 8-4 所示。

(2) 在弹出的"信封制作向导"对话框中,如图 8-5 所示,单击"下一步"按钮进入"选择信封样式"步骤,如图 8-6 所示。

(3) 在"信封样式"下拉列表中提供了五种内置的国内信封 B6、DL、ZL、C5、C4,以及四种国际信封 C6、DL、C5、C4(图8-6)。选择"国内信封-DL(220×110)"。设置完成后,单击"下一步"按钮进入"选择生成信封的方式和数量"步骤,出现如图 8-7 所示的预览图。

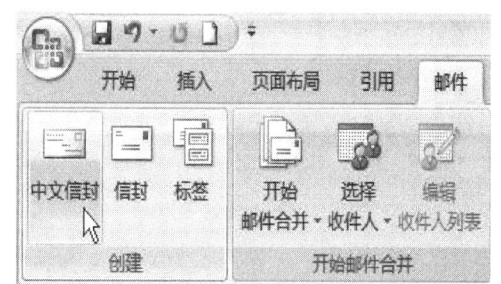

图 8-4 "邮件"选项卡

(4) 在信封数量上,如图 8-8 所示,单击选中"基于地址簿文件,生成批量信封"单选按钮,设置信封数量为多封。单击"下一步"按钮进入"从文件中获取并匹配收信人信息"对话框,如图 8-9 所示。

(5) 单击"选择地址簿"按钮,弹出"打开"对话框,将"文件类型"下拉列表框设为"Excel",单击选中已创建文件"纽曼营销部客户信息表",如图 8-10 所示。单击"打开"按钮打开客户信息表返回信封制作向导对话框。

85

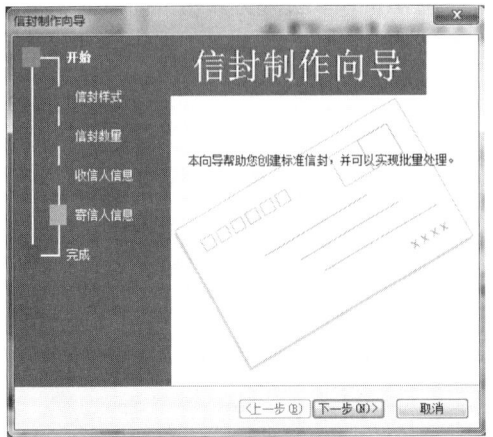
图 8-5 选择"信封样式"

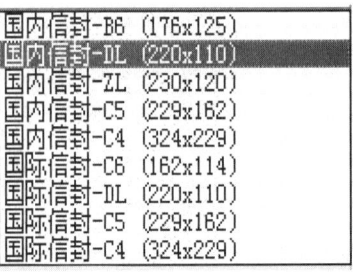
图 8-6 内置信封样式

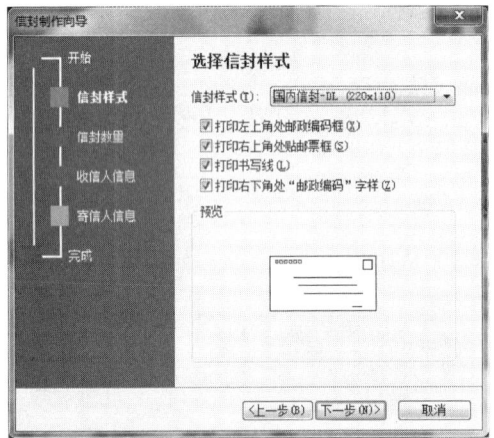
图 8-7 信封制作预览

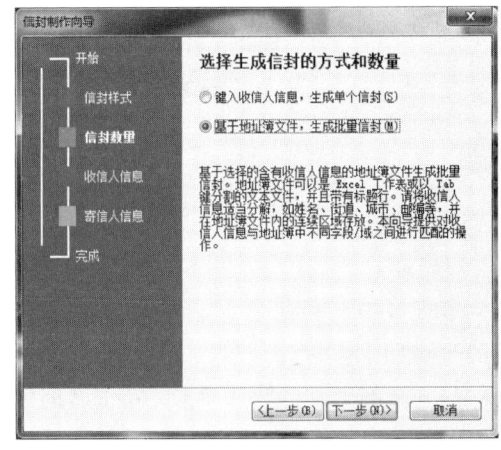
图 8-8 "信封数量"对话框

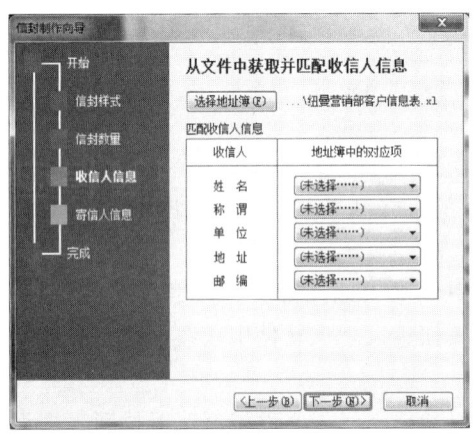
图 8-9 "信封制作向导"对话框

图 8-10 "打开"对话框

(6) 将"收信人"选项组中的各项与纽曼营销部客户信息表中的列进行一一对应设置，如图 8-11 所示。需注意单个信封输入收信人信息的情况，如图 8-12 所示。

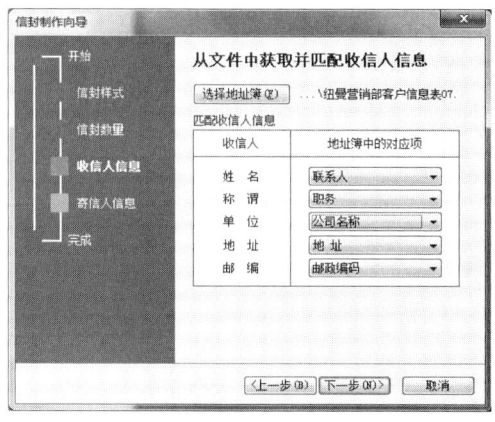

图 8-11 批量信封从文件中匹配收信人信息

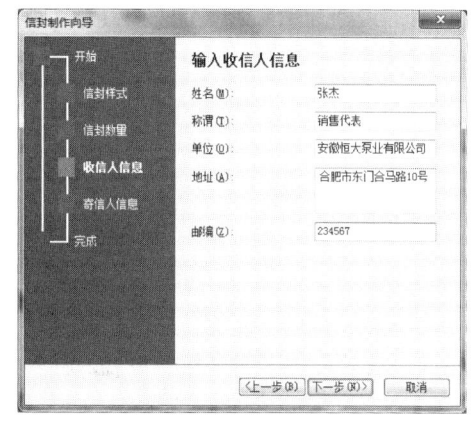

图 8-12 单个信封输入收信人信息

(7) 单击"下一步"按钮进入"输入寄信人信息"，如图 8-13 所示，输入图中寄件人信息。

(8) 单击"下一步"按钮进入"完成"步骤，单击"完成"按钮在新文档内创建批量信封，如图 8-14 所示。

(9) 最后在"打印"选项中选择打印时要注意，由于自动生成分页符的原因，每隔一个信封会有一个空白信封，那么我们在选择时仅选择奇数页就可以了。这样打印机会依次打印第 1、3、5 等奇数页从而忽略偶数页。

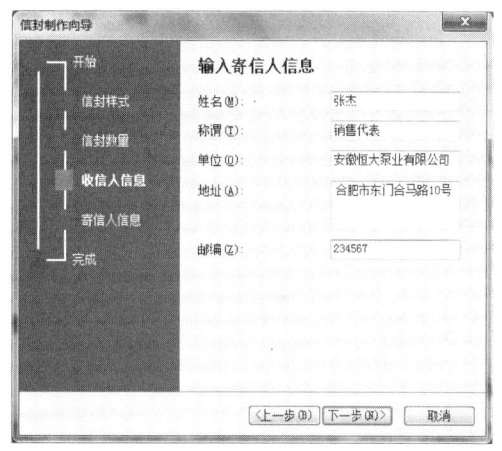

图 8-13 寄信人信息

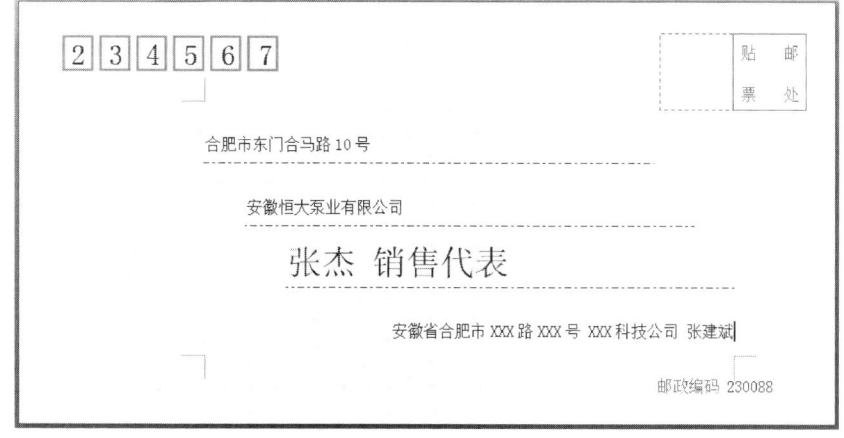

图 8-14 "信封"效果图

8.3.2 使用邮件合并功能批量生成信函

对于信函，一封封手动填写，费时又易错。上面我们已经将信封制作完成，下面可以利用邮件合并功能进行信函的批量制作。

本任务中，利用邮件合并功能批量制作信函的步骤如下：

（1）新建空白的 Word 文档，然后输入信函的相关基本内容，如图 8-15 所示。

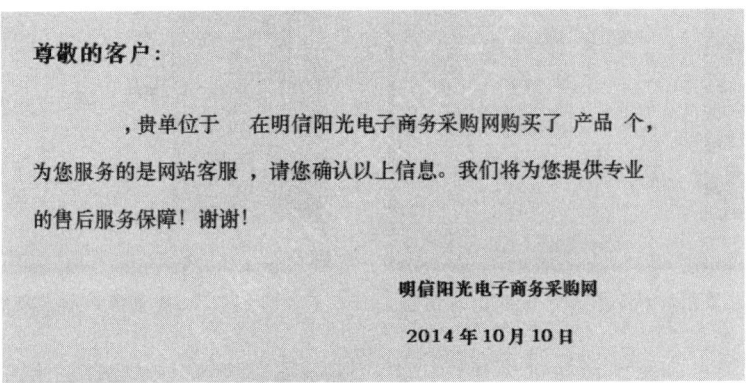

图 8-15　信函基本内容

（2）选择"邮件"选项卡，然后单击"开始邮件合并"选项组下的"开始邮件合并"按钮，在弹出的下拉列表中选择"邮件合并分步向导"选项，如图 8-16 所示。且窗口左边显示打开邮件合并栏，如图 8-17 所示。

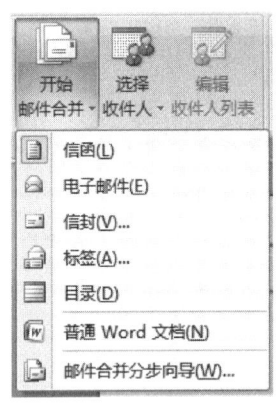 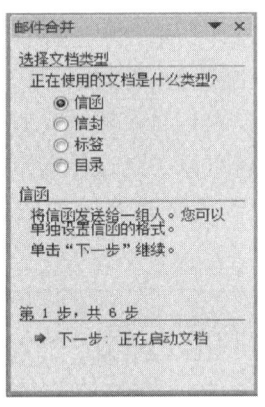

图 8-16　文档类型　　　　　图 8-17　选择文档类型

（3）单击选中"信函"单选项，设置当前所编辑的文档类型为信函。单击"下一步：正在启动文档"命令，进入"选择开始文档"，如图 8-18 所示。再单击选中"使用当前文档"单选项，在现有文档上添加收件人信息。单击"下一步：选取收件人"命令进入"选择收件人"步骤，如图 8-19 所示。

（4）单击"浏览"命令，弹出"选取数据源"对话框，如图 8-20 所示。

（5）在图 8-20 中双击"反馈表.xlsx"文件，可以将数据链接到当前的文档中。在"反馈表.xlsx"中有 Sheet1～Sheet3 共 3 个工作表，所以会出现如图 8-21 所示的对话框来提示用户需要应用的工作表。我们需要的数据在 Sheet1 中,单击选中 Sheet1 以后单击"确定"按钮即可返回至邮件合并收件人对话框,如图 8-22 所示。

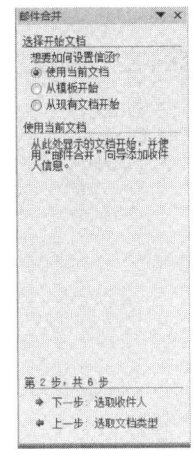
图 8-18　选择开始文档

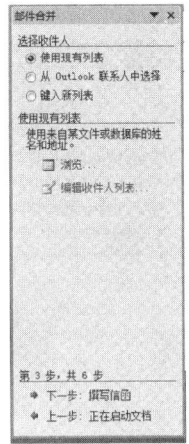
图 8-19　选择收件人

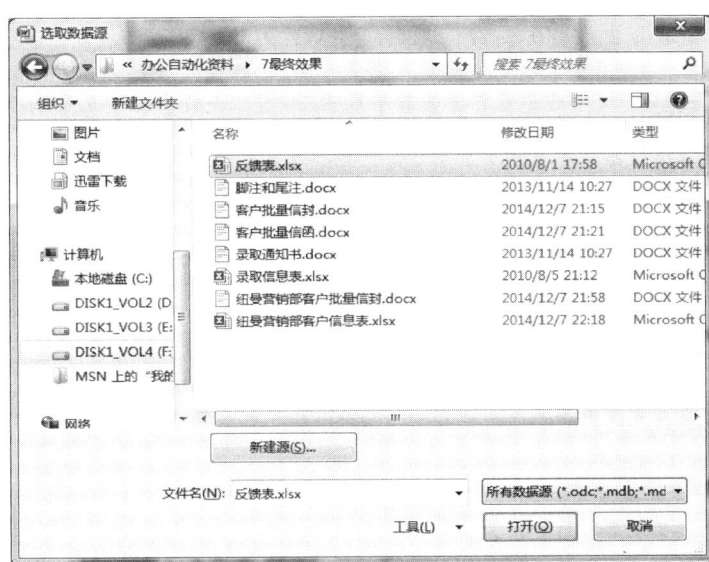
图 8-20　选择数据源

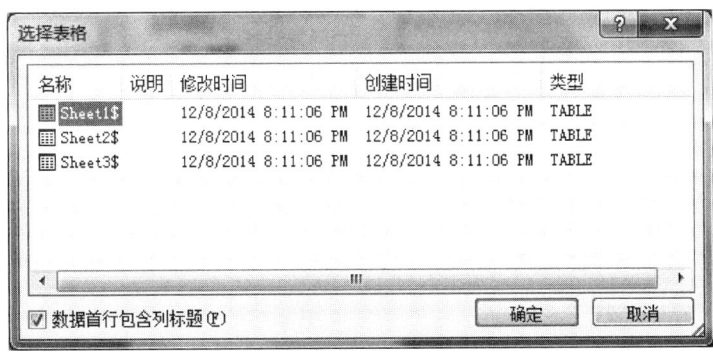
图 8-21　选择工作表

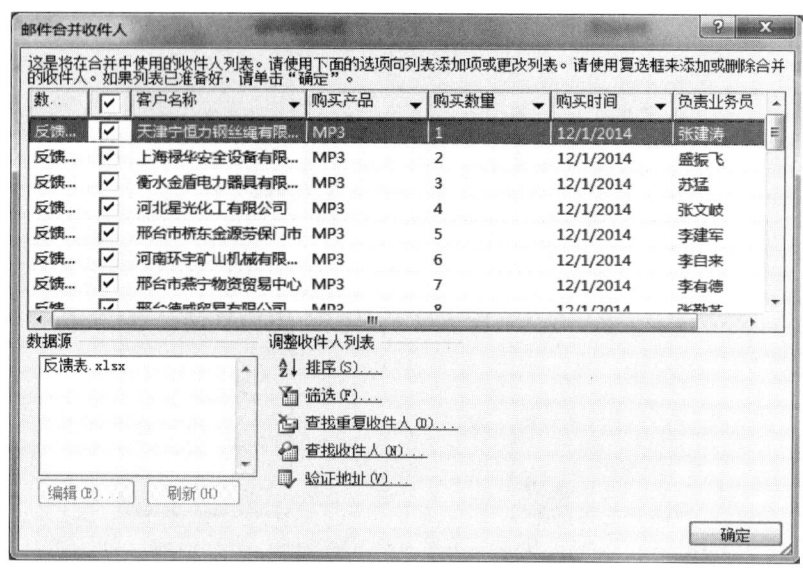

图 8-22 "邮件合并收件人"对话框

(6) 单击"下一步：撰写信函"命令进入"撰写信函"步骤，如图 8-23 所示。再将光标移至文字"客户名称"后面，单击"其他项目"选项，弹出"插入合并域"对话框，如图 8-24 所示。

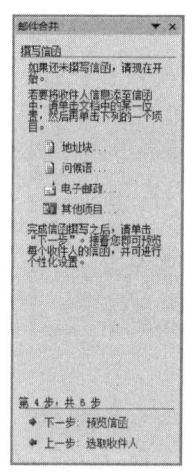

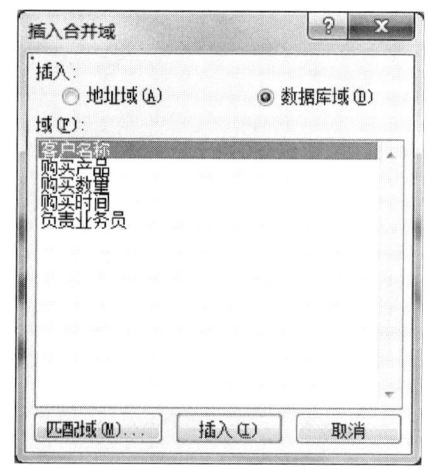

图 8-23　撰写信函　　　　　　　　图 8-24　插入合并域

(7) 单击选择"域"列表中的"客户名称"选项，单击"插入"按钮就可以在光标处插入客户名称（公司名称）域，如图 8-25 所示。合并域就是 Word 使用来自数据源的实际数据替代"域"变量。再将购买产品、购买数量、购买时间、负责业务员插入到合适的位置上，如图 8-26 所示。

(8) 单击"下一步：预览信函"命令预览信函域的效果图，如图 8-27 所示。

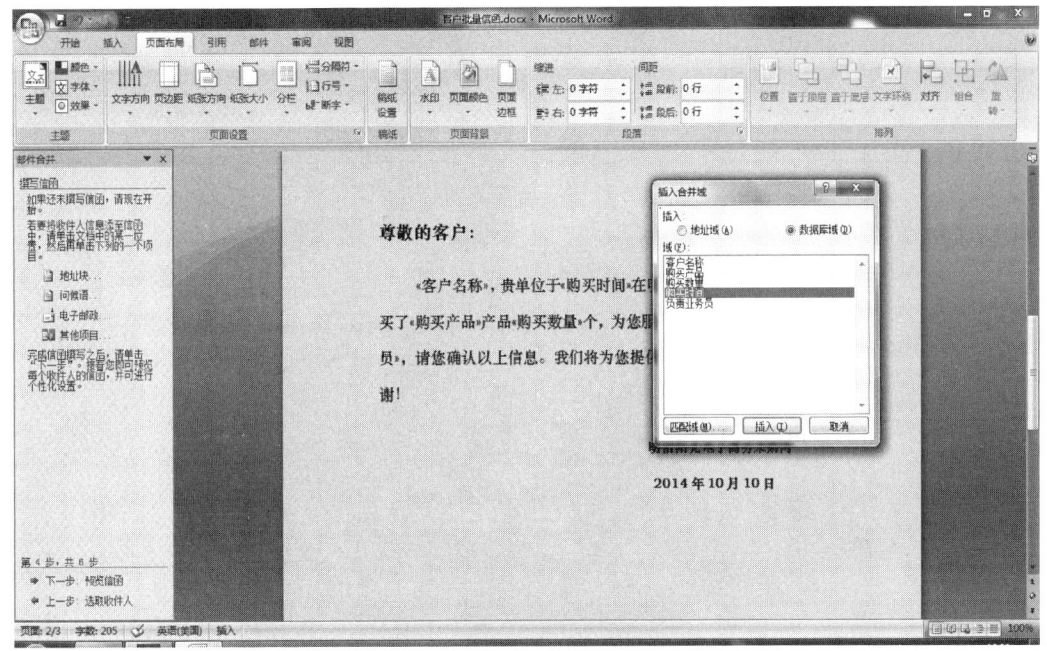

图 8-25 插入客户名称域

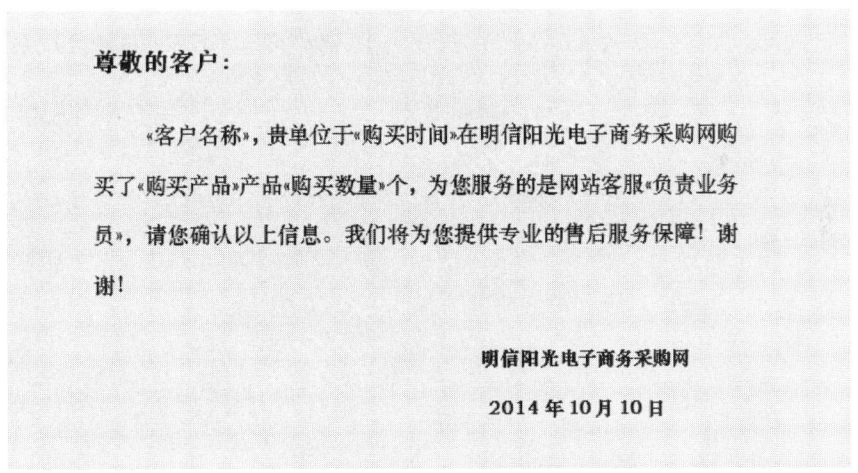

图 8-26 插入指定域中

（9）单击"编辑收件人列表"按钮可以对收件人列表进行编辑，包括排序、筛选及查找重复收件人等。同时，利用 << 或下一项按钮 >> 来选择查看的收件人编号。如果觉得文档无误了则可以单击"下一步：完成合并"命令进入输出方式的选择。

（10）若不需要保存而直接打印的话，则选择"打印"选项，弹出"合并到打印机"对话框，设置打印记录的范围，如图 8-28 所示。单击"确定"按钮，在弹出的对话框中设置打印选项即可。也可以单击右上角的 Office 按钮，在下拉菜单中执行"打印"/"快速打印"命令即可直接输入至打印机打印输出。

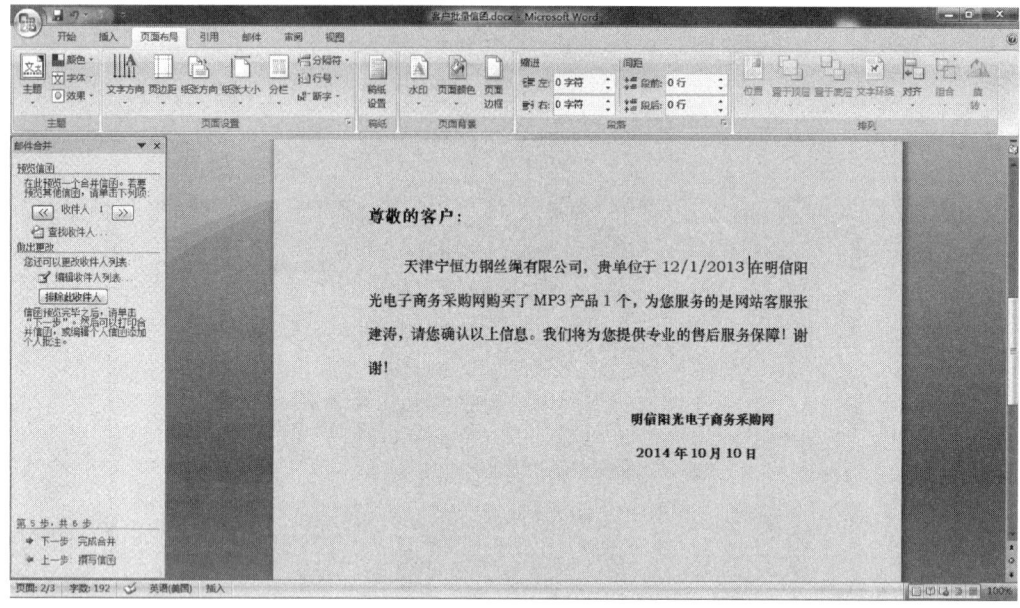

图 8-27　信函效果图

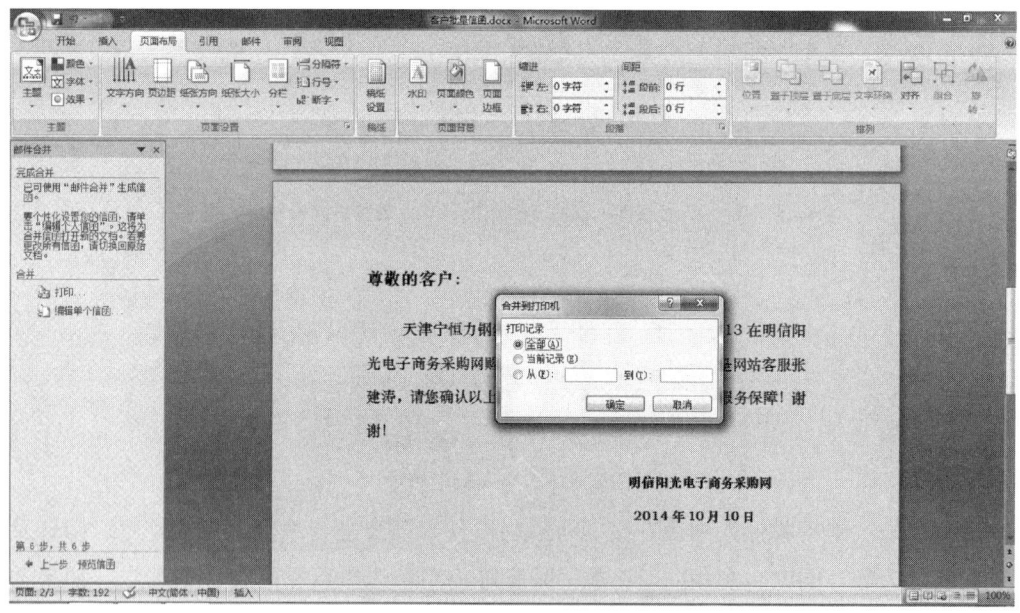

图 8-28　合并到打印机

（11）单击"编辑单个信函"选项打开"合并到新文档"对话框，如图 8-29 所示。设置完成后，单击"确定"按钮便可将所选记录合并到一个全新的文档中。我们也可以将结果保存下来便日后使用，单击 Office 按钮，在下拉菜单中执行"保存"命令，在弹出的"另存为"对话框中输入文件名后即可。

任务 8　批量制作商务信函

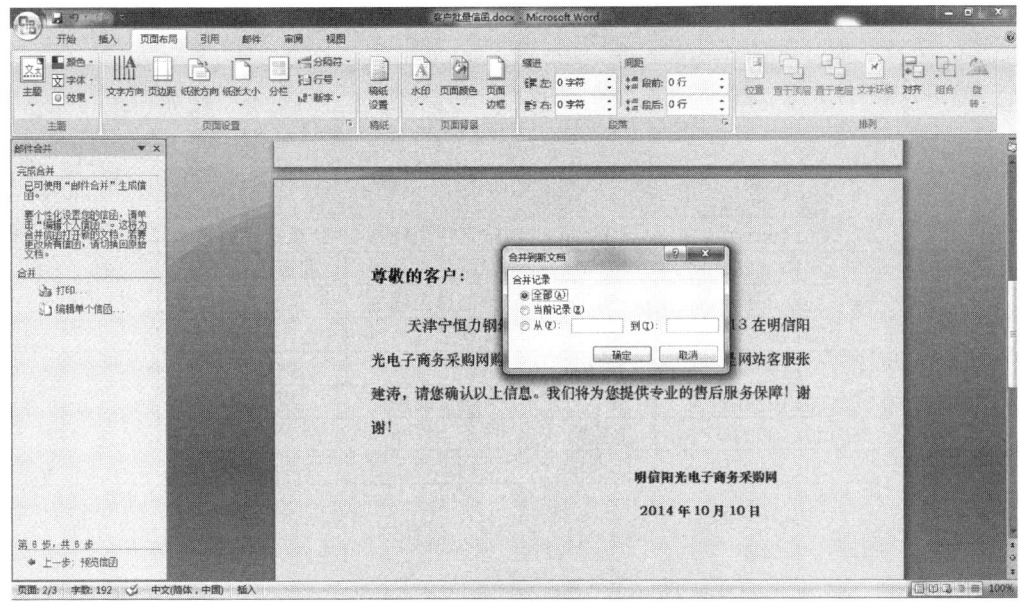

图 8-29　合并到新文档

（12）合并完成后会自动建立一个包含所有记录的新文档，如图 8-30 所示。

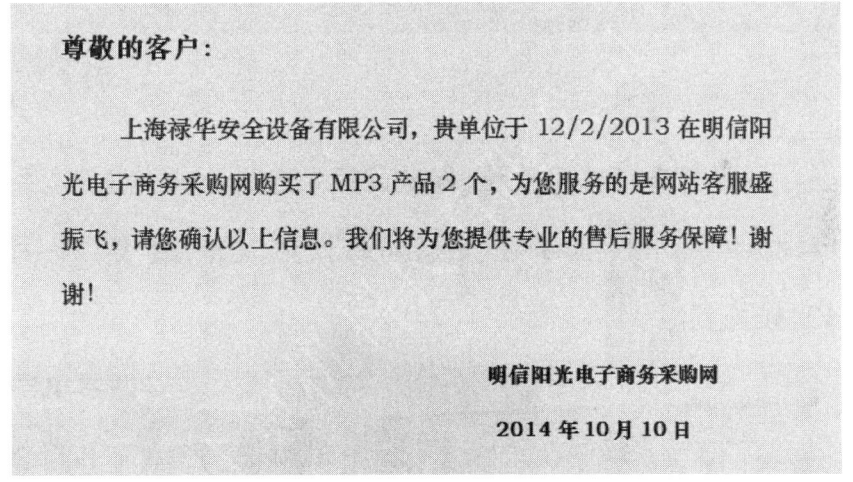

图 8-30　信函最终效果图

8.4　拓展实训

8.4.1　实训 1：制作新生录取通知书

根据学院的"录取通知信息表.xls"中的数据（图 8-31），对 Excel 表格中数据利用邮件合并功能制作出安徽水利水电职业技术学院的新生录取通知书，如图 8-32 所示。可按以下步骤完成：

(1) 制作通知书信函模板。
(2) 准备好录取通知信息表。
(3) 利用邮件合并功能批量生成通知书。

	A	B	C	D
1	考号	姓名	系别	专业
2	201400101	赵武飞	电子信息工程系	计算机网络技术
3	201400201	陈冰	建筑工程系	建筑工程管理
4	201400108	王飘	电子信息工程系	计算机应用技术
5	201400305	张晓春	管理工程系	电子商务
6	201400602	林峰	机械工程系	数控技术
7	201400709	王小红	机电工程系	机电设备
8	201400245	王雪晴	建筑工程系	艺术设计
9	201400546	邓小军	水利工程系	水利工程管理

图 8-31 录取通知信息表

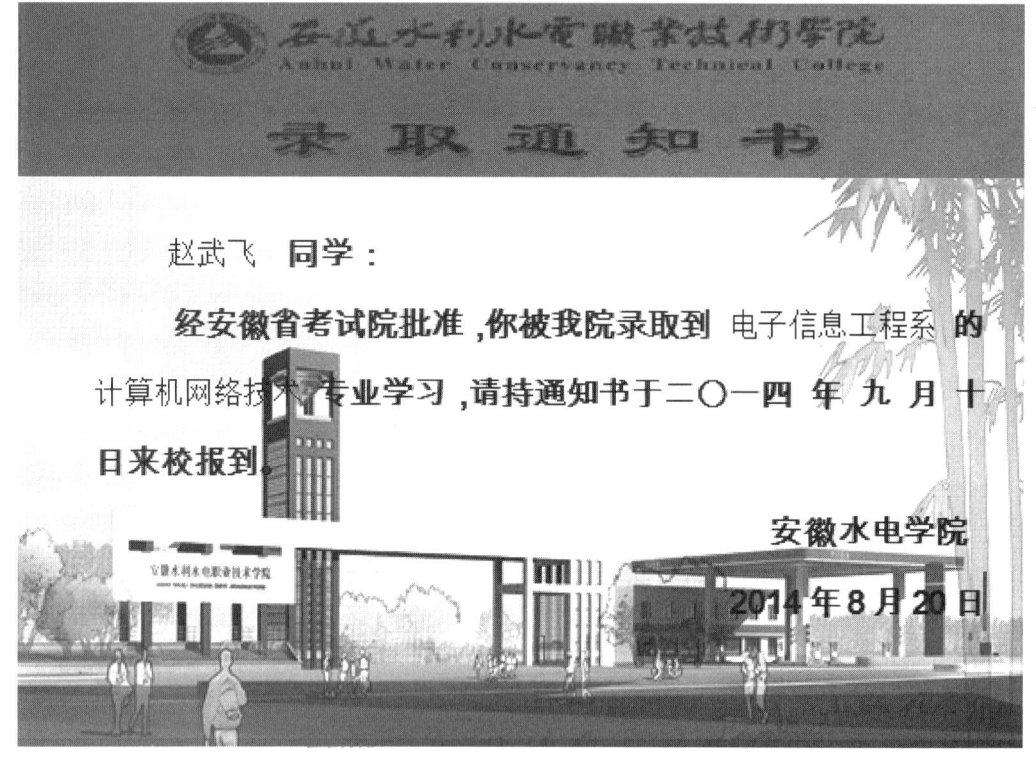

图 8-32 录取通知书

8.4.2 实训2：为文章添加脚注和尾注

对《葡萄沟》文章中的作者添加脚注，便于对作者的相关信息作一个补充性的说明。另外，对文章中引用的"葡萄沟"和"荫房"两个词语添加尾注，以对于引用的内容加以注释。其效果如图 8-33 所示。

可按以下步骤完成：

（1）插入脚注：选择"引用"选项卡，单击"脚注"选项组中的"插入脚注"，在光标位置输入相关补充性的文字即可。

（2）插入尾注：选择"引用"选项卡，单击"脚注"选项组中的"插入尾注"，在光标位置输入相关信息内容即可。最后将鼠标放置于文字上时，将自动出现尾注的相关提示文字。

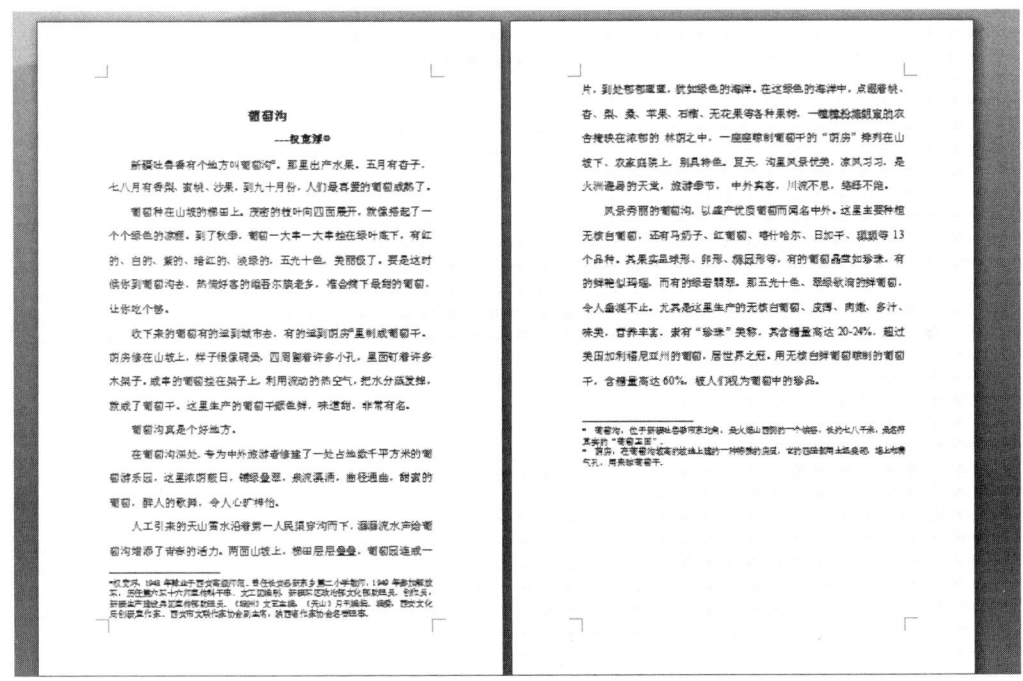

图 8-33　添加脚注与尾注

8.5　综合实践

时近年末，本年度与我公司有交易往来的公司之中，尚有一部分公司在收到货物后逾期未付款结算。现在要向这些欠款的公司发出催款函。要求利用信封向导和邮件合并功能完成此项工作。

任务 9

员工档案管理

员工档案是公司为加强对员工的管理而建立起来的员工基本情况的资料，公司需要对员工档案进行统一规范的管理以降低公司人事部门的工作负担，并方便公司其他工作人员调阅查看。本任务采用 Office 办公软件之一的 Excel 2007 电子表格进行员工档案管理，相比于 Word 表格，Excel 拥有自动填充、数据有效性、设置数据类型、公式函数等功能，使用起来更加专业和灵活，录入数据的正确率更高。如图 9-1 所示是某公司的员工档案信息表格。

公司员工档案管理

工号	姓名	性别	籍贯	部门	职务	职称	参加工作时间	出生日期	身份证号码	第一学历	办公电话	联系电话	基本工资
2014001	吕越彬	男	河南	行政部	职员	技师	2006-6-15	1989-1-17	52263519890117727X	硕士	6448561	15486548653	¥5,000.00
2014002	姜怡悦	女	湖南	销售部	副经理	高工	2004-12-25	1981-1-13	522635198101135000	博士	6448562	15151767755	¥7,600.00
2014003	杨高爽	女	北京	人事部	职员	工程师	2012-11-1	1974-8-24	522635197408242000	硕士	6448563	15156688359	¥5,200.00
2014004	刘灿朋	女	天津	销售部	职员	技师	2002-12-18	1973-6-21	522635197306216000	本科	6448564	18255366576	¥4,600.00
2014005	郭超群	女	上海	研发部	职员	工程师	2014-2-15	1985-4-25	522635198504252000	博士	6448565	13191969236	¥4,800.00
2014006	程辉	女	广州	销售部	职员	工程师	2013-7-5	1973-1-23	522635197301239000	本科	6448566	18125426855	¥4,300.00
2014007	安熙华	女	山西	行政部	职员	技师	2013-4-25	1988-9-22	451025198809227000	本科	6448567	15876325532	¥5,000.00
2014008	史雅畅	女	甘肃	销售部	职员	技师	2006-1-5	1980-8-24	451025198008241000	本科	6448568	13496879412	¥3,900.00
2014009	俞嘉懿	女	浙江	办公室	职员	技师	2011-5-9	1986-2-26	451025198602264000	硕士	6448569	13167464198	¥5,100.00
2014010	任鸿涛	女	湖北	人事部	职员	技师	2006-9-14	1978-1-20	451025197801204000	博士	6448570	13546415615	¥4,600.00
2014011	陆建涵	男	黑龙江	研发部	副经理	高工	2007-11-4	1982-3-14	53262819820314783X	本科	6448571	13605649841	¥6,900.00
2014012	卢天铭	女	辽宁	研发部	职员	技师	2013-6-16	1979-7-13	532628197907137000	硕士	6448572	13400216465	¥5,600.00
2014013	雷嘉志	女	安徽	财务部	副经理	高工	2012-5-5	1974-7-11	532628197407119000	本科	6448573	13965456112	¥8,000.00
2014014	吴天启	女	江苏	销售部	副经理	高工	2014-3-19	1971-8-15	532628197108158000	本科	6448574	15856456446	¥7,300.00
2014015	张安圆	女	江西	研发部	职员	工程师	2012-4-4	1985-4-28	532628198504287000	本科	6448575	13254565665	¥5,500.00
2014016	邹熙运	女	安徽	办公室	职员	技师	2012-6-5	1976-4-16	411525197604165000	硕士	6448576	18956456133	¥5,300.00
2014017	杨怪鑫	女	河南	客服部	职员	技师	2012-10-29	1983-9-25	411525198309256000	本科	6448577	18765464616	¥5,500.00
2014018	张佳慧	女	河南	研发部	经理	高工	2014-3-12	1980-1-19	411525198001199000	硕士	6448577	18344654543	¥8,600.00

图 9-1 员工档案信息表格

9.1 任务情境

某公司人力资源部经理安排工作人员对本公司员工的最新档案信息进行数据采集和录入整理，以实现统一规范的管理，供公司各部门领导调阅使用。下面将详细讲解如何设计相关表格，快速录入数据。

知识目标

- 掌握启动和退出 Excel 2007，熟悉操作界面。
- 工作表基本操作。
- 输入与编辑数据。
- 数据有效性设置。
- 自动填充功能的使用。
- 设置单元格格式。

任务 9 员工档案管理

- 条件格式的设置。
- 工作表打印。

能力目标

- 能够根据公司员工基本信息快速建立员工档案表，可供使用者查阅。
- 能够熟练根据实际需求设计相关工作表格，运用操作技巧快速输入数据，提高工作效率。

9.2 任务分析

公司员工的档案信息一般包括员工工号、姓名、性别、籍贯、身份证号码、出生日期、学历、职务、所属部门、职称、参加工作时间、办公电话、联系电话、工资等内容，信息档案表的作用是收集员工的基本信息以供查阅使用，必须保证数据不能出错，利用 Excel 的自动填充和数据有效性功能能够提高数据的录入速度，防止数据错误，Excel 内置的公式函数方便从身份证号码中直接提取出生日期和性别信息，降低了数据录入的工作量，从而整体上提高了工作效率。

综上所述，要完成员工档案信息表的设计和信息的采集录入，需完成以下工作：

- 启动 Excel 软件，打开空白工作表。
- 输入表格标题。
- 使用自动填充录入员工工号。
- 录入姓名、籍贯、身份证号码、参加工作时间、电话、工资等信息。
- 对所属部门、职务、职称几列设置数据有效性，从下拉列表中选择录入而非通过键盘输入。
- 使用公式函数从身份证号码中提取性别和出生日期信息。
- 格式化工作表。
- 打印工作表。

9.3 具体操作：制作员工档案信息表

9.3.1 启动 Excel 2007 与熟悉操作界面

Office 各办公软件的启动与退出都较为相似，在正常安装 Office 系列软件的情况下，可以通过以下 3 种方式打开 Excel 2007 工作表：①从系统桌面上右击鼠标，点击"新建"，在右侧弹出的各个选项中会有 Office 的常用办公软件 Word 文档、Powerpoint 演示文稿、Excel 工作表，选择"Excel 工作表"后会在桌面上出现一个 Excel 文件，双击打开即可；②点击桌面左下角开始菜单，选择"程序"，找到 Microsoft Office 选项，在右侧选项中能看到已安装的 Office 各个办公软件，点击 Excel 2007 即可进入；③点击桌面左下角"开始"菜单，点击"运行"，在弹出的对话框中输入 excel，点击"确定"，也能打开一个空白 Excel 工作簿。

进入 Excel 2007 后会直接进入空白工作表界面，如图 9-2 所示。

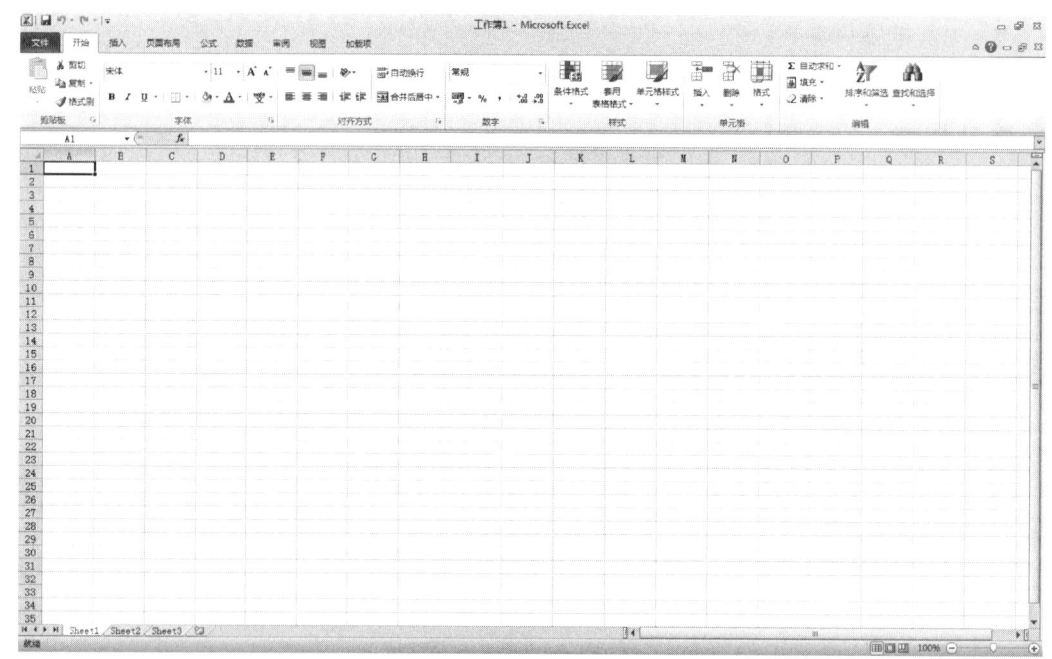

图 9-2　Excel 2007 界面

Excel 2007 工作界面由工作区、文件菜单、标题栏、功能区、名称框和编辑栏、快速工具访问栏、状态栏等组成，与 Word 2007 操作界面相同的部分不再赘述，下面介绍一些与 Word 2007 操作界面不同的地方。

1. 工作区

工作区是 Excel 2007 操作界面中用于输入和编辑数据的区域，由单元格组成，单元格是工作表的基本构成元素，单元格的名称由其所在的行号与列标决定，行标由 1、2、3……数字表示，列标由 A、B、C……字母表示。第 1 行与第 A 列交叉的单元格的名称就是 A1 单元格，如图 9-2 所示。

Excel 2007 工作表中最多支持 1048546 行和 16384 列。单元格区域是指单个的单元格或者多个单元格组成的区域，或者是整行整列等，单元格可以是相邻，也可以是不相邻的。如从 A1 到 D4 的连续单元格区域表示为 A1：D4。

2. 名称和编辑栏

名称框里的内容显示的是当前选中的单元格的名称或者选取的范围，在名称框中输入某个单元格的名称并按回车键，可以准确定位到相应的单元格位置。

编辑栏显示选中单元格中的数据或者公式，在编辑栏可以直接输入或者修改其中的数据或者公式。当单击编辑区域时，编辑栏左侧会出现输入按钮 ✓ 和取消按钮 ✗，输入按钮用来确定输入编辑栏的内容，取消按钮会清除当前输入编辑栏的内容，单击插入函数按钮 ƒx，在单元格中插入 Excel 2007 自带的各种函数，如图 9-3 所示。

3. 工作表标签

一个 Excel 文件称为一个工作簿，一个工作簿由多个工作表组成，新建的文件中默认包含 3 张工作表，对应着 Excel 2007 操作界面的左下角看到 Sheet1、Sheet2、Sheet3 的标

任务9 员工档案管理

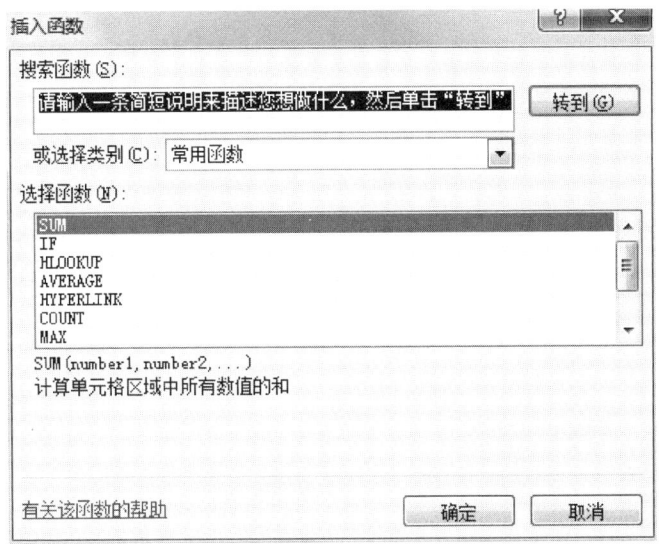

图 9-3 "插入函数"对话框

签,每个标签代表一张工作表,单击不同的标签即进入不同的工作表,双击标签可以重命名工作表,单击右侧的 图标可以增加新的工作表。

9.3.2 新建与保存"公司员工信息"工作簿

打开 Excel 办公软件就会进入到空白工作表界面,可以看到标题栏显示"工作簿1",通过"文件"菜单的"另存为"命令,将文件保存到桌面上,文件名为"公司员工档案.xlsx"。工作簿的新建、打开与保存等基本操作方式与 Office 其他办公软件类似,在此不再赘述。

📖 相关提示

- Excel 2007 以后的版本创建的文件扩展名为.xlsx,Excel 2003 之前的版本文件扩展名为.xls,高版本可以完全兼容低版本,但是低版本想要打开编辑高版本,必须在电脑里安装相应的兼容包。
- 在录入、编辑数据等操作过程中要养成不断保存的习惯,以防突然断电或电脑故障等问题造成数据丢失,徒增工作量。

9.3.3 公司员工档案表格设计与信息采集

1. 输入表格标题

(1) 表格标题。通过单击选中 A1 单元格,选中的特征为该单元格被加粗的黑线框包围,并且名称框会出现"A1"字样,如图 9-2 所示;直接打字输入表格标题"公司员工档案管理",内容会同时出现在单元格和编辑栏里,两个位置都能对当前单元格的数据进行编辑。

(2) 各列标题:按照上述选定单元格的方式,依次在 A2~M2 单元格中输入表格的各列标题(工号、姓名、性别等),也就是称之为"表头"的内容,如图 9-4 所示。

📖 相关提示

- 选取连续单元格区域有两种方式,如 A3:D20,先单击 A3 单元格,按住鼠标不

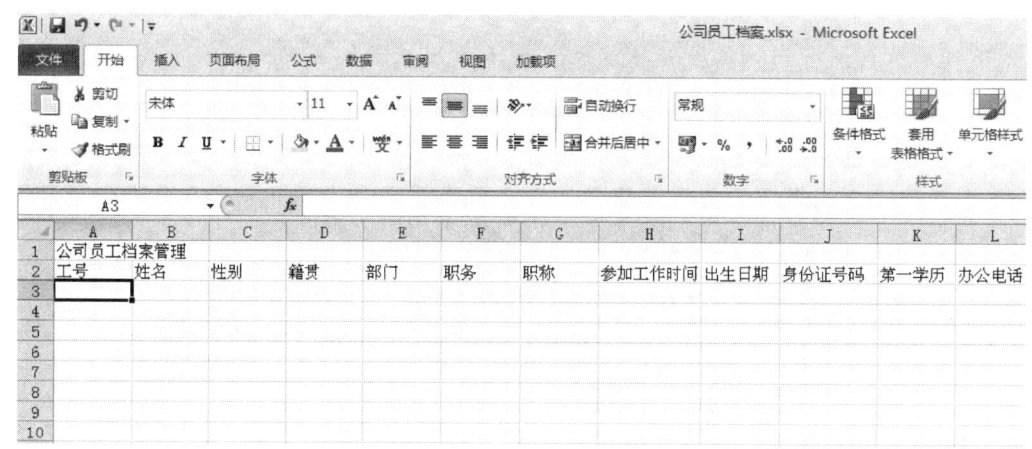

图 9-4 输入列标题

放，向右下角拖动至 D20 单元格；或者单击 A3 单元格，按住"Shift"键不放，再单击 D20 单元格即可。

- 选取不连续的单元格，每单击一个单元格，按住"Ctrl"键不放即可。
- 如果需要在多个单元格中输入相同的内容，可选定相应的单元格，输入内容后按组合键"Ctrl+Enter"键即可实现。

2. 输入员工工号

（1）员工工号数据类型。Excel 2007 能识别的数据类型有数字、文本、日期、时间、公式等，文本类型可以是汉字、英文字母、数字、空格和其他字符的组合。员工工号由 0～9 数字组成，仅作为编号使用，不具备数字运算功能，所以类似于身份证号码、电话号码等一般要把数字作为文本型数据处理。具体操作有三种方式：

1）在输入数字前，先输入一个"'"符号。

2）或者在选定单元格后单击鼠标右键，在弹出的快捷菜单中单击"设置单元格格式"，在"数字"选项卡中选择"文本"，单击"确定"按钮，如图 9-5 所示。

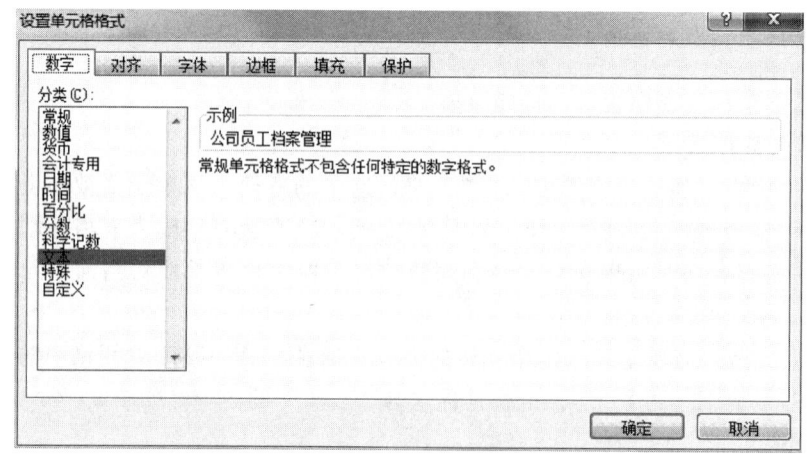

图 9-5 "设置单元格格式"对话框

任务9　员工档案管理

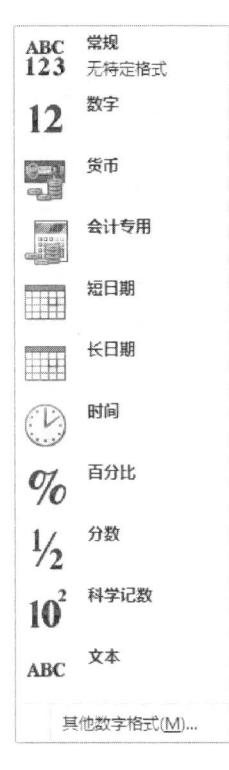

3）鼠标指针置于 A 列标识，图标变成 ↓，整个 A 列被选中，在"开始"选项卡中找到"数字"选项组，点击"常规"右侧的倒三角符号，在出现的下拉列表中选择"文本"，如图 9-6 所示。

（2）员工工号输入方法。员工工号一个个输入过于繁琐，我们可以应用 Excel 内置的自动填充功能来完成，大大降低了工作量。具体操作有两种方法：

1）选中 A3 单元格，输入"2014001"；将鼠标指针移动到 A3 单元格的右下角，此时指针变成实心"＋"填充柄，如图 9-7 所示。

单击填充柄并按住不放向下拖动，A 列中的其他单元格将按照"2014002，2014003，2014004…"依次递增 1，实现自动填

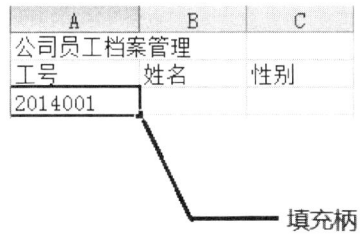

图 9-6　数字格式　　　　　图 9-7　填充柄

充（松开鼠标后，出现 的图标，在下拉列表中有相关的填充选项，用户可根据实际需要进行选择，如图 9-8 所示）。

2）选定需要填充的单元格区域。先单击 A3 单元格，按住鼠标不放向下拖动至 A20 单元格完成选定，或者单击 A3 单元格后松开鼠标，按住 Shift 键不放，再单击 A20。在"开始"选项卡中找到"编辑"选项组，从"填充"下拉列表中选择"系列"，如图 9-9 所示。

图 9-8　自动填充方式

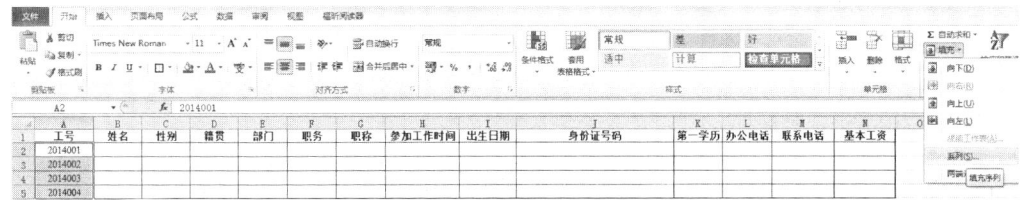

图 9-9　填充方式选择

弹出"序列"对话框，在"序列产生在"中选择"列"，在"类型"中选择"等差序列"，在"步长值"中输入值"1"，点击"确定"，即可完成自动填充。此方法还能填充任意等差、等比数列，如图 9-10 所示。

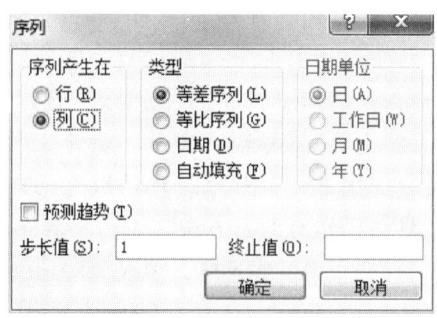

图 9-10 "序列"对话框

📖 相关提示

Excel 自动填充功能可以自动填充有规律的内容，包括填充相同内容，以等比、等差序列和日期时间序列填充，还可以自定义填充序列。

- 初始值为纯数字型数据或文字型数据时，拖动填充柄后填充的是相同内容，即是复制单元格；拖动的同时按住"Ctrl"键不放，可使数字型数据自动+1。
- 初始值为文字型和数字型数据混合的时候，自动填充后文字内容相同，数字型数据会递增，如初始值为 B1，将自动填充内容为 B2、B3、B4⋯
- 初始值为 Excel 内置序列中的数据类型，自动填充将按照软件预设的序列进行填充，如"一月、二月、⋯⋯、十二月"等。

3. 输入员工姓名、籍贯

Excel 键入内容具有记忆功能，如果姓名或者籍贯相同，如"安徽"，在其他单元格中输入"安"字时，"安徽"就会自动显示。但该记忆功能仅限于包含文字、文字数字组合的项，对于数字、日期或者时间的内容无法记忆。

4. 输入员工参加工作时间

常见的日期输入格式是"2014-12-11"或"2014/12/11"。现设置为"××年××月××日"的标准格式，具体有以下两种方法：

(1) 鼠标置于 H 列，指针变成 ↓，单击鼠标即可选中 H 列。点击"开始"选项卡，在"数字"选项组中，点击"数字"选项组中的"数字格式"下拉列表，选择"长日期"选项，如图 9-11 所示，则日期显示为"2014 年 12 月 11 日"的样式。

(2) 选中 H 列后右击鼠标，单击选择"设置单元格格式"选项，弹出如图 9-5 所示对话框，在"数字"选项卡下"分类"列表中选择"日期"选项，从右侧出现的"类型"列表中选择相应的日期格式。

📖 相关提示

日期和时间型数据输入：

Excel 默认将时间和日期作为数字处理。表格中时间和日期的数字格式如果能被 Excel 自动识别，其单元格格式为内置的时间或日期格式。而在默认状态下，时间日期数据对齐方式为右对齐。如果是 Excel 无法自动识别的时间日期格式，其内容被视为文本，对齐方式为左对齐。输入数据时需要注意以下几点：

任务9 员工档案管理

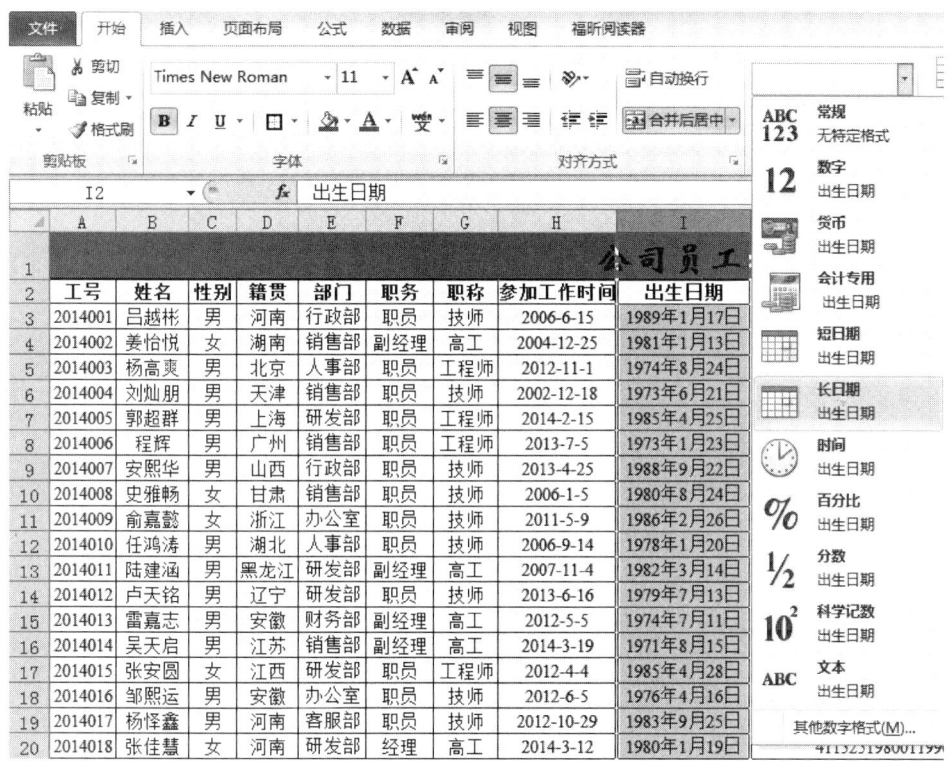

图 9-11 设置日期格式

- 日期分隔符使用"-"或"/"，即 2014-12-11、2014/12/11 或者 11-Dec-2014、11/Dec/2014 表示 2014 年 12 月 11 日。并且 Excel 为照顾中国用户的习惯，对日期的判断很灵活，月和日信息任一个在前，最终 Excel 保存的都是正确的格式。同时还要注意分隔符"/"与分号的区别，比如输入 1/2，Excel 只能识别为日期型数据 1 月 2 日，而不是分数"1/2"，若要当做数值使用，需要先输入数值的整数部分"0"和空格，即"0 1/2"，此时 Excel 会自动将其识别为数值 1/2。
- 时间分隔符使用冒号"："（上述符号皆为英文输入法状态下输入的），即 16：08：16 或 16：8：16 表示下午 4 点 8 分 16 秒。可以只输入时和分，也可以只输入小时数和冒号，还可以输入小时数大于 24 的时间数据。若采用 12 小时制输入时间，在时间后需要键入一个空格，然后输入"AM"或"PM"来表示上午或者下午，否则，Excel 将默认按照 24 小时制来计算时间。
- 日期和时间同时输入的情况下，必须在两者之间用空格隔开。
- 如果只有月和日信息，Excel 会使用将计算机时钟当前的年份，查看单元格信息时将年份显示在月和日信息的前面。即在单元格中输入 12-11，继续在别的单元格中输入，再次查看"12-11"单元格时，编辑栏中显示的是"2014-12-11"。

5. 输入员工身份证号码、办公电话和联系电话

（1）设置单元格数据类型为文本类型。选中 J 列，通过右击选择"设置单元格格式设置"或者点击"数字"选项卡中的"数字格式"下拉列表选择文本，完成文本类型设置。

(2) 设置数据有效性。由于身份证位数较多，容易出现人为输错位数，通过设置数据有效性，将单元格输入数值设定为 18 位。具体操作如下：选中 J 列，点击"数据"选项卡，在"数据工具"选项组中点击"数据有效性"下拉列表，选择"数据有效性"，如图 9-12 所示。

图 9-12　选择"数据有效性"命令

弹出"数据有效性"对话框，如图 9-13 所示。

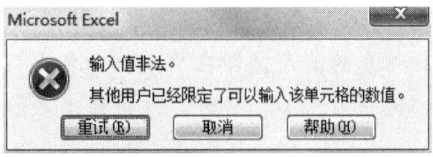

图 9-13　数据有效性设置

在对话框中选择"设置"选项卡，点击"有效性条件"下的"允许"下拉列表，选择"文本长度"，在"数据"下拉列表中选择"等于"，在"长度"文本框中输入数值 18，点击"确定"。

(3) 输入员工身份证号码。如果输入的数值位数不足或者超过 18 位，Excel 会弹出错误提示，如图 9-14 所示。

图 9-14　错误提示

当输入完成一个单元格的身份证号码，移动至下一个单元格时，发现输入完成的单元格显示信息为类似"3.41234E+17"的内容，这是因为在默认单元格数据类型处于"常规"选项时，对于位数较多超出列宽的数据，Excel 会以科学计数法的形式显示，此时需要将数据类型改为"文本类型"。这样即使超过了列宽，显示形式也不会改变。

（4）调整列宽。由于身份证号码位数多，占据空间大，原本单元格的默认宽度不足，需要调整列宽。此时将鼠标指针置于列标识 J、K 中间的分界线上，指针变成 ↔ 图形，单击鼠标不放向右拖动，可自由调节列的宽度。如果需要对行高和列宽进行精准的调整，则选中相应的行或者列，在"开始"选项卡中找到单元格选项组，在"格式"下拉列表中可以看到"行高"和"列宽"的选项，或者在选定行与列的状态下右击鼠标，也有"行高"或"列宽"的设置选项，如图 9-15 所示。

图 9-15 列宽调整

在弹出的文本框中输入合适的行高或列宽值，如图 9-16 所示。

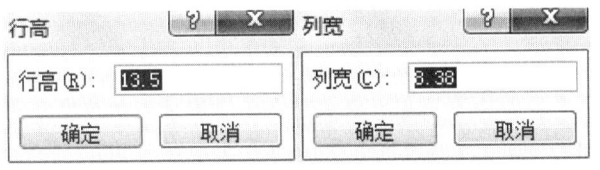

图 9-16 行高列宽值

依据上述操作输入办公电话和联系电话等信息。

6. 从身份证号码中提取员工出生日期信息

我国身份证号码为 18 位数，数值中包含公民的出生日期和性别信息，第 7～14 位是出生年月日，倒数第 2 位是奇数代表男性，偶数代表女性。根据这个特点，可以利用 Excel 自带的函数来实现从数值中将出生年月日提取出来。

（1）相关函数介绍。

1）DATE（）函数：用于返回参数数据代表的日期。基本语法为 DATE（year, month, day），其中 year 参数代表年份，是 1～4 位数字；month 参数代表月份，是 1～2 位数字，如果输入的数字大于 12，将从指定年份的 1 月份开始向上累加计算，如 date

(2014,13,11)返回的日期是2015年1月11日;day代表月份中的第几天,如果输入的数字大于该月份的最大天数,将同月份一样从指定月份的第一天开始向上累加,如date(2014,12,32)返回的日期是2015年1月1日。

2) MID()函数:用于返回文本字符串中从指定位置开始的特定数目的字符。基本语法为MID(text,start_num,num_chars),其中text代表要从中提取字符的文本字符串;start_num代表需要提取的起始字符的位置,即从第几个字符开始提取;num_chars代表需要提取的字符的个数,如K6单元格数据是430125197407065602,则函数MID(K3,7,8)返回的结果是19740706。

(2)具体操作如下:选中I3单元格,输入公式:

=DATE(MID(J3,7,4),MID(J3,11,2),MID(J3,13,2))

按回车键Enter确认,在I3单元格中显示的信息就是"吕越彬"的出生年月日"1989-1-17",由于使用了DATE()函数,提取出的数据就自动转化成了日期型数据,如图9-17所示。

图9-17 提取出生日期的执行结果

选中I3单元格,鼠标置于填充柄,单击并按住鼠标不放拖动至单元格I20,通过自动填充功能完成其他员工的出生日期信息提取。

公式的具体含义如下:MID(J3,7,4)是从J3单元格的第7位数开始取数,取4位,即为出生日期的年份,同理提取出生日期的月份的天数;DATE()将提取出来的年月日按照日期的标准格式显示,即1974-7-6。这实际上是DATE()、MID()两个函数的嵌套。

📖 **相关提示**

- 如果提取后单元格显示"########",是因为单元格的数据宽度超过了列宽,调整列宽即可。
- Excel公式和函数中的字符必须是英文半角字符,否则软件不能识别,会出现"#NAME?"的错误信息提示。
- 公式前必须要加"=",否则显示为文本。
- 英文字符的大小写不做强制要求。
- 由于I列(出生日期)的值从J列(身份证号码)中提取,所以如果身份证号码删除或未输入,输入公式后的I列会出现"#VALUE!"的错误信息提示,I列的信息会随着J列中数值变化而自动变化。

7. 从身份证号中提取员工性别信息

(1)相关函数介绍。

①MOD()函数：用于返回两数相除的余数。基本语法为 MOD(number,divisor)，其中 number 代表被除数；divisor 代表除数，如 MOD(5,2)的返回值是"1"。

②IF()函数：根据条件表达式的值的真假返回不同的值。基本语法为 IF(logical_test,value_if_true,value_if_false)，其中 logical_test 代表条件表达式；value_if_true 代表如果条件表达式为真，即满足条件返回的值；value_if_false 代表如果条件表达式为假，即不满足条件返回的值，如 C3=1，设函数 IF(C3=0,"女","男")，因为 C3=1，不满足 C3=0 的条件，所以返回函数值是"男"。

（2）具体操作：选中 C3 单元格，输入公式：
=IF(MOD(MID(J3,17,1),2)=0,"女","男")

按 Enter 键确认，如图 9-18 所示。

图 9-18 提取性别信息的执行结果

在 C3 单元格显示的信息就是"吕越彬"的性别"男"，通过自动填充功能完成其他员工的性别信息提取。

公式的具体含义如下：在使用 MID()函数提取身份证号码的倒数第 2 位后，利用 MOD(X,2)求出该数值除以 2 所得余数；然后利用 IF()函数，如果余数=0，即 MOD(MID(J3,17,1),2)=0，条件满足，返回值为"女"，如果条件不满足，返回值为"男"。

这实际上是 MID()、MOD()、IF()三个函数的嵌套。

8．输入员工基本工资

（1）在 M2～M20 单元格中输入基本工资的数据。

（2）选中 M2～M20 单元格，在"开始"选项卡下找到"数字"选项组，在"数字格式"下拉列表中选择"货币"，选定的单元格中数值前面都添加了"￥"符号，并且保留了两位小数，小数的位数可以通过"数字"选项组中的" "命令来增加或减少小数位数，如图 9-19 所示。

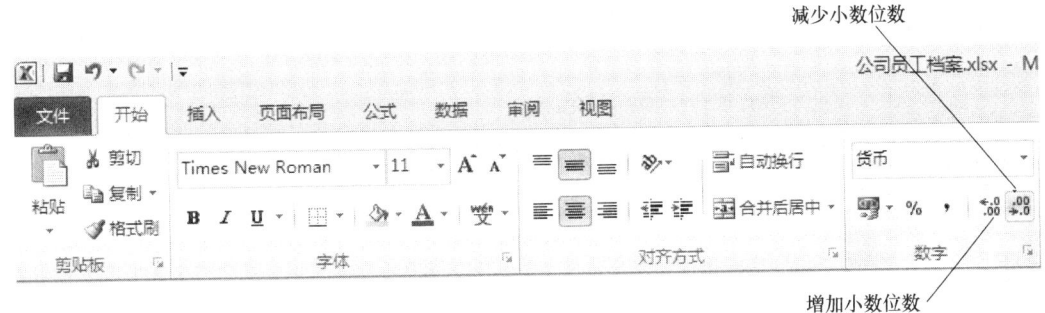

图 9-19 小数位数设置

9. 从下拉列表中选择输入部门、职务、职称

Excel 可以设置从下拉列表中选择输入内容，以此提高录入信息的速度。该操作通过设置数据有效性来完成，具体操作如下：

（1）选中 E3~E20 单元格，点击"数据"选项卡，单击"数据工具"选项组中"数据有效性"上方图标，弹出"数据有效性"对话框，选中"设置"选项卡，在"允许"下拉列表中选择"序列"，在"来源"下方文本框中输入各个部门名称"研发部，销售部，人事部，财务部，办公室，行政部"，注意部门名称之间的逗号分隔符一定要是英文半角状态，如图 9-20 所示。

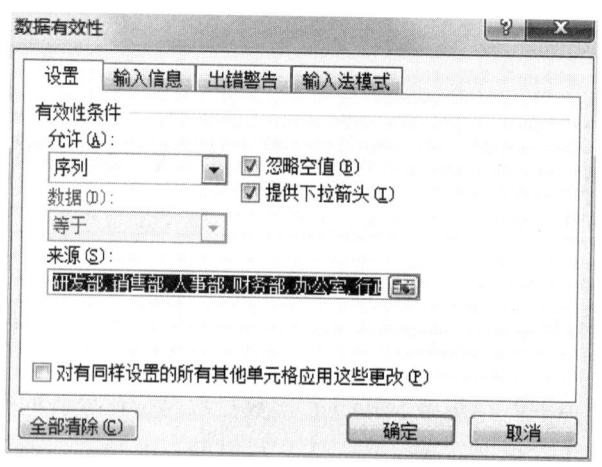

图 9-20 下拉列表设置

（2）选择"输入信息"选项卡，在"标题"文本框输入"从指定的下拉列表中选择输入部门"，如图 9-21 所示。此项操作是供输入信息的人员使用，当鼠标指针置于设置了"输入信息"的单元格时，就会弹出提示框，内容为"从指定的下拉列表中选择输入部门"。

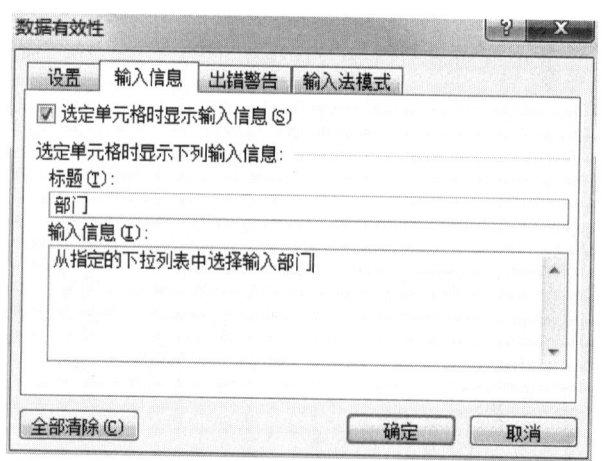

图 9-21 输入信息提示

（3）选择"出错警告"选项卡，进行出错设置，选中"输入无效数据时显示出错警

告"选项,在"标题"文本框中输入"部门",在"错误信息"文本框中输入"无此部门!",如图9-22所示。虽然提供了下拉列表选项,但是Excel单元格依然可以键入内容,此项操作就是为了防止人为输入错误。

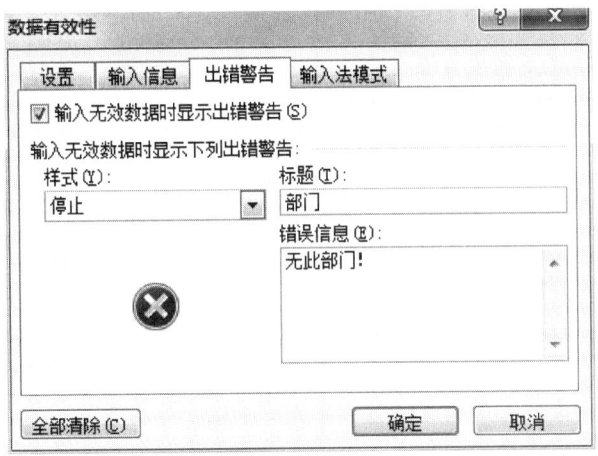

图9-22 出错警告

设置后的效果如图9-23所示。

图9-23 设置效果

同理,对职务和职称也进行数据有效性设置,表格填写人员就能从下拉列表中选择内容输入,大大提高了信息录入的速度。最终效果如图9-24所示。

工号	姓名	性别	籍贯	部门	职务	职称	参加工作时间	出生日期	身份证号码	办公电话	联系电话	基本工资
2014001	吕越彬	男	河南	行政部	职员	技师	2006-6-15	1989-1-17	522635198901177227X	6448561	15486548653	¥5,000.00
2014002	姜怡悦	女	湖南	销售部	职员	高工	2004-12-25	1981-1-13	522635198101135000	6448562	15151767755	¥7,600.00
2014003	杨高爽	女	北京	人事部	职员	工程师	2012-11-1	1974-8-24	522635197408242000	6448563	15156688359	¥5,200.00
2014004	刘灿朋	女	天津	销售部	职员	技师	2002-12-18	1973-6-21	522635197306216000	6448564	18255366576	¥4,600.00
2014005	郭超群	女	上海	研发部	职员	工程师	2014-2-15	1985-4-25	522635198504252000	6448565	13191969236	¥4,800.00
2014006	程辉	男	广州	销售部	职员	工程师	2013-7-5	1973-1-23	522635197301239000	6448566	18125426855	¥4,300.00
2014007	安熙华	女	山西	行政部	职员	技师	2013-4-25	1988-9-22	451025198809227000	6448567	15876325532	¥5,000.00
2014008	史雅畅	女	甘肃	销售部	职员	技师	2006-1-5	1980-8-24	451025198008241000	6448568	13496879412	¥3,900.00
2014009	俞嘉懿	女	浙江	办公室	职员	技师	2011-5-9	1986-2-26	451025198602264000	6448569	13167464198	¥5,100.00
2014010	任鸿涛	男	湖北	人事部	职员	技师	2006-9-14	1978-1-20	451025197801204000	6448570	13546415615	¥4,600.00
2014011	陆建涵	男	黑龙江	研发部	副经理	高工	2007-11-4	1982-3-14	532628198203147832X	6448571	13605649841	¥6,900.00
2014012	卢天铭	女	辽宁	研发部	职员	技师	2013-6-16	1979-7-13	532628197907137000	6448572	13400216465	¥5,600.00
2014013	雷嘉志	女	安徽	财务部	副经理	高工	2012-5-5	1974-7-11	532628197407119000	6448573	13965456112	¥8,000.00
2014014	吴天启	女	江苏	销售部	副经理	高工	1971-8-15	1971-8-15	532628197108158000	6448574	15856456446	¥6,500.00
2014015	张安圆	女	江西	研发部	职员	工程师	2012-4-4	1985-4-28	532628198504287000	6448575	13254565665	¥5,200.00
2014016	邹熙运	女	安徽	办公室	职员	技师	2012-6-5	1976-4-16	411525197604165000	6448576	18956456133	¥5,300.00
2014017	杨怿鑫	女	河南	客服部	职员	技师	2012-10-29	1983-9-25	411525198309256000	6448577	18765464616	¥5,500.00
2014018	张佳慧	女	河南	研发部	经理	高工	2014-3-12	1980-1-19	411525198001199000	6448577	18344654543	¥8,600.00

图9-24 最终效果

10. 在"办公电话"列左侧插入新列"第一学历"

有时由于人为的过失导致信息的遗漏，比如图9-24表格中少了一列员工学历信息，此时需要在原表格上增加一个新列，具体操作如下：

Excel表格中可以随意插入新的行与列，但有默认的插入顺序，插入的新行会出现在选定行的上方，插入的新列会出现在选定列的左方。因此在"办公电话"列左侧插入新列，需要选中"办公电话"K列，点击"开始"选项卡下"单元格"选项组中的"插入"下拉列表，选择"插入工作表列"，如图9-25所示。

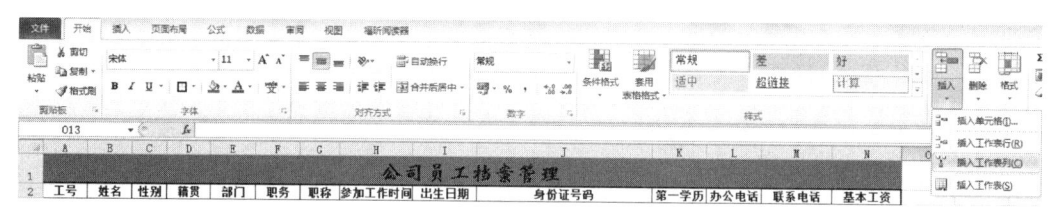

图9-25 插入空白列

或者直接右击K列，在弹出的快捷菜单中选择"插入"，也可在K列左方添加一空白列。

如果需要一次插入N行（或列），只需要选定与新行或新列相邻的连续N行（或列），如选定3行，则右击选择"插入"的行数就是3行。

工号	姓名	性别	籍贯	部门	职务
2014001	吕越彬	男	河南	行政部	职员
2014002	姜怡悦	女	湖南	销售部	副经理
2014003	杨高爽	女	北京	人事部	职员
2014004	刘灿朋	女	天津	销售部	职员
2014005	郭超群	女	上海	研发部	职员
2014006	程辉	女	广州	销售部	职员
2014007	安熙华	女	山西	行政部	职员
2014008	史雅畅	女	甘肃	销售部	职员
2014009	俞嘉懿	女	浙江	办公室	职员
2014010	任鸿涛	女	湖北	人事部	职员
2014011	陆建涵	男	黑龙江	研发部	副经理
2014012	卢天铭	女	辽宁	研发部	职员
2014013	雷嘉志	女	安徽	财务部	副经理
2014014	吴天启	女	江苏	销售部	副经理
2014015	张安圆	女	江西	研发部	职员
2014016	邹熙运	女	安徽	办公室	职员
2014017	杨怿鑫	女	河南	客服部	职员
2014018	张佳慧	女	河南	研发部	经理

图9-26 工作表命名

行与列的删除操作类似插入，需要选定相应的行（或列），单击"开始"选项卡/"单元格"选项组/"删除"下拉列表，点击"删除工作者列"，或右击鼠标选择"删除"。

11. 复制信息到其他工作表并进行重命名

（1）重命名Sheet1为"员工档案信息表"：双击左下角"Sheet1"标签，标签标题"Sheet1"被选中，输入"员工档案信息表"或右击标签，选择"重命名"，如图9-26所示。

（2）把"姓名""部门""办公电话""联系电话"四列信息复制到Sheet2工作表中，操作如下：

1）按住"Ctrl"键，分别单击"员工档案信息表"中的B列、E列、L列、M列，这样选中不相邻的四列，右击鼠标，选择"复制"命令，或者直接按快捷组合键"Ctrl+C"。

2）单击Sheet2标签，切换到第2个工作表，选中A1单元格，右击鼠标选择"粘贴"命令或者按快捷组合键"Ctrl+V"。

（3）重命名Sheet2工作表为"员工联系电话表"。

任务 9 员工档案管理

(4) 通过相同的复制粘贴方法将"工号""姓名""第一学历"三列信息复制到工作表 Sheet3 中,以"员工学历情况"命名。

(5) 新建工作表"员工职称情况表":点击"员工学历情况"工作表标签右侧的 插入工作表按钮,插入一张新的工作表,将"工号""姓名""职称"三列信息复制到新工作表中,并将工作表命名为"员工职称情况表"。

如果工作簿中工作表数较多而无法全部显示时,可通过按钮 进行滚动查看。

📖 **知识延伸**

- 插入新工作表的其他方法:
(1) 选定需要插入新工作表右侧的工作表标签,点击"开始"选项卡,单击"单元格"选项组中"插入"下拉列表,从中选择"插入工作表"选项。
(2) 鼠标右击插入新工作表右侧的工作表标签,选择"插入",在弹出的"插入"对话框中选定"工作表"并点击"确定"。

- 删除工作表:鼠标右击需要删除的工作表,在快捷菜单中选择"删除"操作。
- 移动或复制工作表:鼠标单击需要移动的工作表标签不放,拖动即可;在拖动的同时按住"Ctrl"键即可实现对当前工作表的复制。
- 单击 按钮,一次只能添加一张新工作表,类似于添加多行或多列的方法,通过"Ctrl"键同时选定多张工作表标签,然后通过 按钮或者右击快捷选项的方式,一次可以添加多张工作表。

9.3.4 格式化工作表

当输入并整理完成员工信息后,可以通过格式设置使得表格更加美观和清晰。具体操作如下:

(1) 将工作表"员工信息档案表"表格标题居中,设置字体为黑体,大小为24,单元格背景填充为绿色。

1) 选中 A1:N1 单元格,点击"开始"选项卡下的"对齐方式"选项组,单击"合并后居中"按钮,如图 9-27 所示。

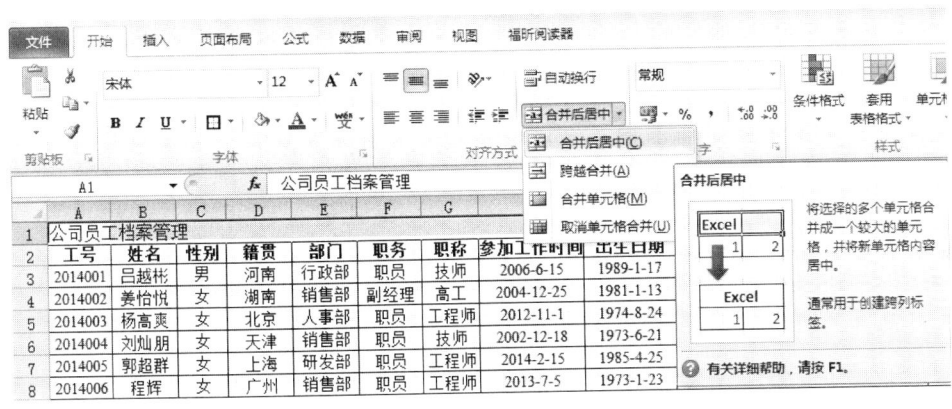

图 9-27 合并居中

2）点击"字体"选项组中的"字体"下拉列表，选择"华文新魏"，在"字号"下拉列表中选择"22"。

3）点击"字体"选项组中的 按钮，在下拉列表中选择"蓝色"，实现单元格的颜色填充，如图9-28所示。

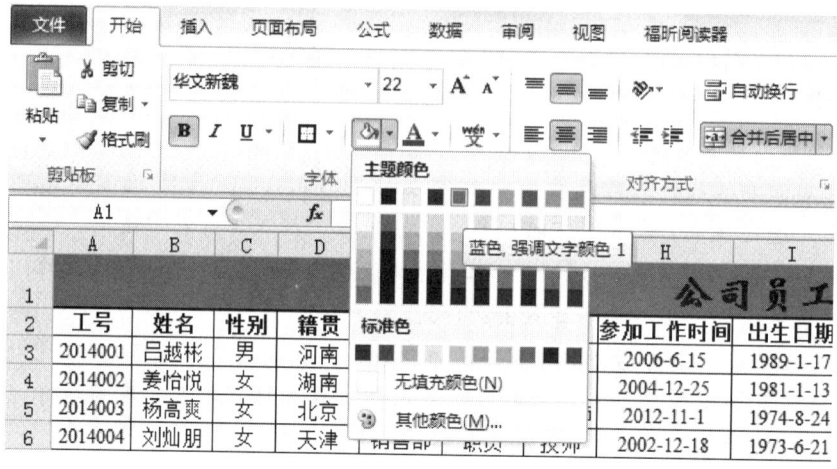

图9-28 主题颜色

（2）设置表格数据位置为垂直居中、水平居中。选中A2：N20单元格，切换至"开始"选项卡，单击"对齐方式"选项组中的垂直居中按钮和水平居中按钮。

（3）设置表格边框线。选中A2：N20单元格，点击"开始"选项卡，在"字体"选项组中点击"边框"按钮下拉列表，选择"所有框线"，如图9-29所示。

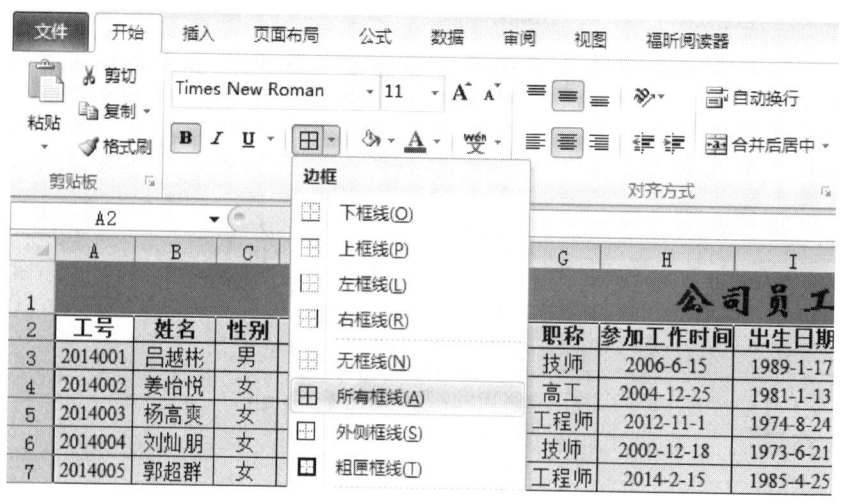

图9-29 边框线

（4）设置基本工资超过"6000"的单元格突出显示。Excel 2010提供了丰富的条件格式，其作用是突显需要关注的单元格或区域；强调异常值；还能通过数据条、色阶、图标集等对数据进行直观地显示。

1）选中 N3：N20 单元格，单击"开始"选项卡，在"样式"选项组中点击"条件格式"按钮，从下拉列表中选择"突出显示单元格规则"为"大于"，如图 9-30 所示。弹出"大于"对话框，如图 9-31 所示。

图 9-30 突出显示单元格规则

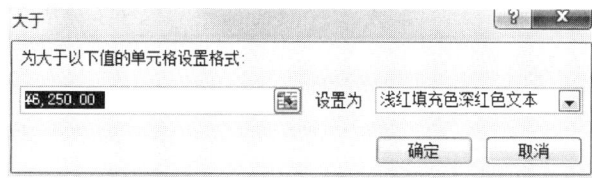

图 9-31 "大于"对话框

2）在"为大于以下值的单元格设置格式"文本框中输入"6000"，"设置为"右侧下拉列表中选择"自定义格式"，弹出"设置单元格格式"对话框，根据需要设置字形、颜色等，如图 9-32 所示。

（5）设置工作表"员工电话联系表"单元格格式。

1）选中第 1 行，插入新行作为标题，输入"公司员工电话表"，选中 A1：D1，点击"合并后居中"按钮，并设置字体为"宋体"，字号大小为"16"号，行高为"50"。

2）选中 A2：D20，单元格区域，设置"水平居中"和"垂直居中"。

3）设置所有列的列宽为"20"，从第 2 行开始的所有行行高为"25"。

4）将边框线设置为外粗内细：单击"开始"选项卡下"字体"选项组中的"边框"下拉列表，选择"所有框线"，再选择"粗匣框线"，如图 9-33 所示。

第二部分 日常办公事务处理

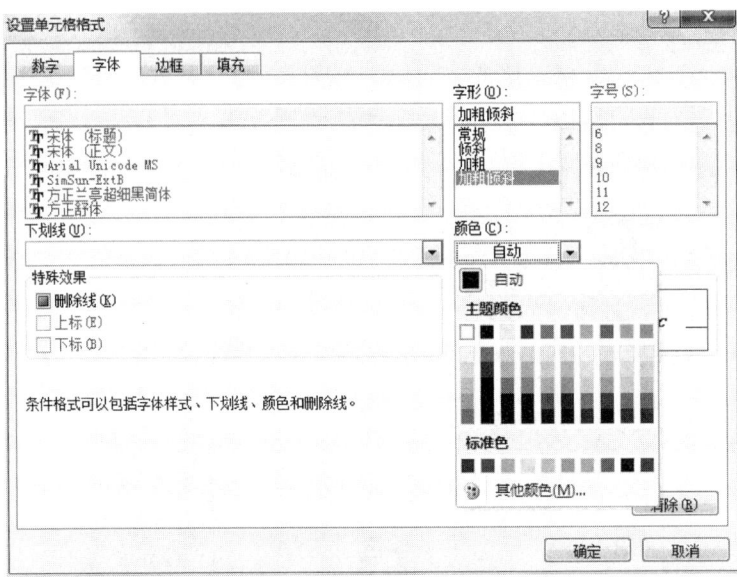

图 9-32 单元格格式

公司员工电话表

姓名	职务	办公电话	联系电话
吕越彬	职员	6448561	15486548653
姜怡悦	副经理	6448562	15151767755
杨高爽	职员	6448563	15156688359
刘灿朋	职员	6448564	18255366576
郭超群	职员	6448565	13191969236
程辉	职员	6448566	18125426855
安熙华	职员	6448567	15876325532
史雅畅	职员	6448568	13496879412
俞嘉懿	职员	6448569	13167464198
任鸿涛	职员	6448570	13546415615
陆建涵	副经理	6448571	13605649841
卢天铭	职员	6448572	13400216465
雷嘉志	副经理	6448573	13965456112
吴天启	副经理	6448574	15856456446
张安圆	职员	6448575	13254565665
邹熙运	职员	6448576	18956456133
杨怿鑫	职员	6448577	18765464616
张佳慧	经理	6448577	18344654543

图 9-33 粗匣框线

任务9 员工档案管理

9.3.5 打印工作表

表格设置完成以后，打印出来，分发给各个部门，方便随时联系。

1. 设置打印区域

由于工作表有多行和多列，会出现超出打印纸张范围的情况，并且不是所有的内容都需要打印，为取所需，打印前要设置打印的工作表区域。以"员工电话联系表"为例，单击该表格标签，选中需要打印的区域 A1：A20；点击"页面布局"选项卡，在"页面设置"选项组中"打印区域"下拉列表中选择"设置打印区域"，如图 9-34 所示。

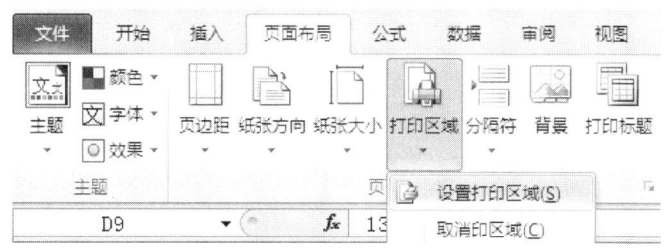

图 9-34 打印区域设置

2. 设置打印标题

表格内容过多时只能打印在多张纸上，但是 Excel 中列标题只在表格顶端出现，通过打印标题设置，能够实现每张纸上都能在顶端打印列标题，具体操作如下：点击"页面布局"选项卡，在"页面设置"选项组中点击"打印标题"，弹出"页面设置"对话框，点击"打印标题"下方"顶端标题行"文本框，选中工作表中第 2 行，文本框中自动显示"$2：$2"字样，点击"确定"，如图 9-35 所示。

图 9-35 页面设置

3. 设置纸张大小、页边距、纸张方向、表格居中

切换到"页面布局"选项卡,点击"页面设置"选项组中的"页边距""纸张方向""纸张大小"操作,设置页边距为"普通",纸张方向为"纵向",纸张大小为"A4"。如果现有页边距设置不能满足需要,可在下拉列表中点击 自定义边距(A)…,弹出"页面设置"对话框下的"页边距"选项卡,在此可以调节上下左右四个方向的页边距以及页眉页脚的位置,"居中方式"勾选"水平",如图9-36所示。

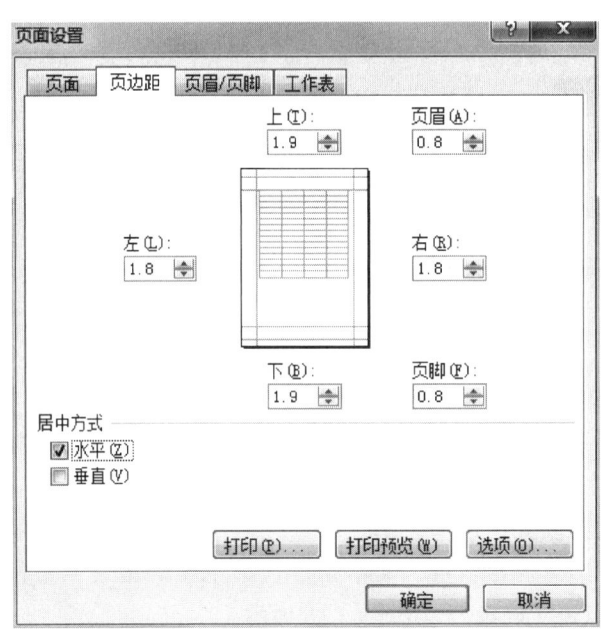

图9-36 页边距设置

4. 调整为合适大小

对于刚好超出打印范围一些部分的表格,可以通过使用"调整为合适大小"选项。点击"页面布局"选项卡,找到"调整为合适大小"选项组,在"宽度"下拉列表中选择"自动",在"高度"下拉列表中选择"自动",如图9-37所示。

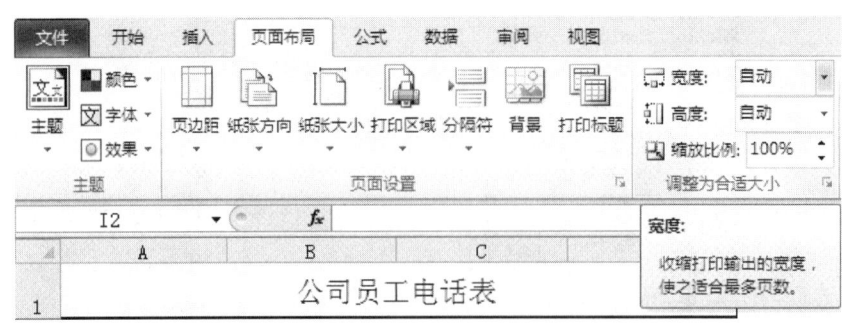

图9-37 调整打印区域

5. 打印预览查看打印效果

全部设置完成以后,通过打印预览查看是否还需要调整,以免打印之后出现问题,增

加工作量。具体操作如下：单击"文件"选项卡，在下拉列表中选择"打印"，右侧即可出现打印相关设置和预览图，如图 9-38 所示。

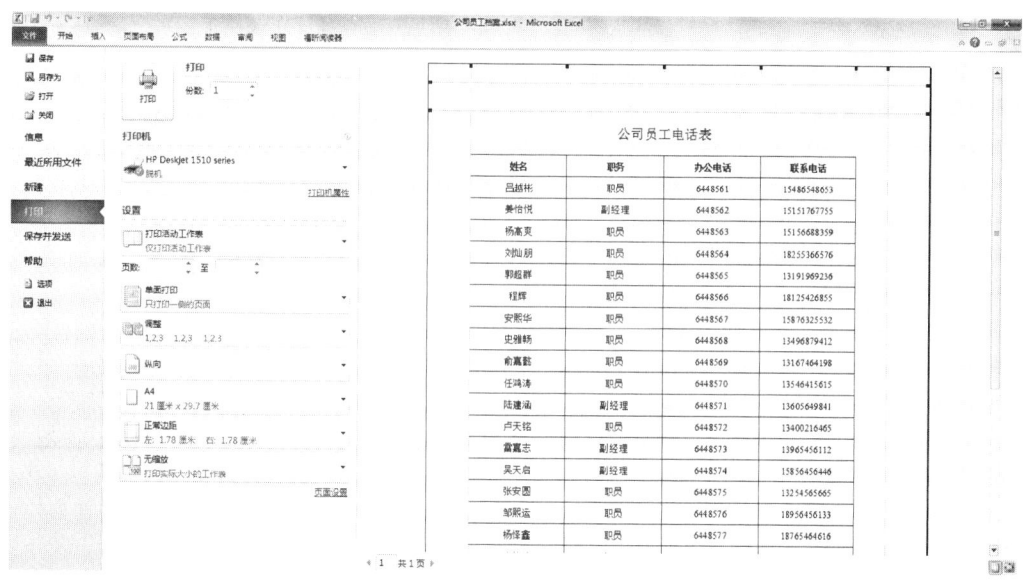

图 9-38　打印设置和预览

界面右下角有两个按钮▫和▫，第一个按钮为"显示边距"，点击后可直接在预览视图下调节打印纸张的边距，第二个按钮为"缩放到页面"，作用为缩放表格以方便查看整体效果。并且通过正下方的翻页查看 ◀ 1 共1页 ▶ 能够检查之前设置的打印标题行的效果，看是否每页都含有列标题。

相关提示

打印预览也可使用"Ctrl＋F2"组合键。

9.4　拓展实训

9.4.1　实训 1：设计企业办公车辆使用情况登记表

设计企业办公车辆使用情况登记表，录入数据，效果如图 9-39 所示。
要求：
（1）表格标题 22 号字体，黑体，合并居中。
（2）表格内容 12 号字体，华文楷体，列标题灰色底纹填充。
（3）日期一列设置单元格格式为"日期"，格式为第一种。
（4）部门一列设置数据有效性，录入时使用下拉列表进行选择。
（5）将"耗费"和"报销金额"列数据设置为人民币货币符号"¥"。
（6）根据用车事由计算"报销金额"，如果是私事则不报销，其他理由全部报销。
（7）设置表格外边框为粗线。

公司车辆使用登记表

序号	车牌号	日期	使用部门	事由	使用人签字	耗费	报销金额	备注
1	皖A K***9	2013-10-6	财务部	出差	张小武	¥52	¥52	无
2	皖A G***0	2013-10-7	人事部	开会	林 琴	¥39	¥39	无
3	皖A Q***1	2013-10-8	保卫部	客户洽谈	张增建	¥46	¥46	无
4	皖A H***2	2013-10-9	研发部	接待	陈 林	¥51	¥51	无
5	皖A I***3	2013-10-10	公关部	私事	吴 玉	¥58	¥0	无
6	皖A P***4	2013-10-11	财务部	开会	张小鹏	¥39	¥39	无
7	皖A X***5	2013-10-12	人事部	客户洽谈	吴一武	¥47	¥47	无
8	皖A V***6	2013-10-13	财务部	接待	姜鄂卫	¥34	¥34	无
9	皖A N***7	2013-10-14	人事部	出差	胡冰冰	¥64	¥64	无
10	皖A Y***8	2013-10-15	保卫部	开会	朱明明	¥47	¥47	无
11	皖A T***9	2013-10-16	研发部	客户洽谈	谈应霞	¥70	¥70	无
12	皖A L***0	2013-10-17	公关部	接待	符智伧	¥49	¥49	无
13	皖A M***1	2013-10-18	财务部	出差	孙连进	¥48	¥48	无
14	皖A W***2	2013-10-19	人事部	开会	王永锋	¥53	¥53	无
15	皖A J***3	2013-10-20	财务部	客户洽谈	周小红	¥32	¥32	无

图 9－39　公司车辆使用登记表

9.4.2　实训 2：调整公司员工档案信息

公司员工档案管理

工号	姓名	性别	籍贯	部门	职务	职称	参加工作时间	出生日期	身份证号码	第一学历	基本工资
2014001	吕越彬	男	河南	行政部	职员	技师	2006-6-15	1989-1-17	52263519890117727X	硕士	¥5,000
2014002	姜怡悦	女	湖南	销售部	副经理	高工	2004-12-25	1981-1-13	522635198101135000	博士	¥7,600
2014003	杨高爽	男	北京	人事部	职员	工程师	2012-11-1	1974-8-24	522635197408242000	硕士	¥5,200
2014004	刘灿朋	男	天津	销售部	职员	技师	2002-12-18	1973-6-21	522635197306216000	本科	¥4,600
2014005	郭超群	男	上海	研发部	职员	工程师	2014-2-15	1985-4-25	522635198504252000	博士	¥4,800
2014006	程辉	男	广州	销售部	职员	工程师	2013-7-5	1973-1-23	522635197301239000	本科	¥4,300
2014007	安熙华	男	山西	行政部	职员	技师	2013-4-25	1988-9-22	451025198809227000	本科	¥5,000
2014008	史雅畅	女	甘肃	销售部	职员	技师	2006-1-5	1980-8-24	451025198008241000	本科	¥3,900
2014009	俞嘉懿	女	浙江	办公室	职员	技师	2011-5-9	1986-2-26	451025198602264000	本科	¥5,100
2014010	任鸿涛	男	湖北	人事部	职员	技师	2006-9-14	1978-1-20	451025197801204000	博士	¥4,600
2014011	陆建涵	男	黑龙江	研发部	副经理	高工	2007-11-4	1982-3-14	53262819820314783X	本科	¥6,900
2014012	卢天铭	男	辽宁	研发部	职员	技师	2013-6-16	1979-7-13	532628197907137000	硕士	¥5,600
2014013	雷嘉志	男	安徽	财务部	副经理	高工	2012-5-5	1974-7-11	532628197407119000	硕士	¥8,000
2014014	吴天启	男	江苏	销售部	副经理	高工	2014-3-19	1971-8-15	532628197108158000	本科	¥7,300
2014015	张安圆	女	江西	研发部	职员	工程师	2012-4-4	1985-4-28	532628198504287000	本科	¥5,200
2014016	邹熙运	男	安徽	办公室	职员	技师	2012-6-5	1976-4-16	411525197604165000	硕士	¥5,300
2014017	杨怿鑫	男	河南	客服部	职员	技师	2012-10-29	1983-9-25	411525198309256000	本科	¥5,500
2014018	张佳慧	女	河南	研发部	经理	高工	2014-3-12	1980-1-19	411525198001199000	硕士	¥8,600

图 9－40　员工档案信息表-更新

最终效果如图 9－40 所示，要求：

（1）打开“公司员工档案管理.xlsx”工作簿，另存为“公司员工档案管理-更新.xlsx”。

（2）在工作表“员工档案信息表”中删除办公电话和联系电话两列。

（3）在工号“2014001”员工记录的上方添加一新行，录入工号“2014000”的信息，内容如下：2014000，黄玮，男，河南，办公室，职员，技师，2011 年 4 月 14 日，341905198704150391，本科，6600。

（4）用数据条显示员工参加工作时间的早晚情况。

（5）将"员工档案信息表"重命名为"员工档案信息表-更新"，并设置密码保护以防擅自更改。

9.5 综合实践

设计一个表格，目的是让用户能够快速有效地录入数据，调理格式清晰，整体美观，重点数据在格式中突出显示，便于查阅，并设置好打印前的各项操作。

任务 10

员工工资管理

员工工资管理是企业管理的重要组成部分,涉及每一位员工的切身利益。符合企业实际,具有激励机制的工资方案,可以极大调动广大员工的工作积极性,更好地提高生产效率。工资结算是每月都要进行的基本工作,来自于多项数据,包括基本工资、保险、提成等,本任务应用 Excel 2007 建立工资管理表格,能方便数据之间的调用处理,应用 Excel 自带的公式函数实现快速计算,降低工资计算人员的工作量,提高部门的工作效率,如图 10-1 所示。

三月份工资明细结算表

工号	姓名	部门	基本工资	调后工资	职务工资	住房公积金	医疗保险	大病保险	养老保险	失业保险	缴存合计	考勤扣款	销售提成	应发工资	个人所得税	实发工资
2014001	吕越彬	行政部	5000	5300	1000	630	126	5	252	63	1076	42	0	5182	63	5119.1
2014002	娄怡悦	销售部	7600	7600	600	820	164	5	328	82	1399	0	530	7331	278	7052.9
2014003	杨嘉夷	人事部	5200	5300	600	590	118	5	236	59	1008	43	0	4849	40	4808.2
2014004	刘灿朋	销售部	4600	4600	600	520	104	5	208	52	889	77	778	5012	46	4966.1
2014005	郭超群	研发部	4800	4600	600	520	104	5	208	52	889	160	0	4151	20	4131.5
2014006	程辉	销售部	4300	4300	600	490	98	5	196	49	838	0	0	4062	17	4045.1
2014007	安熙华	行政部	5000	5000	600	560	112	5	224	56	957	0	0	4643	34	4608.7
2014008	史雅畅	销售部	3900	3900	600	450	90	5	180	45	770	33	4285	7983	343	7639.3
2014009	俞嘉懿	办公室	5100	5200	600	580	116	5	232	58	991	170	0	4639	34	4604.8
2014010	任鸿涛	人事部	4600	4600	800	540	108	5	216	54	923	0	0	4477	29	4447.7
2014011	陆建涵	研发部	6900	7400	800	820	164	5	328	82	1399	230	0	6571	202	6368.9
2014012	卢天铭	研发部	5600	5600	600	620	124	5	248	62	1059	0	0	5141	59	5081.9
2014013	雷嘉志	财务部	8000	8000	800	880	176	5	352	88	1501	0	0	7299	275	7024.1
2014014	吴天启	销售部	7300	7300	600	790	158	5	316	79	1348	61	8976	15467	2362	13105.4
2014015	张安园	研发部	5200	5300	600	590	118	5	236	59	1008	0	0	4892	42	4850.2
2014016	邹熙运	办公室	5300	5300	800	610	122	5	244	61	1042	177	0	4881	41	4839.9
2014017	杨怿鑫	客服部	5500	5400	600	600	120	5	240	60	1025	367	0	4608	33	4575.1
2014018	张佳慧	研发部	8600	9100	600	970	194	5	388	97	1654	72	0	7974	342	7631.9

图 10-1 工资明细结算表

10.1 任务情境

企业领导决定将科学化和现代化的信息技术应用于企业各项管理,员工工资管理也包括其中,因此需要调整公司的工资发放方法,以调动员工的工作积极性。

知识要点

- 使用粘贴链接。
- 新建批注并进行编辑删除等操作。
- Excel 公式函数应用。
- 掌握求和、求平均值、最大值、最小值等函数的使用。
- 排名函数 RANK() 的使用。
- 正确理解函数中绝对引用和相对引用的区别。
- 掌握 HLOOKUP() 和 VLOOKUP() 的使用。
- 巩固 IF() 函数的应用。

任务 10 员工工资管理

技能要点

- 学会设计企业工资管理表格，进行数据统计和计算。
- 能够根据工资明细表制作个人的工资条。
- 根据销售员的销售业绩计算其不同的提成比例。

10.2 任务分析

企业的员工工资大致由以下几部分组成：基本工资、调整后工资、各种保险、销售提成、个人所得税等。为便于操作查看，进行归类设计表格，计算相关数据。

员工工资的计算与统计需要完成以下工作：

- 设计员工工资管理表格，统计工资信息。
- 设计考勤表格，计算考勤工资。
- 根据员工的销售业绩计算提成。
- 设计员工的保险缴纳表，计算员工个人的住房公积金、大病保险、失业保险等扣款项。
- 计算员工应缴纳的个人所得税。
- 从之前设计的员工基本信息表导入员工的"工号、姓名、部门、基本工资"等基本信息。
- 根据上述信息计算出员工每月的应发工资、所有扣款、实发工资。

10.3 具体操作：员工工资管理表格设计与工资计算

10.3.1 新建员工工资工作簿

新建工作簿"企业员工工资管理.xlsx"，将与工资统计相关的数据归类存储，需要建立"员工工资统计表""工资调整表""考勤统计表""销售提成表""社会保险缴存表"5 个工作表。操作如下：新建工作簿，保存并命名为"企业员工工资管理"；插入两个工作表，将 Sheet1 至 Sheet5 重命名为"员工工资统计表""工资调整表""社会保险缴存表""考勤统计表""销售提成表"。

10.3.2 员工工资调整表设计

公司需要根据员工的工作表现、职位变动对员工的工资进行适当地调整，因此在统计员工工资之前，先对员工的工资调整情况进行统计，完成效果如图 10-2 所示。

1. 导入已有数据

员工工资表中的个人基本信息"工号、姓名、部门、基本工资"是和上一个任务中员工档案信息相同的，所以可以直接从档案信息表中导入部分数据。具体操作如下：

打开"公司员工档案"工作簿，选中"工号"列，按住"Ctrl"键同时选中"姓名""部门""基本工资"列，按"Ctrl+C"组合键，复制四列信息。

工号	姓名	部门	基本工资	调整数额	调整原因		调后工资
					上调原因	下调原因	
2014001	吕越彬	行政部	5000	300	职位升迁		5300
2014002	姜怡悦	销售部	7600				7600
2014003	杨高奭	人事部	5200	100	考核优秀		5300
2014004	刘灿朋	销售部	4600				4600
2014005	郭超群	研发部	4800	-200		项目失误	4600
2014006	程辉	销售部	4300				4300
2014007	安熙华	行政部	5000				5000
2014008	史雅畅	销售部	3900				3900
2014009	俞嘉懿	办公室	5100	100	考核优秀		5200
2014010	任鸿涛	人事部	4600				4600
2014011	陆建涵	研发部	6900	500	产品选中		7400
2014012	卢天铭	研发部	5600				5600
2014013	雷嘉志	财务部	8000				8000
2014014	吴天启	销售部	7300				7300
2014015	张安圆	研发部	5200	100	考核优秀		5300
2014016	邹熙运	办公室	5300				5300
2014017	杨怿鑫	客服部	5500	-100		客户投诉	5400
2014018	张佳慧	研发部	8600	500	产品选中		9100

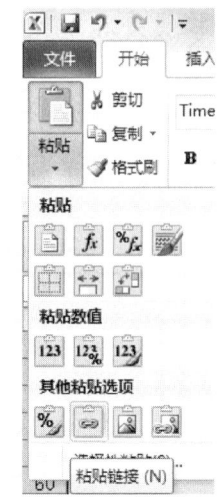

图 10-2　表格设计　　　　　　　　　　图 10-3　选择性粘贴

在新建的工作簿中，单击 A1 单元格，点击"开始"选项卡，在"剪贴板"选项组中"粘贴"下拉列表中选择"粘贴链接"按钮，即可实现导入数据，如图 10-3 所示。"粘贴链接"的作用在于当原工作簿"公司员工档案"复制过来的四列数据发生变动时，"工资调整表"中的数据也会自动更新。

2．完成表格设计

在表格顶部插入 2 行，第一行输入表格标题、第二行输入制作日期和审批人，选中 A3 和 A4 单元格，点击"合并后居中"，输入相应内容，其他表头依次设置，如图 10-4 所示。

图 10-4　设置效果

3. 计算调整后工资

单击 H5 单元格,点击"公式"选项卡,在"函数库"选项组中"自动求和"下拉列表中选择"求和"选项,如图 10-5 所示。

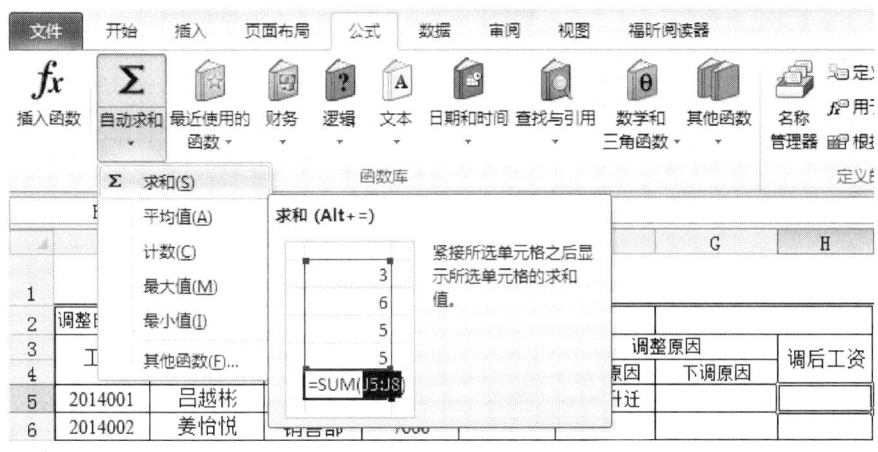

图 10-5 公式

在单元格 H5 中出现函数"=SUM(D5:G5)",如图 10-6 所示。

图 10-6 求和公式

SUM() 函数为求和公式,用于计算"()"内部的单元格数据,"()"内部是求和的单元格区域,Excel 默认的范围是选定单元格 H5 左边的所有区域 D5:G5,但事实上只有"D5:E5"的和,所以需要修改单元格区域范围,将"G5"改为"E5",然后直接按回车键"Enter"确认。使用自动填充功能,复制公式到单元格 H22,完成自动填充求和。

4. 美化表格

设置表格边框和底纹,效果如图 10-2 所示。

10.3.3 社会保险缴存表设计

国家规定,企业和必须为员工缴存每月的个人住房公积金、医疗保险、养老保险等,员工个人也要承担一定的比例,而缴存的金额也不同,需要建立表格进行管理计算,如图 10-7 所示。

具体操作如下:

(1) 将工作簿"社会保险缴存表"中的信息复制到工作簿"企业员工工资管理"中的"社会保险缴存表"工作表中,如图 10-8 所示。

(2) 复制"工资调整表"工作表中的"调后工资"列"H5:H22"单元格区域,粘贴到

第二部分 日常办公事务处理

	A	B	C	D	E	F	G	H	I	J	K
1	员工住房公积金、各项社会保险缴存表									
2	工号	姓名	部门	基本工资	职务工资	住房公积金	医疗保险	大病保险	养老保险	失业保险	缴存合计额
3	2014001	吕越彬	行政部	5300	1000	630	126	5	252	63	1076
4	2014002	姜怡悦	销售部	7600	600	820	164	5	328	82	1399
5	2014003	杨高爽	人事部	5300	600	590	118	5	236	59	1008
6	2014004	刘灿朋	销售部	4600	600	520	104	5	208	52	889
7	2014005	郭超群	研发部	4600	600	520	104	5	208	52	889
8	2014006	程辉	销售部	4300	600	490	98	5	196	49	838
9	2014007	安熙华	行政部	5000	600	560	112	5	224	56	957
10	2014008	史雅畅	销售部	3900	600	450	90	5	180	45	770
11	2014009	俞嘉懿	办公室	5200	600	580	116	5	232	58	991
12	2014010	任鸿涛	人事部	4600	800	540	108	5	216	54	923
13	2014011	陆建涵	研发部	7400	800	820	164	5	328	82	1399
14	2014012	卢天铭	研发部	5600	600	620	124	5	248	62	1059
15	2014013	雷嘉志	财务部	8000	800	880	176	5	352	88	1501
16	2014014	吴天启	销售部	7300	600	790	158	5	316	79	1348
17	2014015	张安圆	研发部	5300	600	590	118	5	236	59	1008
18	2014016	邹熙运	办公室	5300	800	610	122	5	244	61	1042
19	2014017	杨怿鑫	客服部	5400	600	600	120	5	240	60	1025
20	2014018	张佳慧	研发部	9100	600	970	194	5	388	97	1654

图 10-7 员工住房公积金、各项社会保险缴存表

工号	姓名	部门	基本工资	职务工资	住房公积金	医疗保险	大病保险	养老保险	失业保险	缴存合计额
2014001	吕越彬	行政部								
2014002	姜怡悦	销售部								
2014003	杨高爽	人事部								
2014004	刘灿朋	销售部								
2014005	郭超群	研发部								
2014006	程辉	销售部								
2014007	安熙华	行政部								
2014008	史雅畅	销售部								
2014009	俞嘉懿	办公室								
2014010	任鸿涛	人事部								
2014011	陆建涵	研发部								
2014012	卢天铭	研发部								
2014013	雷嘉志	财务部								
2014014	吴天启	销售部								
2014015	张安圆	研发部								
2014016	邹熙运	办公室								
2014017	杨怿鑫	客服部								
2014018	张佳慧	研发部								

图 10-8 复制信息

"社会保险缴存表":选中"社会保险缴存表"中的 D2 单元格,执行"粘贴链接"命令。

(3) 输入"职务工资"数据。

(4) 计算个人需要缴存的住房公积金、医疗保险、养老保险等。案例中按照"基本工资"和"职务工资"两项之和的一定比例缴存,见表 10-1。

表 10-1 缴 存 比 例

项 目	单 位	个 人
住房公积金	20%	10%
医疗保险	8%	2%
养老保险	25%	4%
失业保险	2%	1%

具体操作如下：

1）单击 F2 单元格，输入公式"=（D2+E2）*0.1"，按回车键 Enter 确认，如图 10-9 所示。

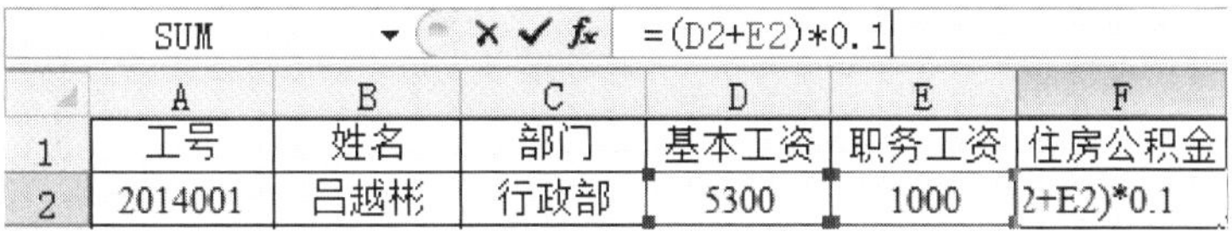

图 10-9　求和公式

2）利用自动填充功能，将 F2 单元格的公式自动填充至 F19 单元格，计算其他员工的住房公积金。

3）在 G2 单元格输入公式"=（D2+E2）*0.02"，按回车键 Enter 确认，并自动填充至 F19 单元格，计算医疗保险；在 I2 单元格输入公式"=（D2+E2）*0.04"，按回车键 Enter 确认，并自动填充至 F19 单元格，计算养老保险；在 J2 单元格输入公式"=（D2+E2）*0.01"，按回车键 Enter 确认，并自动填充至 F19 单元格，计算失业保险；在 H2 单元格输入大病保险缴存金额"5"，自动填充至 F19 单元格。

📖 **相关提示**

与粘贴链接相同，公式引用的单元格数据发生变动时，公式的计算结果也会自动更新。

（5）计算应缴存合计额。单击 K2 单元格，点击"公式"选项卡，在"函数库"选项组中"自动求和"下拉列表中选择"求和"选项，插入 SUM（）函数，"（）"内部填写"F2：J2"单元格区域，如图 10-10 所示，按回车键 Enter 确认。利用自动填充功能，填充至 K19 单元格，计算所有人的应缴存合计额。

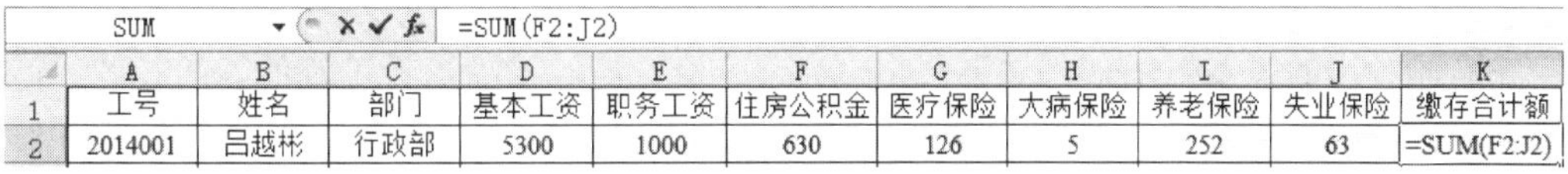

图 10-10　求和公式

（6）顶端插入一行，输入表格标题，如图 10-7 所示。

📖 **知识延伸**

Excel 中包含以下几种运算符：

- 常见算术运算符：+（加号）、-（减号）、*（乘号）、/（除号）、%（百分号）、^（乘方），用以完成基本的数学运算，返回数值，如"=2^2"，结果为 4。
- 比较运算符：=（等号）、>（大于号）、<（小于号）、<>（不等号）、>=（大于等于号）、<=（小于等于号），用以实现数值之间的大小比较，返回结果是逻辑值 True（真）或 False（假），如"=1<>0"，结果为 True。
- 文本连接运算符：&能将两个或多个文本组合成一个文本，如"="安徽"&"水利水电"&"职业技术学院""，结果是"安徽水利水电职业技术学院"。

- 引用运算符：是指可以将单元格区域引用合并计算的运算符号。
- "："（冒号）区域运算符，产生对包括在两个引用之间的所有单元格的引用（B5：B15）。
- "，"（逗号）联合运算符，将多个引用合并为一个引用（SUM（B5：B15，D5：D15））。
- " "（空格）交叉运算符产生对两个引用共有的单元格的引用（B7：D7 C6：C8）。

10.3.4 计算考勤扣款

考勤制度是为维持企业的正常工作秩序，使员工自觉遵守工作时间和劳动纪律的方式，是企业进行正常工作秩序的基础，同时也是支付工资、员工考核的重要依据。现由考勤统计表计算扣款，具体操作如下：

（1）将"员工月考勤表.xlsx"中"三月"工作表数据"粘贴链接"至"员工考勤统计表"中。

（2）为所扣工资的原因进行批注注释。操作如下：单击G1单元格，在"审阅"选项卡中点击"批注"选项组中的"新建批注"按钮，如图10-11所示。

图 10-11　新建批注

在右侧弹出的文本框中输入"事假扣除当天工资，病假扣除当天工资的0.25倍"。输入完毕后点击任意一个单元格即可退出编辑状态，此时，G2右上角有一块红色区域，如图10-11所示。当鼠标指针置于G1单元格时，就会出现设置好的批注信息，如图10-12所示。

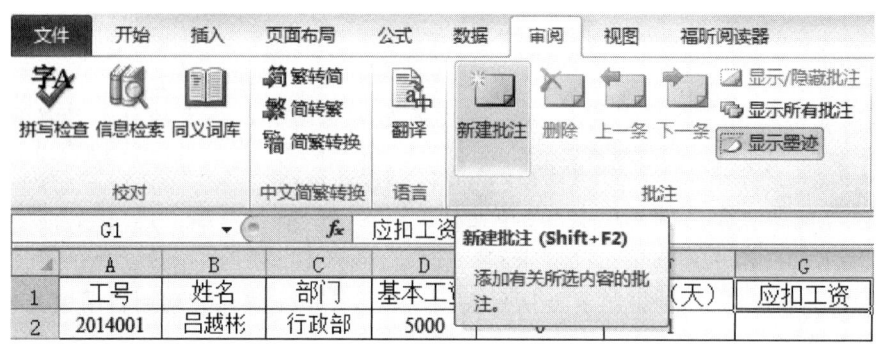

图 10-12　显示批注

单击图中“编辑批注”可对批注内容进行修改，如果需要一直显示批注，只需单击“显示/隐藏批注”按钮即可，删除批注的话只需单击“删除”按钮。

(3) 计算应扣工资。将单元格区域“G2：G19”的数据数值设为小数位数为2的货币类型。单击G2单元格，输入公式“=(D2/30)*E2+(D2/30)*0.25*F2”。按Enter键确认，如图10-13所示。

SUM =(D2/30)*E2+(D2/30)*0.25*F2

	A	B	C	D	E	F	G
1	工号	姓名	部门	基本工资	事假（天）	病假（天）	应扣工资
2	2014001	吕越彬	行政部	5000	0	1	30)*0.25*F2

图10-13 计算公式

利用自动填充功能，填充至G19单元格，计算所有人的应扣工资。

(4) 添加表格标题，格式化表格，如图10-14所示。

	A	B	C	D	E	F	G
1	员工3月份考勤表						
2	工号	姓名	部门	基本工资	事假（天）	病假（天）	应扣工资
3	2014001	吕越彬	行政部	5000	0	1	¥41.67
4	2014002	姜怡悦	销售部	7600	0	0	¥0.00
5	2014003	杨高爽	人事部	5200	0	1	¥43.33
6	2014004	刘灿朋	销售部	4600	0	2	¥76.67
7	2014005	郭超群	研发部	4800	1	0	¥160.00
8	2014006	程辉	销售部	4300	0	0	¥0.00
9	2014007	安熙华	行政部	5000	0	0	¥0.00
10	2014008	史雅畅	销售部	3900	0	1	¥32.50
11	2014009	俞嘉懿	办公室	5100	1	0	¥170.00
12	2014010	任鸿涛	人事部	4600	0	0	¥0.00
13	2014011	陆建涵	研发部	6900	1	0	¥230.00
14	2014012	卢天铭	研发部	5600	0	0	¥0.00
15	2014013	雷嘉志	财务部	8000	0	0	¥0.00
16	2014014	吴天启	销售部	7300	0	1	¥60.83
17	2014015	张安圆	研发部	5200	0	0	¥0.00
18	2014016	邹熙运	办公室	5300	1	0	¥176.67
19	2014017	杨怿鑫	客服部	5500	2	0	¥366.67
20	2014018	张佳慧	研发部	8600	0	1	¥71.67

图10-14 格式化表格

10.3.5 根据员工销售提成计算提成金额

销售提成是为提高销售人员的工作热情，体现多劳多得的原则，企业对不同的业绩提成比例有不同的规定。具体操作如下：

(1) 将“销售提成统计表”工作簿中的“提成统计表”工作表复制到“企业员工工资管理”工作簿中的“销售提成表”中。

(2) 输入提成比例。如员工基本销售任务是2万元，销售额低于2万元就没有提成，销售额在20000～49999元的按照2%提成，销售额在50000～99999元的按照5%提成，10万以上的按照8%提成。应用Excel的HLOOKUP函数可以根据员工销售额的不同，自动计算员工相应的提成比例。具体操作如下：

1）单击"员工销售提成表"的 D3 单元格，点击"公式"选项卡，单击"函数库"选项组中的"插入函数"按钮，如图 10-15 所示。

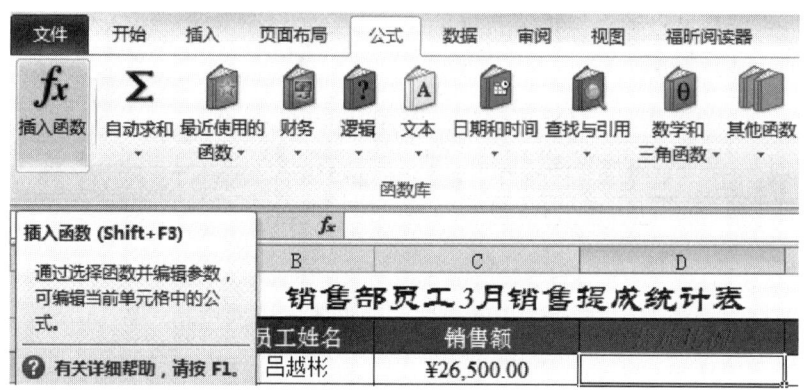

图 10-15　插入函数

2）在弹出的"插入函数"对话框"或选择类别"下拉列表中选择"全部"，在"选择函数"列表中选择"HLOOKUP"函数，如图 10-16 所示。

图 10-16　函数对话框

3）弹出"函数参数"对话框，显示查找和引用函数 HLOOKUP 的功能和各项参数，如图 10-17 所示。

输入参数 Lookup_value 的值为"C3"表示在查找区域中的首行查找 C3 单元格的值，即"26,500"。

输入参数 Table_array 的值为"＄B＄12：＄E＄13"，表示查找区域（这里需要特别注意"＄B＄12：＄E＄13"的格式，与之前用到的引用格式相比，行标识和列标识前多了"＄"，称为绝对引用。因为应用这个函数计算其他员工的提成比例时，所引用的销售额和提成比例都在查找区域 B12：E13 单元格区域中，在用到自动填充功能填充 D4～D7 单元格时，查找区域参数 Table_array 的值是固定不变的，所以要用单元格的绝对引用格

任务10 员工工资管理

图 10-17 函数参数

式，也就是在行标识和列标识前加"＄"符号）。

输入参数 Row_index_num 的值为"2"。指定当查到与 C3 单元格的值"26，500"匹配时的数值所在的单元格在 Table_array 区域中的行号，匹配有近似匹配和精确匹配两种选择，由 Range_lookup 参数设定。当设定为近似匹配时，如果找不到精确匹配值，则返回小于 lookup_value 的最大数值，也就是没找到"26，500"，但找到小于"26，500"的最大值"20，000"，指定 Row_index_num 的值为"2"，就是返回"20，000"所在查找区域的第 2 行的值，也就是"2％"，如图 10-18 所示。

图 10-18 HLOOKUP（）函数

参数 Range_lookup 的值为 TRUE 或省略，为近似匹配，就是如果找不到精确值而返回小于 lookup_value 的最大数值；如果为 FALSE，函数 HLOOKUP 只查找精确匹配值，如果找不到就返回错误值♯N/A。

设置完成，点击"确定"完成确认。

4）利用自动填充功能填充 D4～D7 单元格，其他员工的提成比例自动填充。

（3）计算提成金额。单击 E3 单元格，输入公式"＝C3＊D3"。按 Enter 键确认，自动填充公式至 E7 单元格。

📖 知识延伸

- 绝对引用和相对引用

相对引用：是指在自动填充时引用的单元格会随着公式所在的位置变化而变化，公式的计算数值会依据更改后的单元格地址的值而重新计算。

绝对引用：是指在自动填充时公式中的单元格区域地址不随着公式位置的改变而改变，无论公式引用的单元格都在其工作表中的固定位置，格式就是在行标识和列标识前加"＄"符号。

如图 10－18 所示，D3 单元格公式为"＝HLOOKUP（C3，＄B＄12：＄E＄13，2）"，"C3"单元格为相对引用，公式到了 D4 单元格中就会变成引用"C4"单元格，而＄B＄12：＄E＄13 单元格区域为绝对引用，公式无论在填充的任一单元格内都不会发生变化。

- HLOOKUP（）函数

（1）功能：在表格或数值数组的首行查找指定的数值，通过精确匹配或近似匹配返回表格或数组当前列中指定行处的值；如果找不到，返回错误值＃N/A。

（2）格式：HLOOKUP（lookup_value，table_array，row_index_num，range_lookup）

（3）参数：函数中各参数及数据类型说明见表 10－2。

表 10－2 参数说明及数据类型

参　数	简单说明	输入数据类型
lookup_value	要查找的值	数值、引用或文本字符串
table_array	要查找的区域	数据表区域
row_index_num	返回数据在区域的第几行数	正整数
range_lookup	模糊匹配/精确匹配	TRUE/FALSE（或不填）

10.3.6 员工工资统计结算表设计

工资统计结算是月底发放工资的依据，用于统计公司员工当月的应发工资、扣款和实发工资，需要对多项数据进行计算，也要引用多张工作表的数据。具体操作如下：

（1）引用工作表"工资调整表"中的数据到"员工工资统计表"中。按快捷组合键"Ctrl＋C"复制工作表"工资调整表"中的"工号、姓名、部门、基本工资、调后工资"，进入"员工工资统计表"，选中 A1 单元格，切换到"开始"选项卡，单击"剪贴板"选项组中的"粘贴"，在下拉列表中选择"粘贴链接"选项，或者右击鼠标，在"选择性粘贴"右侧列表中选择"粘贴链接"。

（2）用上述方法将"社会保险缴存表"中的"职务工资、住房公积金、医疗保险、大病保险、养老保险、失业保险、缴存合计额"信息复制到"员工工资统计表"中。

（3）将"考勤统计表"中的"应扣工资"复制到"员工工资统计表"中，把 M1 单元格的内容"应扣工资"改为"考勤扣款"。

（4）将"销售提成表"中的提成金额复制到"员工工资统计表"中，具体操作如下：

选中 N1 单元格，输入文本“销售提成”。

计算员工销售提成。只有销售人员才有销售提成，只有部门是“销售部”的员工才需要填入“员工销售提成表”，否则销售提成为 0，此时需要用到“IF ()”条件函数，操作如下：

单击单元格 N2，输入条件函数：

=IF(C2=“销售部”,VLOOKUP(A2,员工销售提成表！$A$3:$E$7,5,0),0)

按回车键 Enter 键完成。

利用自动填充功能，填充至 N19，计算其他员工的销售提成。由于 C2 单元格为“行政部”，条件 C2 = “销售部”为假，所以 N2 的值为“0”。C3 为“销售部”，返回 VLOOKUP（A3，员工销售提成表！$A$3：$E$7，5，0）的值，在“销售额提成表”的单元格区域 A3：E7 中精确查找单元格 A3 的值即工号“4009002”，精确找到后返回“4009002”所在行的第 5 列的值即“530”。而函数 VLOOKUP（A2，员工销售提成表！$A$3：$E$7，5，0）中最后一个参数“0”表示逻辑值为 FALSE，意为精确匹配，结果如图 10－19 所示。

IF =IF(C19="销售部",VLOOKUP(A19,销售提成表!$A$3:$E$7,5,0),0)

	A	B	C	D	E	F	G	H	I	J	K	L	M	N
1	工号	姓名	部门	基本工资	调后工资	职务工资	住房公积金	医疗保险	大病保险	养老保险	失业保险	缴存合计额	考勤扣款	销售提成
2	2014001	吕越彬	行政部	5000	5300	1000	630	126	5	252	63	1076	42	0
3	2014002	姜怡悦	销售部	7600	7600	600	820	164	5	328	82	1399	0	530
4	2014003	杨高爽	人事部	5200	5300	600	590	118	5	236	59	1008	43	0
5	2014004	刘灿朋	销售部	4600	4600	600	520	104	5	208	52	889	77	778
6	2014005	郭超群	研发部	4800	4600	600	520	104	5	208	52	889	160	0
7	2014006	程辉	销售部	4300	4300	600	490	98	5	196	49	838	0	0
8	2014007	安熙华	行政部	5000	5000	600	560	112	5	224	56	957	0	0
9	2014008	史雅畅	销售部	3900	3900	600	450	90	5	180	45	770	33	4285
10	2014009	俞嘉懿	办公室	5100	5200	600	580	116	5	232	58	991	170	0
11	2014010	任鸿涛	人事部	4600	4600	800	540	108	5	216	54	923	0	0
12	2014011	陆建涵	研发部	6900	7400	800	820	164	5	328	82	1399	230	0
13	2014012	卢天铭	研发部	5600	5600	600	620	124	5	248	62	1059	0	0
14	2014013	雷嘉志	财务部	8000	8000	800	880	176	5	352	88	1501	0	0
15	2014014	吴天启	销售部	7300	7300	600	790	158	5	316	79	1348	61	8976
16	2014015	张安圆	研发部	5200	5300	600	590	118	5	236	59	1008	0	0
17	2014016	邹熙运	办公室	5300	5300	800	610	122	5	244	61	1042	177	0
18	2014017	杨怿鑫	客服部	5500	5400	600	600	120	5	240	60	1025	367	0
19	2014018	张佳慧	研发部	8600	9100	600	970	194	5	388	97	1654	72	=IF(C19="销

图 10－19　IF()函数

相关提示

VLOOKUP 函数与 HLOOKUP 函数功能相似，功能、格式、参数意义基本相同，区别在于 VLOOKUP 函数按列查找，HLOOKUP 函数按行查找。“V”代表列，“H”代表行。

（5）计算应发工资。员工的应发工资＝调后工资＋职务工资－缴存合计－考勤扣款＋销售提成，具体操作如下：

选中 O1 单元格，输入“应发工资”。

选中 O2 单元格，输入公式“＝E2＋F2－L2－M2＋N2”。按回车键 Enter 确认输入，如图 10－20 所示。

利用自动填充功能填充至单元格 O19。

（6）计算个人所得税。企业在发放工资前，还应根据员工的工资数扣除缴纳的“个人所得税”，就是国家规定的“个人取得的各项所得征收的所得税”。现阶段我国个人所得税起征点为 3500 元。个人所得税的计算公式为

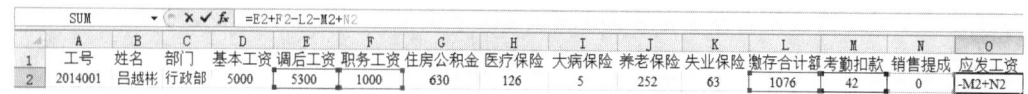

图 10-20 自动填充函数

个人所得税＝应纳税额＊税率－速算扣除数，税率和速算扣除数分别与不同的应纳税额对应，应纳税额＝工资－三险一金－起征点。

即：个人所得税＝[(工资－三险一金－起征点)]＊税率－速算扣除数。三险一金指的是养老保险、医疗保险、失业保险和住房公积金(工伤保险和生育保险属于五险一金，不算在内)，见表 10-3。

表 10-3　　　　　　　　　　个 人 所 得 税 计 算

级数	全月应纳税所得额	全月应纳税所得额（不含税级距）	税率/%	速算扣除数
1	不超过 1500 元	不超过 1455 元	3	0
2	1500～4500 元	1455～4155 元	10	105
3	4500～9000 元	4155～7755 元	20	555
4	9000～35000 元	7755～27255 元	25	1005
5	35000～55000 元	27255～41255 元	30	2755
6	55000～80000 元	41255～57505 元	35	5505
7	超过 80000 元	超过 57505 元	45	13505

计算"应发工资"时已经扣除"缴存合计"，即已经扣除"三险一金"，起征点是 3500 元，因此员工的应纳税额按如下公式计算：

应纳税额＝（应发工资－3500）

根据案例中公司员工的实际工资水平，确定在计算个人所得税时用到的级数，以此来简化计算公式，如果员工的最高工资水平不超过 38500（35000＋3500）元，表 10-3 中的 5、6、7 级数就用不到，计算个人所得税时就不必体现简化公式。同理，最低应发工资超过 5000（3500＋1500）元，级数 1 也用不到，进一步简化公式。

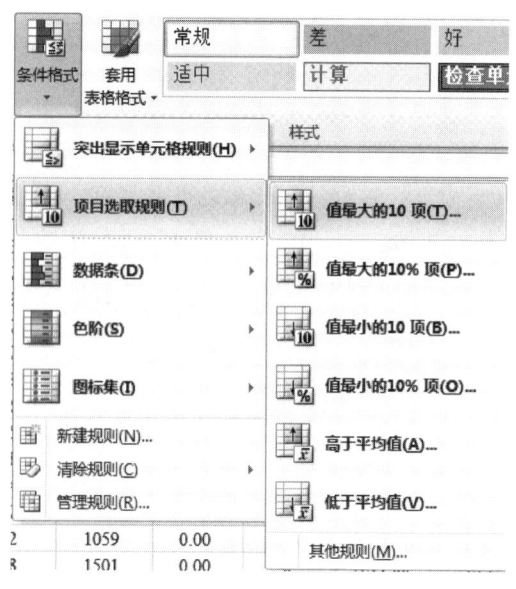

图 10-21　条件格式

计算个人所得税的具体操作如下：

1）将应发工资中的最大值和最小值以条件格式突出显示，查看最高和最低工资限值，简化个人所得税的计算公式：

a. 选中 O 列，点击"开始"选项卡，在"样式"选项组"条件格式"下拉列表中选择"项目选取规则"，再在右侧列表中选择"值最大的 10 项"，如图 10-21 所示。

b. 弹出"10 个最大的项"对话框，在

"设置为"左侧微调框中输入数字"1",点击"确定"按钮,实现突出显示最大值"15,467.17",由于 15465－3500＝11965,应纳税所得额为 11965,对应最高级别为 4,如图 10－22 所示。

c. 同理,点击"值最小的 10 项",弹出"10 个最小的值"对话框,在微调框中输入数字"1",点击"确定"按钮,实现突出显示最小值"4062"。

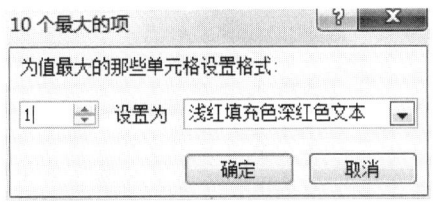

图 10－22 10 个最大的项

4062＞3500,表示工资水平已达到起征点,需要纳税,计算级数从 2 级算起。

2) 选中 P1 单元格,输入"所得税"。

3) 计算个人所得税。选中 P2 单元格,输入公式"＝IF((O2－3500)＜＝1500,(O2－3500) * 0.03－0,IF((O2－3500)＜＝4500,(O2－3500) * 0.1－105,IF((O2－3500)＜＝9000,(O2－3500) * 0.2－555,(O2－2000) * 0.25－1005)))",如图 10－23 所示。

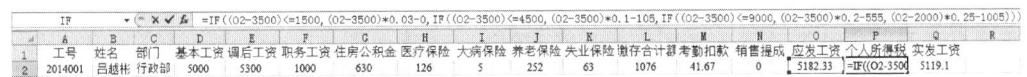

图 10－23 IF() 函数

按回车键 Enter 确认完成,并自动填充至 P19 单元格,完成其他员工个人所得税的计算。

📖 相关提示

上述一长串公式只是一个 IF() 函数的循环嵌套。

如果不注意最高工资限值,公式还会更长,如果最低工资大于 3500,公式开头还需要添加"IF(O2＜＝3500,0)"。所以先了解员工的工资水平范围主要用来简化计算过程。

(7) 计算员工实发工资。实发工资＝应发工资－个人所得税。具体操作如下:

选中单元格 Q1,输入"实发工资";选中单元格 Q2,输入公式"＝O2－P2",按回车键 Enter 确认完成;然后使用自动填充功能纵向填充计算其他员工的实发工资。

(8) 添加表格标题和底纹,格式化工作表使其美观,最终效果如图 10－1 所示。

至此,所有员工的工资已经统计完成,与工资相关的调整、扣款、提成等都保存在单独的工作表中,可供查阅,工作表之间的数据有了粘贴链接和引用函数的应用,处于互相链接的状态,源数据的变动可使目的数据自动更新,提高了工资统计的效率。

10.4 拓展实训

10.4.1 实训 1: 计算员工业务培训结业成绩

为提高员工业务能力和工作效率,对在职员工进行统一培训,培训后进行结业测试,请设计如图 10－24 所示的企业员工培训结业成绩。

要求:

(1) 计算每个员工的结业成绩总评和排名。

(2) 求最高分和最低分。

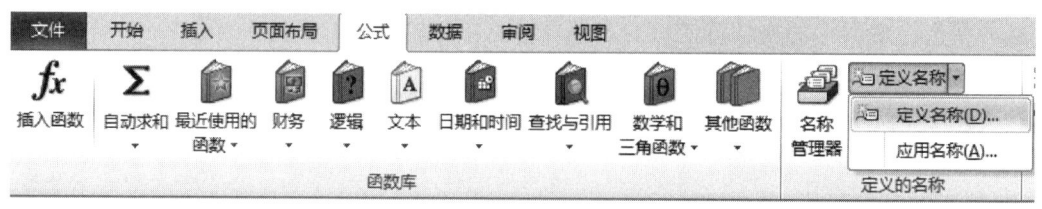

图 10-24 员工培训结业成绩表

（3）统计考试总人数。

（4）格式化表格。

10.4.2 实训2：制作员工工资条

为使员工明确所得工资的具体明细项目，特制作每个员工的工资条，于发放工资时将工资条一并发给员工。

此处建议使用VLOOKUP函数制作工资条。

从VLOOKUP函数的参数可知，参数2为要查找的区域，在编辑栏中输入该部分内容较为麻烦，为方便引用，将"员工工资统计表"工作表中"A2：Q20"单元格区域定义名称为"工资明细"，具体操作如下：

（1）选中单元格区域"A2：Q20"，进入"公式"选项卡，单击"定义名称"选项组中"定义名称"按钮，如图10-25所示。弹出对话框，如图10-26所示。

图 10-25 选择"定义名称"命令

在"名称"右侧文本框中输入"工资明细"，可以看到引用的位置为选定的"A2：D20"单元格区域，点击"确定"按钮。

（2）新建工作表，重命名为"工资条"，表格标题设为"工资条"，将原表格中的列标题区域"A2：Q2"内容复制到新工作表中。

任务 10 员工工资管理

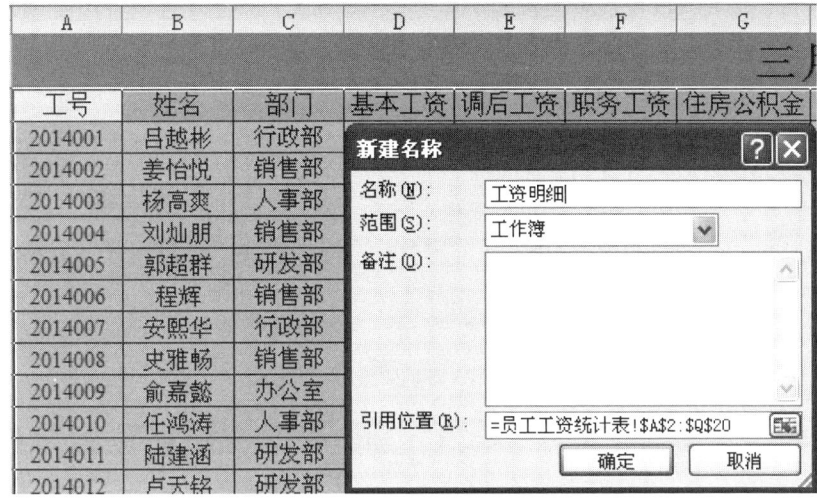

图 10-26　为单元格区域新建名称

（3）使用 VLOOKUP 函数查找每个员工的工资明细。具体操作如下：

在 A3 单元格输入第一个员工工号"2014001"，在 B3 单元格输入函数"＝VLOOKUP（A3，工资明细，2）"，按回车键，B3 单元格显示查找结果为"吕越彬"。

在 C3 单元格输入函数"＝VLOOKUP（A3，工资明细，3）"。

在 D3 单元格输入函数"＝VLOOKUP（A3，工资明细，4）"。

以此类推，直到 Q3 单元格。最终效果如图 10-27 所示。

图 10-27　最终效果

（4）选中"A1：Q4"单元格区域，鼠标放置于 Q4 右下角的填充柄上，向下拖动自动填充即可看到每个员工的工资条，如图 10-28 所示。

图 10-28　工资条效果

（5）由于工资条项目较多，宽度过大，应设置纸张方向为横向，若还是超出纸张打印范围，点击"调整为合适大小"选项组中的"宽度："右侧下拉列表中选择"1页"，如图10-29所示。

图 10-29　调整为合适大小

10.5　综合实践

利用身边的资源，了解一家企业的工资计算方式。自行设计该企业的员工工资统计计算表格，计算该企业的员工工资管理表格，并制作工资条。

任务 11

公司销售业绩统计与分析

目前,市场竞争激烈,公司要及时了解各产品的销售情况,以随时调整策略,同时销售业绩也是作为员工考核奖励的主要依据,因此也要随时统计各销售员的业绩。应用Excel的数据处理与分析功能可以快速实现。

11.1 任务情境

为了激励销售员工的工作积极性,公司推出评选季度和年度"销售精英"活动,为配合这项活动需要提供员工的销售业绩统计与分析结果。那么负责这项活动的工作人员如何完成任务呢?

知识目标

- 数据排序、筛选、分类汇总的方法。
- 用数据透视表进行数据分析的方法。
- 图表生成及修改的方法。

能力目标

- 能够根据需要对数据清单进行排序、筛选、汇总结果。
- 能够根据需要用图表来直观地反映数据关系。

11.2 任务分析

经过分析,提供经理室需要的销售业绩统计与分析结果,需要完成以下工作:
(1) 创建员工的销售记录表。
(2) 汇总销售员的第四季度销售业绩并制作排行榜。
(3) 获取产品销售排行榜,用来分析产品销售情况。
(4) 汇总销售员的全年度销售业绩及排行榜并用图表表示,用来作为员工奖励的依据。

11.3 任务实现:销售业绩的统计与分析

11.3.1 创建产品销售记录表

打开文件"销售业绩表.xlsx",如图 11-1 所示,根据"产品价目表",如图 11-2 所示,完成"产品销售记录表"的数据补充。

	A	B	C	D	E	F
1	姓名	产品编号	产品名称	数量	单价	销售额
2	程小丽	A001		8		
3	张艳	A002		14		
4	张成	A003		9		
5	刘丽	A004		6		
6	杜月	A005		8		
7	程小丽	A006		7		
8	张艳	A007		5		
9	卢红	A008		7		
10	刘丽	A001		6		
11	杜月	A002		10		

图 11-1 销售业绩表.xlsx

	A	B	C
1	产品编号	产品名称	单价
2	A001	冰箱	¥2,650
3	A002	洗衣机	¥1,050
4	A003	彩电	¥3,880
5	A004	空调	¥12,000
6	A005	吸尘器	¥560
7	A006	微波炉	¥850
8	A007	电磁炉	¥400
9	A008	抽油烟机	¥1,200
10	A009	风扇	¥400

图 11-2 产品价目表

(1) 单击 C2 单元格,插入函数"=VLOOKUP(B2,产品价目表!＄A＄2:＄C＄9,2)"。按回车键,在 C2 单元格中自动取到工作表"产品价目表"中与产品编号"A001"在同一行中第二列中的值"冰箱"。

(2) 拖动 C2 单元格的填充柄,向下自动填充其他产品名称。

(3) 同样的方法,单击 E2 单元格,插入函数"=VLOOKUP(C2,产品价目表!＄A＄2:＄C＄9,3)"。确认输入后,在 E2 单元格中自动取到工作表"产品价目表"中与产品编号"A001"在同一行中的第三列中的值"2650"。

(4) 拖动 E2 单元格的填充柄,向下自动填充其他产品单价。

(5) 计算销售额。单击 F2 单元格,输入公式"=D2*E2"。确认输入后,拖动 F2 单元格的填充柄,向下自动填充其他产品销售额。设置格式为"货币"格式,效果如图 11-3 所示。

	A	B	C	D	E	F
1	姓名	产品编号	产品名称	数量	单价	销售额
2	程小丽	A001	冰箱	8	2650	¥21,200
3	张艳	A002	洗衣机	14	1050	¥14,700
4	张成	A003	彩电	9	3880	¥34,920
5	刘丽	A004	空调	6	12000	¥72,000
6	杜月	A005	吸尘器	8	560	¥4,480
7	程小丽	A006	微波炉	7	850	¥5,950
8	张艳	A007	电磁炉	5	400	¥2,000
9	卢红	A008	抽油烟机	7	1200	¥8,400
10	刘丽	A001	冰箱	6	2650	¥15,900
11	杜月	A002	洗衣机	10	1050	¥10,500
12	卢红	A003	彩电	9	3880	¥34,920
13	卢红燕	A004	空调	8	12000	¥96,000

图 11-3 "产品销售记录表"数据效果

11.3.2 统计汇总员工销售业绩

汇总每个员工的销售业绩,必须先按照销售员姓名进行排序,目的是把每一个销售员的销售产品分为一组。

1. 汇总每个销售员的总销售额

选中"姓名"列（字段）的任意一单元格，单击"数据"选项卡中的"排序"按钮，在弹出的对话框中选择"主要关键字"为"姓名"，次序为"升序"。最后单击"确定"按钮，效果如图11-4所示。

	A	B	C	D	E	F
1	姓名	产品编号	产品名称	数量	单价	销售额
2	程小丽	A001	冰箱	8	2650	￥21,200
3	程小丽	A006	微波炉	7	850	￥5,950
4	程小丽	A007	电磁炉	7	400	￥2,800
5	杜月	A005	吸尘器	8	560	￥4,480
6	杜月	A002	洗衣机	10	1050	￥10,500
7	李佳	A005	吸尘器	12	560	￥6,720
8	李佳	A006	微波炉	16	850	￥13,600
9	李佳	A008	抽油烟机	14	1200	￥16,800
10	李佳	A002	洗衣机	9	1050	￥9,450
11	李佳	A004	空调	10	12000	￥120,000
12	刘丽	A004	空调	6	12000	￥72,000
13	刘丽	A001	冰箱	6	2650	￥15,900
14	刘丽	A008	抽油烟机	9	1200	￥10,800
15	卢红	A003	彩电	9	3880	￥34,920
16	卢红	A008	抽油烟机	7	1200	￥8,400
17	卢红燕	A004	空调	8	12000	￥96,000
18	卢红燕	A001	冰箱	15	2650	￥39,750
19	卢红燕	A007	电磁炉	13	400	￥5,200
20	张成	A003	彩电	9	3880	￥34,920
21	张成	A006	微波炉	8	850	￥6,800
22	张艳	A002	洗衣机	14	1050	￥14,700
23	张艳	A007	电磁炉	5	400	￥2,000
24	张艳	A003	彩电	6	3880	￥23,280
25	张艳	A005	吸尘器	5	560	￥2,800

图11-4 按照"姓名"字段升序效果

2. 对销售额进行汇总

（1）单击数据区域中的任一单元格，切换到"数据"选项卡，单击"分级显示"选项组的"分类汇总"按钮，如图11-5所示，弹出"分类汇总"对话框，如图11-6所示。在"分类汇总"对话框中，选择"分类字段"为"姓名"，"汇总方式"为"求和"，"选定汇总项"为"销售额"，单击"确定"按钮，效果如图11-7所示。

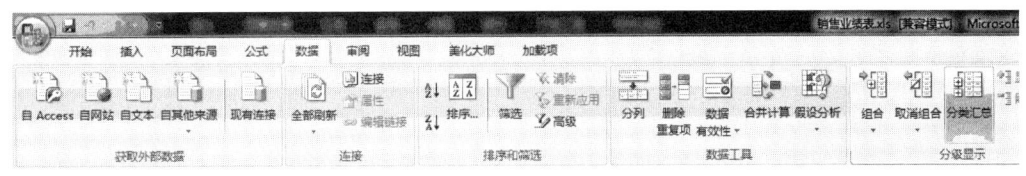

图11-5 "分类汇总"按钮

（2）如果只显示二级汇总数据，单击数据清单左上角的分级显示按钮 1 2 3 中的 2 ，显示效果如图11-8所示。

（3）取出汇总结果，制作员工销售业绩表，得到销售员的排名情况。

汇总结果在源数据中不能排序，同时，源数据也不能进行其他数据分析，就需要将汇总结果从源数据中取出，另行保存为一张数据表。复制分类汇总结果，会把数据明细一起

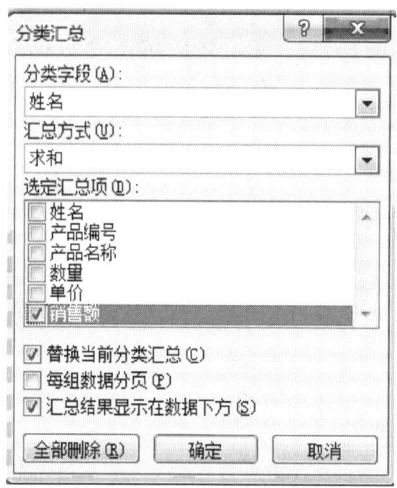

图 11-6 "分类汇总"对话框

	A	B	C	D	E	F
1	姓名	产品编号	产品名称	数量	单价	销售额
2	程小丽	A001	冰箱	8	2650	¥21,200
3	程小丽	A006	微波炉	7	850	¥5,950
4	程小丽	A007	电磁炉	7	400	¥2,800
5	程小丽 汇总					¥29,950
6	杜月	A005	吸尘器	8	560	¥4,480
7	杜月	A002	洗衣机	10	1050	¥10,500
8	杜月 汇总					¥14,980
9	李佳	A005	吸尘器	12	560	¥6,720
10	李佳	A006	微波炉	16	850	¥13,600
11	李佳	A008	抽油烟机	14	1200	¥16,800
12	李佳	A002	洗衣机	9	1050	¥9,450
13	李佳	A004	空调	10	12000	¥120,000
14	李佳 汇总					¥166,570
15	刘丽	A004	空调	6	12000	¥72,000
16	刘丽	A001	冰箱	6	2650	¥15,900
17	刘丽	A008	抽油烟机	9	1200	¥10,800
18	刘丽 汇总					¥98,700
19	卢红	A008	抽油烟机	7	1200	¥8,400
20	卢红	A003	彩电	9	3880	¥34,920
21	卢红 汇总					¥43,320
22	卢红燕	A004	空调	8	12000	¥96,000
23	卢红燕	A001	冰箱	15	2650	¥39,750
24	卢红燕	A007	电磁炉	13	400	¥5,200
25	卢红燕 汇总					¥140,950
26	张成	A003	彩电	9	3880	¥34,920
27	张成	A006	微波炉	8	850	¥6,800
28	张成 汇总					¥41,720
29	张艳	A002	洗衣机	14	1050	¥14,700
30	张艳	A007	电磁炉	5	400	¥2,000
31	张艳	A003	彩电	6	3880	¥23,280
32	张艳	A005	吸尘器	5	560	¥2,800
33	张艳 汇总					¥42,780
34	总计					¥578,970

图 11-7 "分类汇总"效果

任务11 公司销售业绩统计与分析

图11-8 显示二级汇总数据

复制,用函数VLOOKUP()完成操作。操作步骤如下:

1)在文件"销售业绩表.xlsx"中选择一张新表,输入标题行"第四季度员工销售业绩表",在A列输入销售员姓名,姓名后要加上"汇总"两个字,和分类汇总结果的名称精确匹配。B列输入计划销售额,C列作为实际销售额列,D列作为完成比率列。B列、C列设置为货币格式。

2)单击C2单元格,插入函数"=VLOOKUP(A3,产品销售记录表!＄A＄5:＄F＄33,6)",按回车键确认后,可以获取"产品销售记录表"中与姓名"程小丽汇总"在同一行中的第6列中的值"¥29,950",作为"实际销售额",拖动填充句柄至C9,则取出了所有人员汇总销售额,如图11-9所示。

图11-9 取出汇总结果

3)计算完成比率=实际销售额/计划销售额,设置数据格式为百分比,小数位保留2位。

4)按照"实际销售额"降序排序。

5)为了避免在"产品销售记录表"中删除汇总结果会影响"第四季度员工销售业绩表"中的值,取消C列值与"产品销售记录表"中分类汇总数据的引用关系。选中"C3：C10"单元格区域,右击弹出快捷菜单,选中"复制"命令,再单击鼠标右键,在弹出的快捷菜单中单击"选择性粘贴"按钮,在弹出的对话框中"粘贴"选项选择"数值",单击"确定"按钮,如图11-10所示。这样就取消了"实际销售额"和"产品销售记录表"的引用关系,使"C3：C10"单元格区域的值变成独立存在的数值。

6)将新表名称改为"第四季度员工销售业绩表",并格式化表格,效果如图11-11所示。

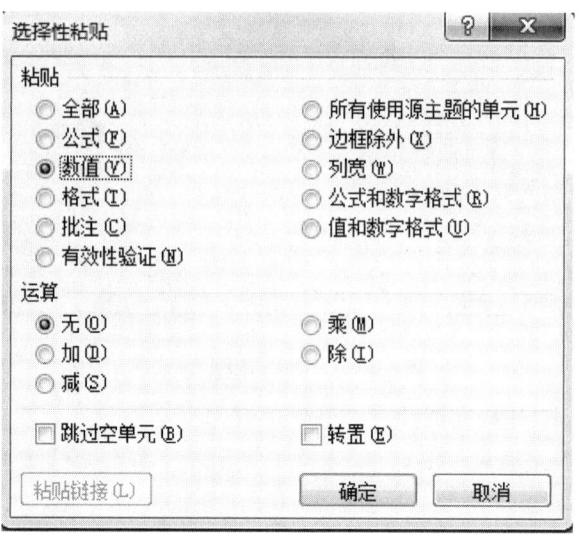

图 11-10 "选择性粘贴"对话框

图 11-11 第四季度员工销售业绩表

11.3.3 分析产品销售订单

1. 对销售额进行排序以获得本季度产品销售额排行榜

（1）删除"销售记录表"中的分类汇总结果，即在"分类汇总"对话框中选择"全部删除"按钮，如图 11-6 所示。

（2）单击"销售额"列中的任一单元格，切换到"数据"选项卡，单击"排序和筛选"选项组中的降序按钮 ，如图 11-12 所示，则记录会按照"销售额"由大到小降序排列。

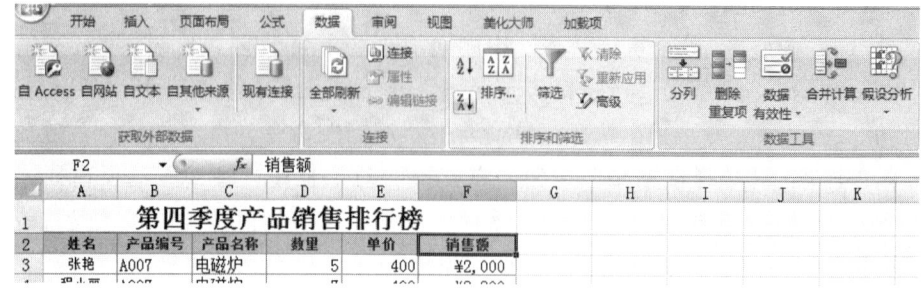

图 11-12 降序 " " 按钮

任务 11 公司销售业绩统计与分析

(3) 插入新工作表并命名为"第四季度产品销售排行榜",在该表中添加标题"第四季度产品销售排行榜",并将"销售记录表"复制到该表,格式化表格,效果如图 11-13 所示。

	A	B	C	D	E	F
1	第四季度产品销售排行榜					
2	姓名	产品编号	产品名称	数量	单价	销售额
3	李佳	A004	空调	10	12000	¥120,000
4	卢红燕	A004	空调	8	12000	¥96,000
5	刘丽	A004	空调	6	12000	¥72,000
6	卢红燕	A001	冰箱	15	2650	¥39,750
7	卢红	A003	彩电	9	3880	¥34,920
8	张成	A003	彩电	9	3880	¥34,920
9	张艳	A003	彩电	6	3880	¥23,280
10	程小丽	A001	冰箱	8	2650	¥21,200
11	李佳	A008	抽油烟机	14	1200	¥16,800
12	刘丽	A001	冰箱	6	2650	¥15,900
13	张艳	A002	洗衣机	14	1050	¥14,700
14	李佳	A006	微波炉	16	850	¥13,600
15	刘丽	A008	抽油烟机	9	1200	¥10,800
16	杜月	A002	洗衣机	10	1050	¥10,500
17	李佳	A002	洗衣机	9	1050	¥9,450
18	卢红	A008	抽油烟机	7	1200	¥8,400
19	张成	A006	微波炉	8	850	¥6,800
20	李佳	A005	吸尘器	12	560	¥6,720
21	程小丽	A006	微波炉	7	850	¥5,950
22	卢红燕	A007	电磁炉	13	400	¥5,200
23	杜月	A005	吸尘器	8	560	¥4,480
24	程小丽	A007	电磁炉	7	400	¥2,800
25	张艳	A005	吸尘器	5	560	¥2,800
26	张艳	A007	电磁炉	5	400	¥2,000

图 11-13 第四季度产品销售排行榜

2. 获得前十名销售获奖名单

根据每个销售员的销售额排序,获得销售员对每种产品销售额前十名获奖名单。步骤如下:

(1) 单击"销售记录表"数据区域中任意一单元格。

(2) 切换到"数据"选项卡,单击"排序和筛选"选项组中的"筛选"按钮,则工作表处于筛选状态,每个字段旁出现一个下拉箭头,如图 11-14 所示。

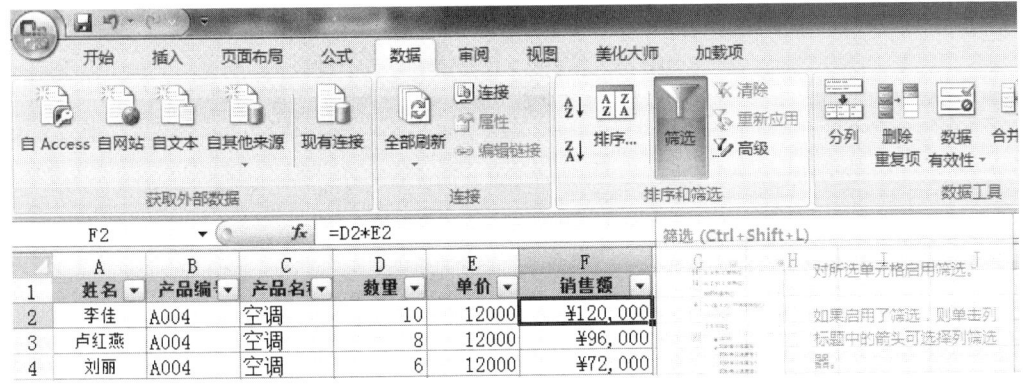

图 11-14 "筛选"按钮

(3) 单击 F1 单元格右下角的下拉箭头,在弹出的下拉列表中选择"数字筛选"选项，然后再在"数字筛选"下拉列表中选择"10个最大的值"选项，如图11-15所示。弹出"自动筛选前10个"对话框，如图11-16所示。

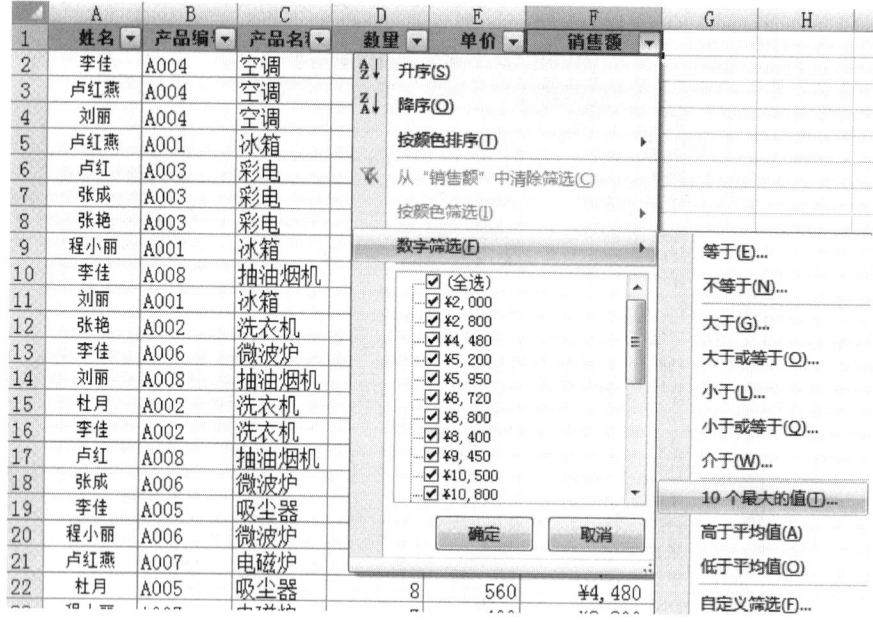

图11-15 "10个最大的值"选项

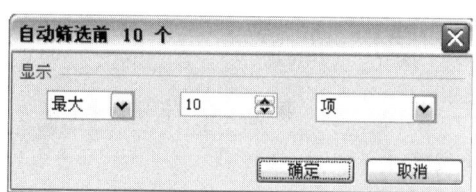

图11-16 "自动筛选前10个"对话框

（4）插入新表并重命名表名为"前五名销售获奖名单"，插入标题"前五名销售获奖名单"，复制保存筛选结果，格式化表格，效果如图11-17所示。

	A	B	C	D	E	F
1	前五名销售获奖名单					
2	姓名	产品编号	产品名称	数量	单价	销售额
3	李佳	A004	空调	10	12000	¥120,000
4	卢红燕	A004	空调	8	12000	¥96,000
5	刘丽	A004	空调	6	12000	¥72,000
6	卢红燕	A001	冰箱	15	2650	¥39,750
7	卢红	A003	彩电	9	3880	¥34,920

图11-17 前五名销售获奖名单

3. 获得同种产品的销售排行榜

获得同种产品的销售排行榜是对同一种产品而言，看看哪位销售员的销售数量大。这需要按照两个关键字排序，先按照产品名称排序，再按照销售数量排序。

任务 11 公司销售业绩统计与分析

(1) 单击"销售记录表"数据区域中任意一单元格。

(2) 切换到"数据"选项卡,单击"排序和筛选"选项组中"排序"按钮弹出"排序"对话框,如图 11-18 所示。

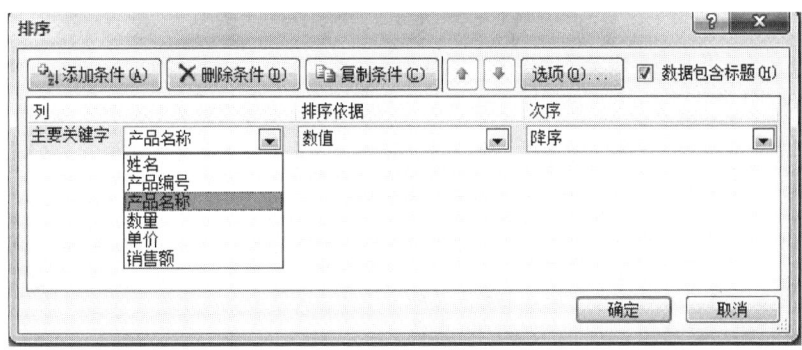

图 11-18 "排序"对话框

(3) 在"排序"对话框中,单击"主要关键字"下拉列表,选择"产品名称",在"次序"下拉列表选择"升序"选项。

(4) 在"排序"对话框中,单击"添加条件"按钮,则弹出"次要关键字"下拉列表,选择数量,在"次序"下拉列表选择"降序"选项。单击"确定"按钮,则获得同种产品的销售排行榜。

(5) 插入新工作表并命名为"同种产品销售排行榜",在该表中添加标题"第四季度同种产品销售排行榜",并将"销售记录表"复制到该表,格式化表格,效果如图 11-19 所示。

	A	B	C	D	E	F
1	第四季度同种产品销售排行榜					
2	姓名	产品编号	产品名称	数量	单价	销售额
3	卢红燕	A001	冰箱	15	2650	¥39,750
4	程小丽	A001	冰箱	8	2650	¥21,200
5	刘丽	A001	冰箱	6	2650	¥15,900
6	卢红	A003	彩电	9	3880	¥34,920
7	张成	A003	彩电	9	3880	¥34,920
8	张艳	A003	彩电	6	3880	¥23,280
9	李佳	A008	抽油烟机	14	1200	¥16,800
10	刘丽	A008	抽油烟机	9	1200	¥10,800
11	卢红	A008	抽油烟机	7	1200	¥8,400
12	卢红燕	A007	电磁炉	13	400	¥5,200
13	程小丽	A007	电磁炉	7	400	¥2,800
14	张艳	A007	电磁炉	5	400	¥2,000
15	李佳	A004	空调	10	12000	¥120,000
16	卢红燕	A004	空调	8	12000	¥96,000
17	刘丽	A004	空调	6	12000	¥72,000
18	李佳	A006	微波炉	16	850	¥13,600
19	张成	A006	微波炉	8	850	¥6,800
20	程小丽	A006	微波炉	7	850	¥5,950
21	李佳	A005	吸尘器	12	560	¥6,720
22	杜月	A005	吸尘器	8	560	¥4,480
23	张艳	A005	吸尘器	5	560	¥2,800
24	张艳	A002	洗衣机	14	1050	¥14,700
25	杜月	A002	洗衣机	10	1050	¥10,500
26	李佳	A002	洗衣机	9	1050	¥9,450

图 11-19 同种产品销售排行榜

4. 同种产品销售额汇总

在“获得同种产品的销售排行榜”操作基础上，汇总各种产品的总销售额。

(1) 单击数据区域中的任一单元格，切换到“数据”选项卡，单击“分级显示”选项组的“分类汇总”按钮，如图 11－5 所示，弹出“分类汇总”对话框，如图 11－6 所示。

(2) 在“分类汇总”对话框中，选择“分类字段”为“产品名称”，“汇总方式”为“求和”，“选定汇总项”为“数量”和“销售额”，单击“确定”按钮，效果如图 11－20 所示。

	A	B	C	D	E	F
1	姓名	产品编号	产品名称	数量	单价	销售额
5			冰箱 汇总	29		￥76,850
9			彩电 汇总	24		￥93,120
13			抽油烟机 汇总	30		￥36,000
17			电磁炉 汇总	25		￥10,000
21			空调 汇总	24		￥288,000
25			微波炉 汇总	31		￥26,350
29			吸尘器 汇总	25		￥14,000
33			洗衣机 汇总	33		￥34,650
34			总计	221		￥578,970

图 11－20 同种产品销售额汇总

(3) 插入一张新表并重命名为“第四季度同种产品销售额汇总”，在 A 列输入产品名称，后面加上“汇总”二字，单击 B2 单元格，输入函数“＝VLOOKUP（A2，产品销售记录表！＄C＄5：＄F＄34，2)”，取出数量分类汇总。拖动填充句柄至 B10。

(4) 单击 C2 单元格，输入函数“＝VLOOKUP（A2，产品销售记录表！＄C＄5：＄F＄34，4)”，取出销售额分类汇总。拖动填充句柄至 C10。添加标题“第四季度同种产品销售额汇总”，格式化表格，效果如图 11－21 所示。

C3 fx =VLOOKUP(A3,产品销售记录表!$C$5:$F$34,4

	A	B	C	D	E
1	第四季度同种产品销售额汇总				
2	产品名称	数量	销售额		
3	冰箱汇总	29	￥76,850		
4	洗衣机汇总	33	￥34,650		
5	彩电汇总	24	￥93,120		
6	空调汇总	24	￥288,000		
7	吸尘器汇总	25	￥14,000		
8	微波炉汇总	31	￥26,350		
9	电磁炉汇总	25	￥10,000		
10	抽油烟机汇总	30	￥36,000		
11	风扇汇总	25	￥10,000		

图 11－21 第四季度同种产品销售额汇总

(5) 为了避免在“产品销售记录表”中删除汇总结果会影响“第四季度同种产品销售额汇总”中的值，取消 B、C 列值与“产品销售记录表”中分类汇总数据的引用关系。选中“B3：C11”单元格区域，右击弹出快捷菜单，选中“复制”命令，切换到“开始”选项卡，单击"粘贴"按钮，在弹出的下拉列表中选择"粘贴值"选项，如图 11-22 所示。这样就取消了"数量""销售额"和"产品销售记录表"的引用关系，使"B3：C11"单元格区域的值变成独立存在的数值。

11.3.4 产生年度销售业绩分析图表

制作年度销售业绩分析图表，可以更直观地反映出每个销售员的每个季度及年度销售情况。

（1）插入新表，重命名为"2014年年度销售业绩表"，把每个季度的销售额复制到该表。

（2）计算年度销售总额，利用函数"＝SUM(B3：E3)"，把四个季度的销售额累加。

（3）按照年度销售总额降序排序。

（4）利用公式"＝年度销售总额/年度计划销售额"，计算每个销售员的目标完成率，格式设定

图 11-22 "粘贴值"选项

为百分比。在第一行前插入新行，添加标题为"2014年年度销售业绩表"，格式化表格，效果如图 11-23 所示。

	A	B	C	D	E	F	G	H
1				2014年年度销售业绩表				
2	姓名	第一季度	第二季度	第三季度	第四季度	年度销售额	计划销售额	目标完成率
3	卢红燕	￥50,950	￥69,000	￥80,950	￥166,570	￥367,470	￥300,000	122.49%
4	刘丽	￥86,700	￥98,700	￥79,700	￥98,700	￥363,800	￥300,000	121.27%
5	李佳	￥86,570	￥86,570	￥26,570	￥140,950	￥340,660	￥300,000	113.55%
6	卢红	￥143,320	￥45,320	￥69,320	￥43,320	￥301,280	￥300,000	100.43%
7	张成	￥50,720	￥71,720	￥60,720	￥42,780	￥225,940	￥300,000	75.31%
8	张艳	￥52,780	￥62,780	￥45,780	￥41,720	￥203,060	￥300,000	67.69%
9	程小丽	￥38,950	￥39,950	￥35,950	￥14,980	￥129,830	￥300,000	43.28%
10	杜月	￥11,180	￥20,980	￥38,980	￥29,950	￥101,090	￥300,000	33.70%

图 11-23 2014年年度销售业绩表

（5）制作各季度员工业绩对比图表。

1）选中单元格区域"A2：E10"，切换到"插入"选项卡，单击"图表"选项组的"柱形图"按钮，在弹出的下拉列表中选择"二维柱形图"选项组中的"簇状柱形图"按钮，如图 11-24 所示，创建了每个员工各季度销售业绩对比图表，如图 11-25 所示。

2）制作前五名员工的业绩图表。单击图表区，切换到"图标工具/设计"选项卡，单击"数据"选项组中的"选择数据"按钮，弹出"选择数据源"对话框，如图 11-26 所示。单击"选择数据源"对话框中的"图表数据区域"文本框右侧的""按钮，重新选择数据区域"A2：E7"，单击"确定"按钮，就可以作出前五名销售员工的业绩图表，修改图表标题，效果如图 11-27 所示。

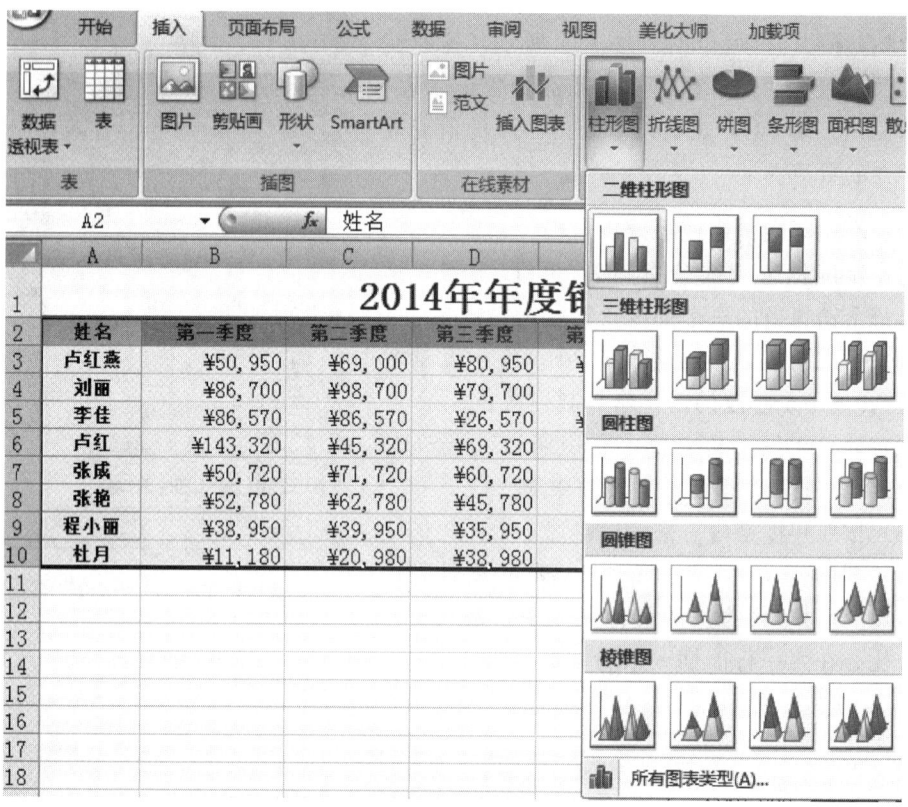

图 11-24 "柱形图"按钮

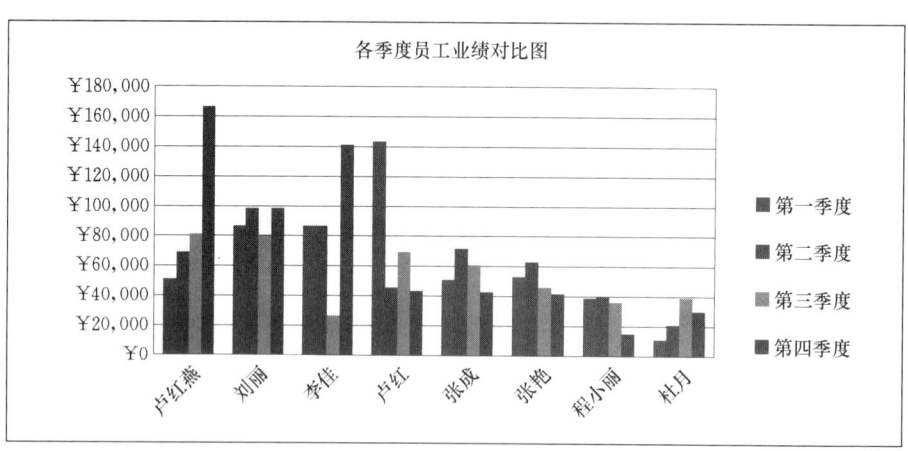

图 11-25 各季度员工业绩对比图表

3）制作每个季度各员工的业绩对比图表。选中单元格区域"A2：E10"，切换到"插入"选项卡，单击"图表"选项组的"柱形图"按钮，在弹出的下拉列表中选择"二维柱形图"选项组中的"簇状柱形图"按钮，如图 11-24 所示，单击"切换行/列"选项卡，如图 11-28 所示，就可以作出每个季度各员工的业绩对比图表，添加图表标题，效果如图 11-29 所示。

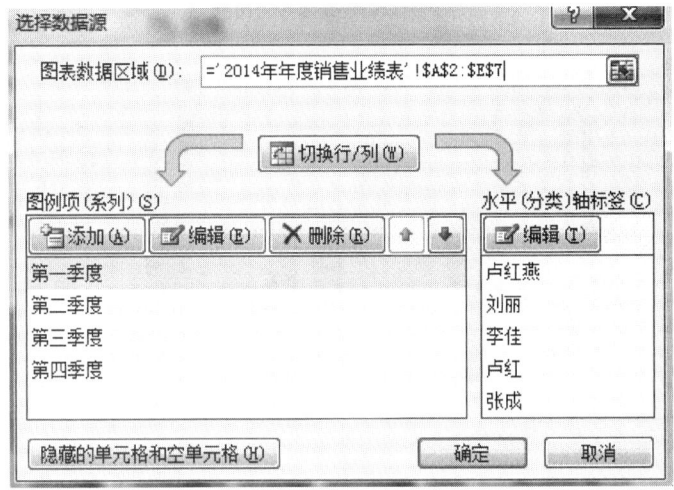

图 11-26 "选择数据源"对话框

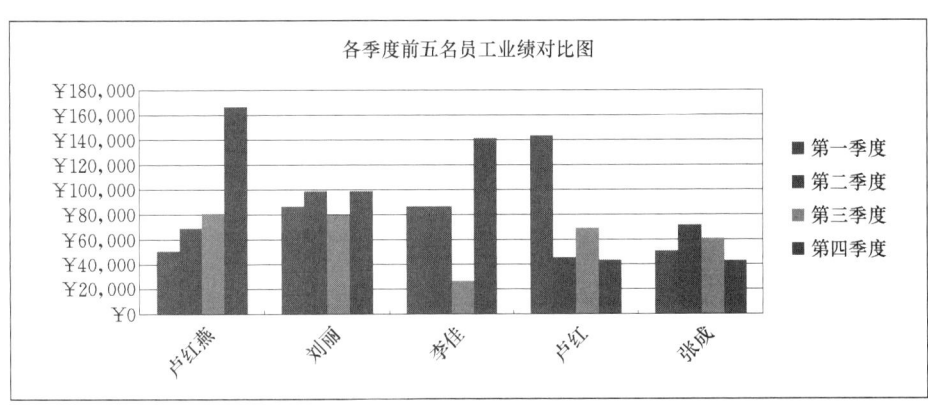

图 11-27 前五名员工的业绩图表

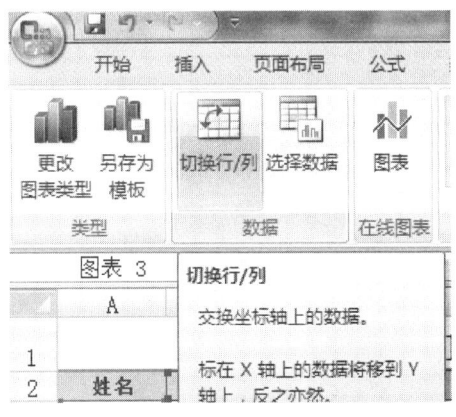

图 11-28 "切换行/列"选项卡

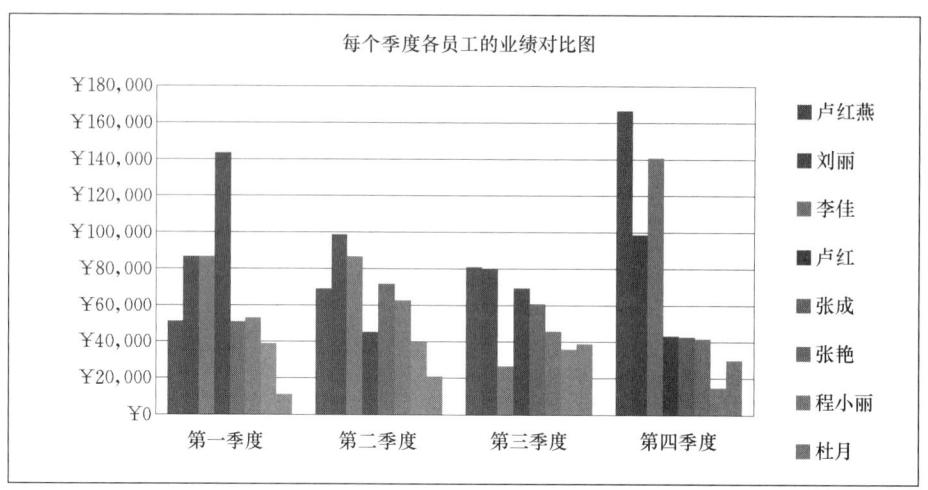

图 11-29 每个季度各员工的业绩对比图

（6）制作各员工全年销售业绩占公司总销售额的比例对比图表。选中数据区域"A2：A10"，再按住"Ctrl"键选中数据区域"F2：F10"，切换到"插入"选项卡，单击"图表"选项组的"饼图"按钮，在弹出的下拉列表中选择"三维饼图"选项组中的"分离型三维饼图"按钮，如图11-30所示，修改标题，效果如图11-31所示。

图 11-30 "饼图"按钮

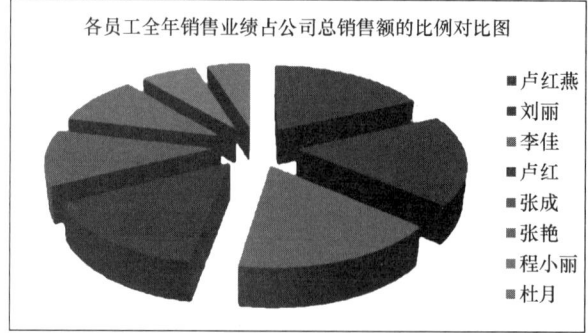

图 11-31 各员工全年销售业绩占公司总销售额的比例对比图

11.4 拓展实训

11.4.1 实训 1：分析公司各种产品的销售情况

要求：打开"销售业绩表.xlsx"文件，统计各种产品的总销售数量，把汇总结果保存在另一个工作表"各产品销售数量汇总情况"中，制作各种产品销售数量的饼图图表，体现各种产品销售数量占公司总销售数量的比例情况，就可以反映出哪种产品比较畅销，哪种产品有些滞销。

参考效果如图 11-32 所示。

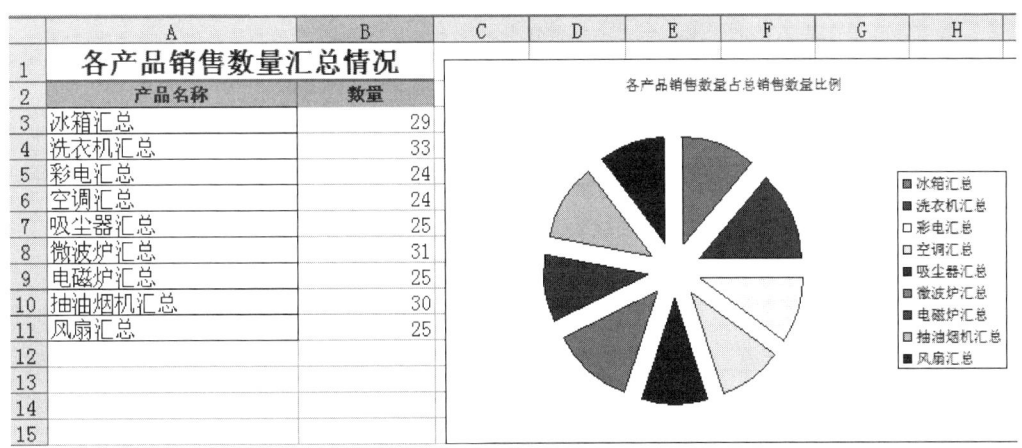

图 11-32 产品销售数量占公司总销售数量的比例

11.4.2 实训 2：为公司筛选符合条件的应聘人员

根据"应聘人员测试成绩表"及公司的招聘条件选取合适的人员，分别把结果保存在不同的工作表中：①应聘行政部的人员要求平均成绩不低于 80 分并且面试成绩在 85 分以上；②应聘销售部人员的要求平均成绩不低于 85 分或者市场营销成绩 90 分以上均可。

操作步骤如下：

(1) 由于条件不止一个，设置条件区域，应用高级筛选解决此题，条件设置在同一行表示"与"的关系，设置在不同行表示"或"的关系，如图 11-33 所示。

	A	B	C	D	E
28	平均成绩	面试成绩		平均成绩	市场营销
29	>=80	>=85		>=85	
30					>=90

图 11-33 设置条件区域

(2) 单击成绩表中的任意单元格，单击"筛选"按钮后，再单击其右侧的"高级"按钮，弹出"高级筛选"对话框，如图 11-34 所示。在列表区域文本框中输入或用鼠标选择源数据区域"A1：F25"，在条件区域选择"A28：B29"，单击"确定"按钮，则筛选出符合行政部的人员,把结果保存在相应的工作表中。

图 11-34 "高级筛选"对话框

(3)用同样的方法,只是把条件区域选择为"D28:E29",则筛选出符合销售部的人员,把结果保存在相应的工作表中。

11.4.3 实训 3:制作员工销售业绩分析表

打开"产品销售记录表"可以看到每位销售人员不同产品的销售数量和销售额。应用数据透视表对数据进行分析,可以动态地改变数据的版面布置,以便按照不同方式分析数据,也可以重新安排行号、列标和页字段。每一次改变版面布置时,数据透视表会立即按照新的布置重新计算数据。

操作步骤如下:

(1)打开"产品销售记录表",选择数据源区域"A1:F25"。

(2)插入数据透视分析数据。

1)切换到"插入"选项卡,单击"表"选项中的"数据透视表"按钮,如图 11-35 所示。弹出"创建数据透视表"对话框,如图 11-36 所示,在"选择放置数据透视表位置"栏中选择"新工作表"单选项,单击"确定"按钮。建立默认的数据透视表如图 11-37 所示。

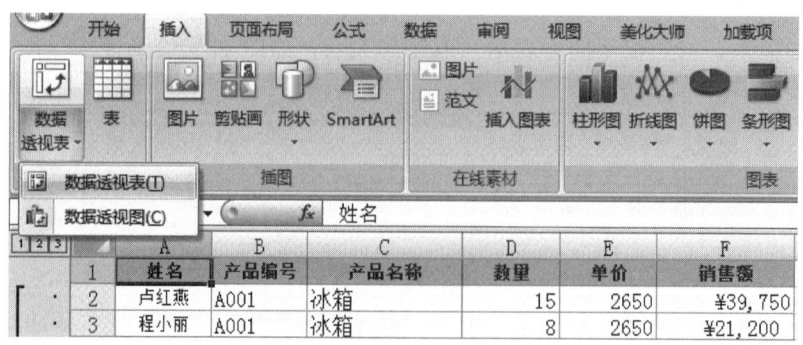

图 11-35 "数据透视表"按钮

任务 11　公司销售业绩统计与分析

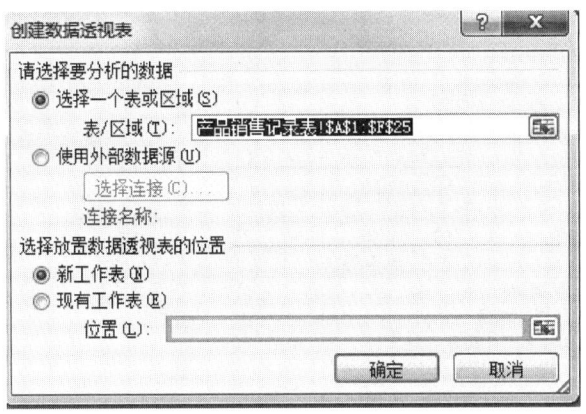

图 11-36　"创建数据透视表"对话框

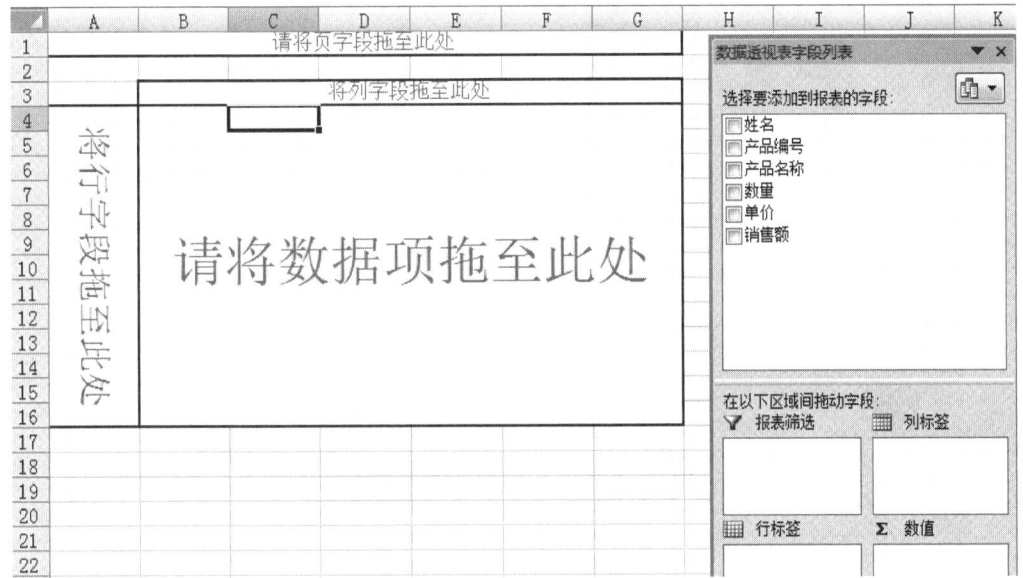

图 11-37　默认的数据透视表

2）设置行标题字段。要分析员工的销售业绩，所以要设置"姓名"为行标签，在图 11-37 所示的右边"数据透视表字段列表"对话框中，拖动"姓名"字段到"行标签"区域中，再拖动"产品名称"字段到"行标签"栏。

3）设置数值字段，要统计销售数量，需拖动"数量"到"数值"区域中。如果要统计销售额，需拖动"销售额"到"数值"区域中。要同时统计产品销售数量和销售额，需要拖动"数量"和"销售额"到"数值"区域中，效果如图 11-38 所示。

4）添加筛选字段。添加"姓名"字段为筛选字段，在"数据透视表字段列表"对话框中拖动"姓名"字段到"报表筛选"区域中，然后单击"姓名"筛选字段右侧的下拉箭头，在弹出的下拉列表中选择要查看的姓名，例如"程小丽"，效果如图 11-39 所示。如果要添加"产品名称"为筛选字段，操作方法类似，只是把"姓名"换成"产品名称"。

153

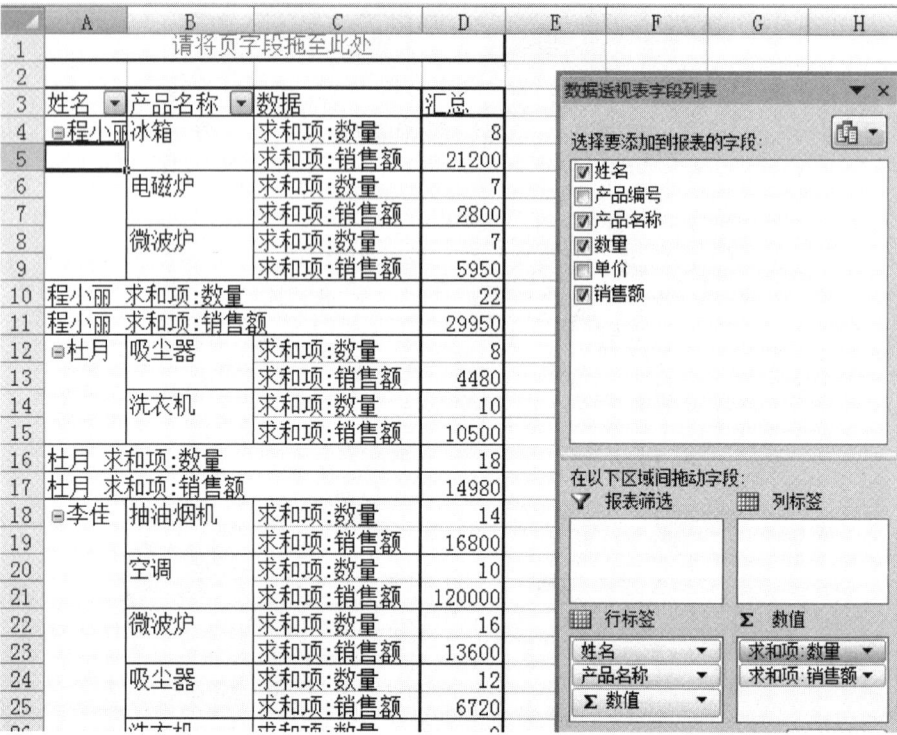

图 11-38 设置"行标签"和"数值"效果

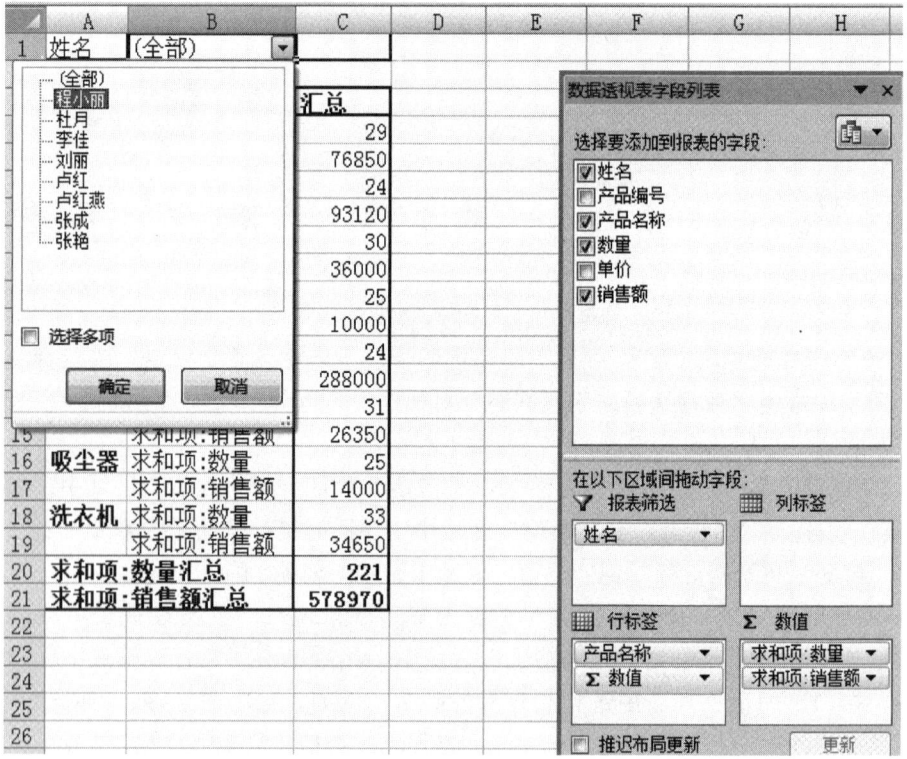

图 11-39 添加筛选字段效果

5）按照汇总项排序。单击任意汇总数据项如“程小丽 求和项：销售额”的销售额“22950”单元格，切换到“数据”选项卡，单击“排序和筛选”选项组中的降序按钮，如图 11－12 所示，则记录会按照每个销售员的“销售额汇总”由大到小降序排列。可以单击销售员姓名左侧的显示明细按钮 隐藏明显数据，插入标题行，输入标题“员工销售业绩分析表”，效果如图 11－40 所示。

	A	B	C	D
1	员工销售业绩分析表			
2				
3	姓名	产品名称	数据	汇总
4	⊞李佳		求和项:数量	61
5			求和项:销售额	166570
6	⊞卢红燕		求和项:数量	36
7			求和项:销售额	140950
8	⊞刘丽		求和项:数量	21
9			求和项:销售额	98700
10	⊞卢红		求和项:数量	16
11			求和项:销售额	43320
12	⊞张艳		求和项:数量	30
13			求和项:销售额	42780
14	⊞张成		求和项:数量	17
15			求和项:销售额	41720
16	⊞程小丽		求和项:数量	22
17			求和项:销售额	29950
18	⊞杜月		求和项:数量	18
19			求和项:销售额	14980
20	求和项:数量汇总			221
21	求和项:销售额汇总			578970

图 11－40　员工销售业绩分析表效果

11.5　综合实践

请根据学校教材站预定教材统计表设计记录单数据表，并分析出每本教材的预订总数和金额及排名情况。要求数据分析直观、清晰、美观大方。

任务 12

产品生产方案的优化设计

企业生产的目的就是利用有限的资源以最低的成本获得最大的利润,为此,企业生产部门需要在进行生产产品之前对产品的成本、生产时间、销售利润和其他因素进行综合评估,找到最佳的生产方案,即成本最低、利润最大。图 12-1 所示为某企业产品生产方案的优化设计。

项目	家具1	家具2	家具3	家具4
企业产品生产方案优化设计				
木材成本(单位/件)	4	2	1	2
玻璃成本(单位/件)	6	2	1	2
生产时间(小时/件)	2	1	3	2
利润(元/件)	60	20	40	30
产量(件)	100	80	40	0
毛利合计	6000	1600	1600	0
约束条件				
销量约束(件)	100	200	50	100
工人工作时间约束(小时)	400			
木材用料约束(件)	600			
玻璃用料约束(件)	1000			
实际生产情况				
木材用料成本	600			
玻璃用料成本	800			
实际工作时间(时)	400			
利润	9200			

图 12-1 方案优化设计

12.1 案例情境

企业需要增加 4 种家具,经过初步分析得知:制作 4 种家具需要木材和玻璃两种原料,4 种家具的木材用料分别为 4 个单位、2 个单位、1 个单位和 2 个单位,玻璃用料为 6 个单位、2 个单位、1 个单位和 2 个单位,企业每天投入木材 600 个单位、玻璃 1000 个单位,4 种家具的生产时间分别是 2 小时、1 小时和 3 小时和 2 小时,工人的劳动时间总和不超过 400 小时，而销售每种家具可以获利 60 元、20 元、40 元和 30 元。按照市场需求，家具 1 每天最多能卖 100 件，家具 2 每天最多能卖 200 件，家具 3 每天最多能卖 50 件，家具 4 每天最多能卖 100 件。生产部负责人要求设计出最优的生产方案，如何根据现有的生产条件和市场需求分配 4 种家具的生产比例，以获得最大的利润。

知识要点

- Excel 加载附加分析工具的方法。
- 规划求解的使用。
- 函数 SUMPRODUCT() 的应用。

技能要点

- 掌握根据实际规划问题进行分析的方法，建立规划模型。
- 能够应用规划求解的方法求取规划问题的最优解。

12.2 案例分析

此类问题称为规划问题，指的是在生产管理和经营决策过程中，合理利用有限的人力、物力、财力等资源，达到产量最大、成本最低、资源消耗最少等最佳的经济效果。本任务运用 Excel 的规划求解工具，轻松求取规划问题的最优解。

现将 4 种产品的最优生产方案设计工作总结如下：

- 建立规划模型。
- 根据规划模型建立工作表。
- 加载规划求解工具。
- 应用规划求解工具求解。

12.3 具体操作：产品生产方案优化设计

12.3.1 建立规划模型

（1）根据问题整理产品的生产条件，见表 12-1。

表 12-1　　　　　　　　　　生　产　条　件

产品名称	木材成本 /（单位/件）	玻璃成本 /（单位/件）	耗时 /（小时/件）	利润 /（元/件）
家具 1	4	6	2	60
家具 2	2	2	1	20
家具 3	1	1	3	40
家具 4	2	2	2	30

（2）将约束条件整理，见表 12-2。

表 12-2　　　　　　　　　　　约　束　条　件

约束项目	约束条件
木材成本	小于等于 600 单位
玻璃成本	小于等于 1000 单位
工人劳动时间	小于等于 400 小时
家具 1 的销量	小于等于 100 件
家具 2 的销量	小于等于 200 件
家具 3 的销量	小于等于 50 件
家具 4 的销量	小于等于 100 件

（3）建立规划模型。假设在现有条件下 4 种家具获得最大利润的日产量分别是 X_1、X_2、X_3、X_4，总利润是 S，结合表 12-2 的约束条件建立规划模型，见表 12-3。

表 12-3　　　　　　　　　　　规　划　模　型

决策变量	X_1，X_2，X_3，X_4（待求）
约束条件	木材成本限制：$X_1*4+X_2*2+X_3*1+X_4*2<=600$
	玻璃成本限制：$X_1*6+X_2*2+X_3*1+X_4*2<=1000$
	工人每天工作时间（小时）：$X_1*2+X_2*1+X_3*3+X_4*2<=400$
	各产品生产数量限制：$X_1<=100$，$X_2<=200$，$X_3<=50$，$X_4<=100$，并且 X_1、X_2、X_3、X_4 皆为整数
最大利润目标函数	$S=X_1*60+X_2*20+X_3*40+X_4*30$

知识延伸

规划求解问题是要将实际问题数学化、模型化，即将问题化为一组决策变量、一组用等式或不等式等关系运算符表示的约束条件和目标函数表示。

- 决策变量：每个规划问题都有要求解的未知数（X_1、X_2、X_3、…、X_n），称之为决策变量。决策变量的每一组确定值就代表一个具体的规划方案。
- 约束条件：决策变量通常都有一定的条件予以限制，称之为约束条件。约束条件可以用与决策变量有关的等式或不等式等关系运算符表示。
- 目标：问题都有明确的目标，如利润最大或成本最小。

12.3.2　用规划求解求最优生产方案

1. 加载规划求解工具

建立好规划模型后，即可利用 Excel 的规划求解工具。但 Excel 在默认情况下没有加载规划求解工具，所以首先要先加载规划求解工具，具体操作如下：

（1）单击 Excel 窗口左上角的"文件"按钮，在下拉列表中点击"选项"。

（2）弹出"Excel 选项"对话框，在左侧列表中点击"加载项"，从最下方"管理（A）："下拉列表中选择"Excel 加载项"，单击右侧"转到"按钮，如图 12-2 所示。

（3）弹出"加载宏"对话框，勾选"规划求解加载项"复选框，点击"确定"按钮，

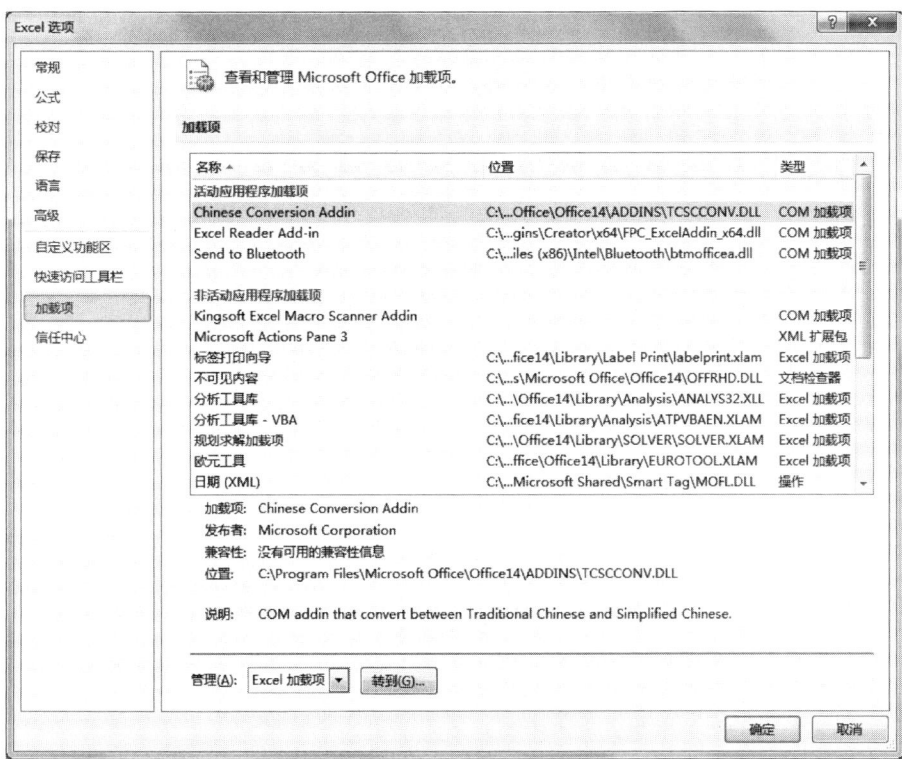

图 12-2 Excel 选项

如图 12-3 所示。

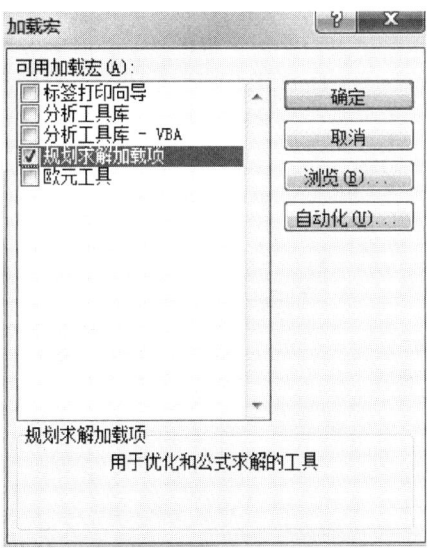

图 12-3 规划求解加载项

（4）执行上述操作后，在"数据"选项卡中，"分析"选项组中会出现"规划求解"按钮，如图 12-4 所示。

图 12-4 规划求解按钮

📖 相关提示

- 如果在"可用加载宏"下列复选框中并未出现"规划求解加载项",点击"浏览",在电脑中找到该加载宏。
- 如果出现的是"您的计算机上当前未安装规划求解加载宏"的消息提示框,请单击"是"按钮进行安装。

2. 建立工作表

(1) 新建工作簿"产品生产方案优化设计"Excel 文件,将工作表"Sheet1"重命名为"规划求解确定最优生产方案"。

(2) 在表格的相应位置输入规划求解的基本项目、约束条件和实际生产状况,并对表格和字体等设置格式,添加边框和底纹修饰使数据更清晰,如图 12-5 所示。

企业产品生产方案优化设计

项目	家具1	家具2	家具3	家具4
木材成本(单位/件)	4	2	1	2
玻璃成本(单位/件)	6	2	1	2
生产时间(小时/件)	2	1	3	2
利润(元/件)	60	20	40	30
产量(件)				
毛利合计				

约束条件				
销量约束(件)	100	200	50	100
工人工作时间约束(小时)	400			
木材用料约束(件)	600			
玻璃用料约束(件)	1000			

实际生产情况				
木材用料成本				
玻璃用料成本				
实际工作时间(时)				
利润				

图 12-5 建立工作表

(3) 选中 C9 单元格,输入公式计算"毛利合计","=C7*C8(毛利合计=单位利润*产量)"。按 Enter 键确认完成,家具 1 的毛利合计就计算出来,由于实际生产数量还未确定,所以暂时显示为"0",如图 12-6 所示。在用规划求解得出最优生产量后,公式会自动更新计算。将公式向右自动填充至 F9 单元格,计算其他家具的毛利合计值。

任务 12　产品生产方案的优化设计

图 12-6　公式计算

（4）选中 C18 单元格，输入函数"＝SUMPRODUCT(C4：F4,C8：F8)"计算木材的实际生产成本（实际生产成本＝家具 1 每件成本＊产量＋家具 2 每件成本＊产量＋家具 3 每件成本＊产量＋家具 4 每件成本＊产量），函数"＝SUMPRODUCT(C4：F4,C8：F8)"的作用等同于公式"＝C4＊C8＋D4＊D8＋E4＊E8＋F4＊F8"，按回车键 Enter 确认完成，如图 12-7 所示。同理选中 C19 单元格，输入函数"＝SUMPRODUCT(C5：F5,C8：F8)"，计算玻璃的实际成本。

图 12-7　实际生产成本计算

知识延伸

SUMPRODUCT（） 函数

◆ 功能：在给定的几组数据中，将数组间对应的数值相乘，返回乘积之和。

- 格式：SUMPRODUCT（array1，array2，array3，…）
- 参数：array X 为 2～30 个数组，数组间相应的元素进行相乘并求和。每组数据的个数必须相同，否则函数返回错误值"#VALUE!"，如"=SUMPRODUCT(A2：A6,B2：B5)"返回错误值。

相关提示

在输入函数的等号和前几个字母后，Excel 2007 会在下方出现一个动态下拉列表，显示与输入的字母相匹配的有效函数，直接在列表中双击需要的函数即可完成输入，这样既能节省时间，还能降低人为的输入错误，如图 12-8 所示。

图 12-8　公式动态下拉列表

（5）选中 C20 单元格，输入函数"=SUMPRODUCT(C6：F6,C8：F8)"，计算实际成产时间(实际成产时间＝家具1每件生产时间＊产量＋家具2每件生产时间＊产量＋家具3每件生产时间＊产量＋家具4每件生产时间＊产量)，作用等同于"=C6＊C8＋D6＊D8＋E6＊E8＋F6＊F8"，按 Enter 确认完成，如图 12-9 所示。

（6）选中 C21 单元格，插入求和函数"=SUM（C9：F9）"，计算利润（利润＝家具1毛利合计＋家具2毛利合计＋家具3毛利合计＋家具4毛利合计），按回车键 Enter 确认完成。

（7）在产量一行中输入约束条件中销量最大值 100、200、50、100，此时利润结果"15000"，如图 12-10 所示。但无论是原材料成本用料还是工人工作时间均超出预期。

3. 应用规划求解，求取利润最大化生产方案

应用规划求解之前，要先明白求解目标，到底是希望目标值越大还是希望目标值越小。如果是成本之类为目标，当然是目标值越小越好，现在讨论的是利润，所以是越大越好。求解过程如下：

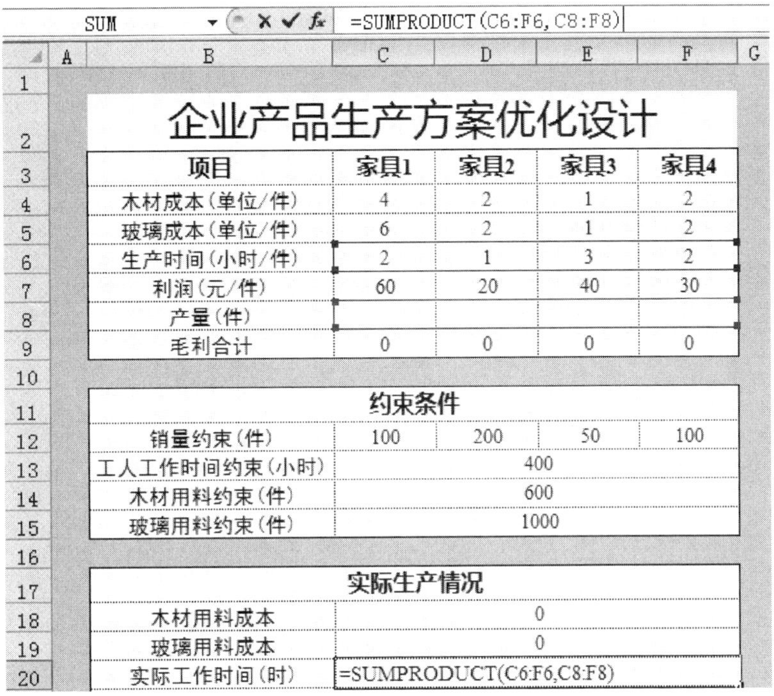

SUM　=SUMPRODUCT(C6:F6,C8:F8)

	A	B	C	D	E	F	G
1							
2		企业产品生产方案优化设计					
3		项目	家具1	家具2	家具3	家具4	
4		木材成本(单位/件)	4	2	1	2	
5		玻璃成本(单位/件)	6	2	1	2	
6		生产时间(小时/件)	2	1	3	2	
7		利润(元/件)	60	20	40	30	
8		产量(件)					
9		毛利合计	0	0	0	0	
10							
11		约束条件					
12		销量约束(件)	100	200	50	100	
13		工人工作时间约束(小时)	400				
14		木材用料约束(件)	600				
15		玻璃用料约束(件)	1000				
16							
17		实际生产情况					
18		木材用料成本	0				
19		玻璃用料成本	0				
20		实际工作时间(时)	=SUMPRODUCT(C6:F6,C8:F8)				

图 12－9　实际生产时间计算

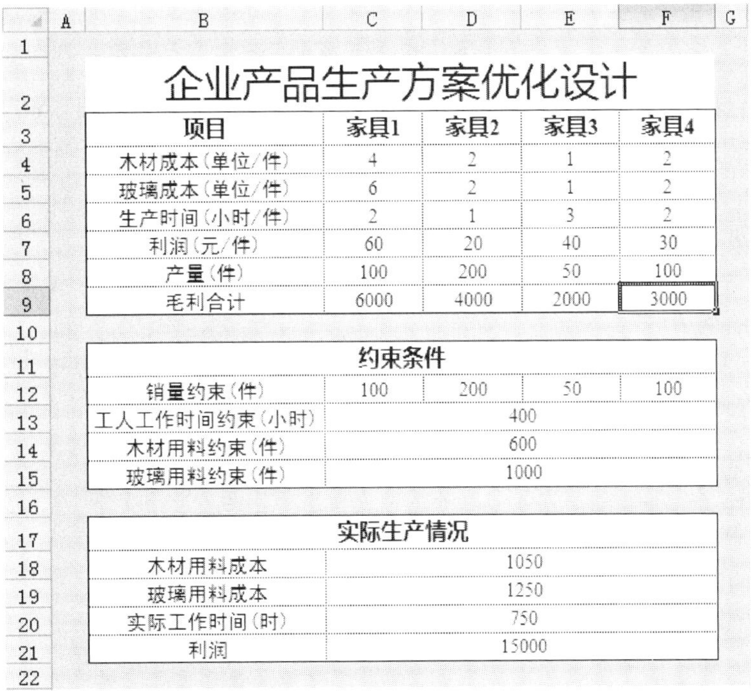

	A	B	C	D	E	F	G
1							
2		企业产品生产方案优化设计					
3		项目	家具1	家具2	家具3	家具4	
4		木材成本(单位/件)	4	2	1	2	
5		玻璃成本(单位/件)	6	2	1	2	
6		生产时间(小时/件)	2	1	3	2	
7		利润(元/件)	60	20	40	30	
8		产量(件)	100	200	50	100	
9		毛利合计	6000	4000	2000	3000	
10							
11		约束条件					
12		销量约束(件)	100	200	50	100	
13		工人工作时间约束(小时)	400				
14		木材用料约束(件)	600				
15		玻璃用料约束(件)	1000				
16							
17		实际生产情况					
18		木材用料成本	1050				
19		玻璃用料成本	1250				
20		实际工作时间(时)	750				
21		利润	15000				
22							

图 12－10　利润结果

(1) 选中 C21 单元格，点击“数据”选项卡，单击最右侧“分析”选项组中的“规划求解”按钮，如图 12－14 所示。

弹出"规划求解参数"对话框,如图12-11所示。

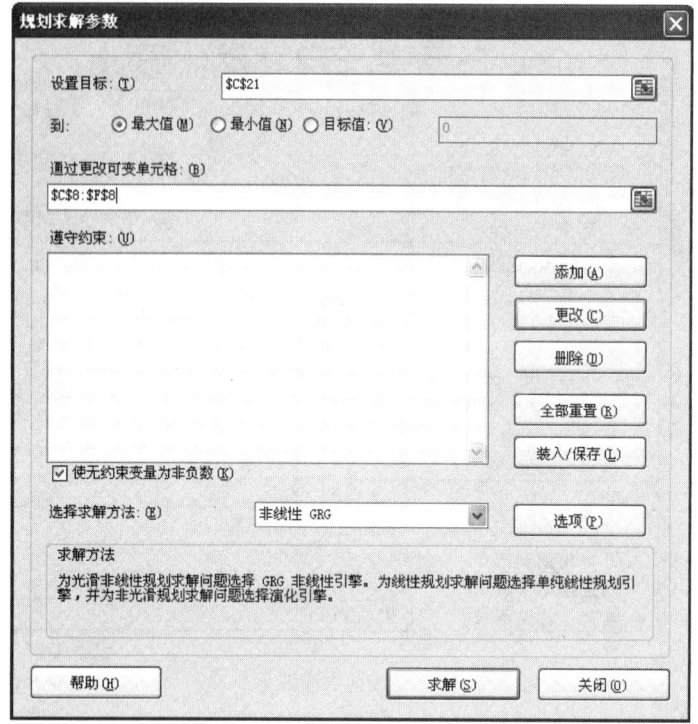

图12-11 规划求解参数

(2) 设置目标函数。在"设置目标单元格"右侧文本框中输入"＄C＄21",或者单击右侧 按钮选定单元格C21,"等于:"右侧默认选定"最大值"选项,根据实际需要选定"最小值"或者设定"目标值"。

(3) 设置可变单元格,即决策变量。单击"通过更改可变单元格"文本框,在工作表中选定单元格区域"C8:F8"(显示为绝对引用"＄C＄8:＄F＄8"),设置可变单元格。

(4) 设置约束条件。

1) 添加实际木材用料成本约束条件,实际木材用料成本应小于等于约束成本。单击"遵守约束"右侧的"添加"按钮,弹出"添加约束"对话框,单击"单元格引用"右侧文本框,在工作表中选定C18单元格,中间的下拉列表中选择"<="选项,单击右侧的"约束"文本框,在工作表中选定C14单元格,点击"确定"按钮,如图12-12所示。同理添加玻璃用料成本约束条件和实际生产时间约束条件,玻璃用料成本应不大于玻璃用料约束,实际生产时间应不大于生产约束时间。

2) 再次点击"添加"按钮,继续添加产量约束条件,产品产量应小于等于销量约束值且必为整数。在"添加约束"对话框中设置4种家具的产量约束条件,此时对4种家具的产量约束条件可一次性设置为"＄C＄8:＄F＄8<=＄C＄12:＄F＄12",等同于对4种家具的产量约束条件分别添加设置,等于添加三次约束条件:家具1,＄C＄8<=＄C＄12;家具2,＄D＄8<=＄D＄12;家具3,＄E＄8<=＄E＄12;家具4,＄F＄8<=＄F＄12。此为简化操作,如图12-13所示。

任务 12 产品生产方案的优化设计

图 12-12 添加成本约束条件

图 12-13 添加产量约束条件

3) 再次点击"添加"按钮,对 4 种家具的产量约束值设定为整数,如图 12-14 所示。

图 12-14 设定约束值为整数

至此,所有条件添加完毕,点击"确定"按钮,返回"规划求解参数"对话框,在"遵守约束"下方列表中出现已添加的所有条件,如图 12-15 所示。

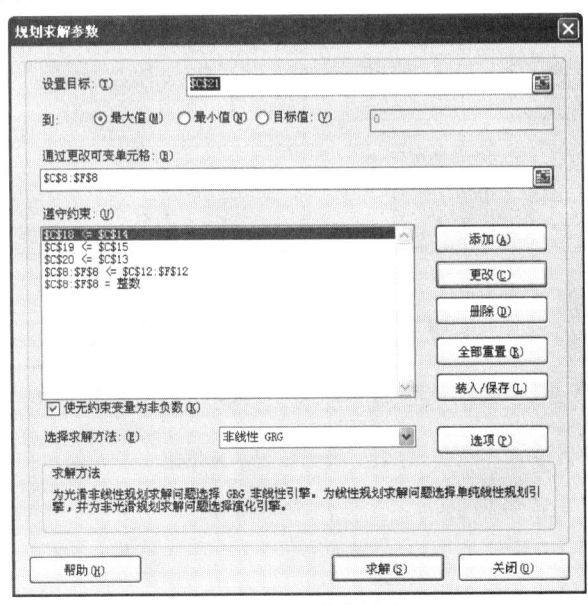

图 12-15 遵守约束

165

(5) 在“规划求解参数”对话框中单击“求解”按钮，弹出“规划求解结果”对话框，如图 12－16 所示。

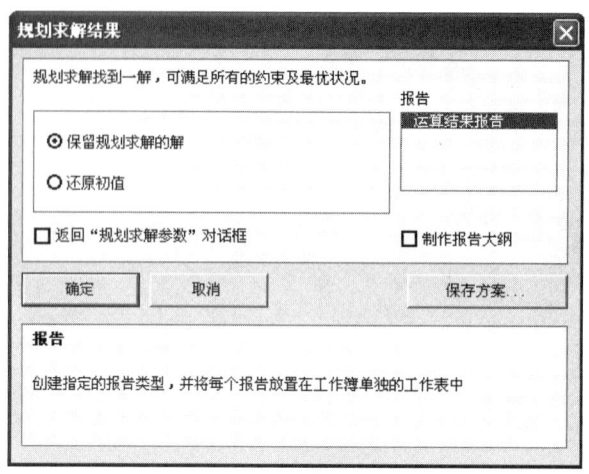

图 12－16　规划求解结果

选择“保留规划求解的解”选项，并在右侧“报告”列表框中点击“运算结果报告”选项，单击“确定”按钮，规划求解后的结果得以显示，如图 12－17 所示。

企业产品生产方案优化设计				
项目	家具1	家具2	家具3	家具4
木材成本(单位/件)	4	2	1	2
玻璃成本(单位/件)	6	2	1	2
生产时间(小时/件)	2	1	3	2
利润(元/件)	60	20	40	30
产量(件)	100	80	40	0
毛利合计	6000	1600	1600	0
约束条件				
销量约束(件)	100	200	50	100
工人工作时间约束(小时)	400			
木材用料约束(件)	600			
玻璃用料约束(件)	1000			
实际生产情况				
木材用料成本	600			
玻璃用料成本	800			
实际工作时间(时)	400			
利润	9200			

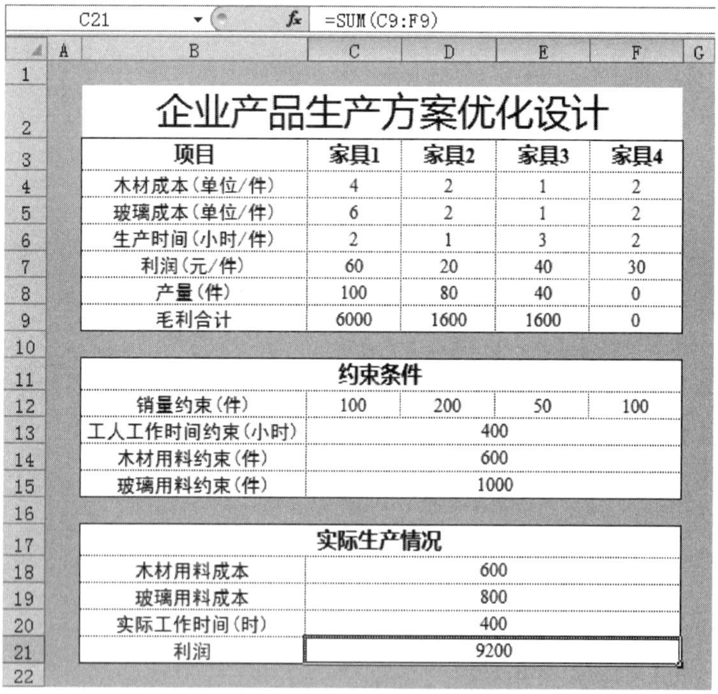

图 12－17　规划求解结果

点击生成的“运算结果报告 1”工作表，如图 12－18 所示。

从图 12－18 中可以看到家具 1、家具 2、家具 3、家具 4 的产量最优值分别为 100、80、40、0，利润为 9200，虽然利润不如销量最多时高，但木材用料和工人工作时间已达

报告的建立：2014-12-16 10:31:11
结果：规划求解找到一解，可满足所有的约束及最优状况。
规划求解引擎
　　引擎：非线性 GRG
　　求解时间：.015 秒。
　　迭代次数：0 子问题：0
规划求解选项
　　最大时间 无限制，　迭代 无限制，Precision 0.000001
　　收敛 0.0001，总体大小 100，随机种子 0，中心派生
　　最大子问题数目 无限制，最大整数解数目 无限制，整数允许误差 1%，假设为非负数

目标单元格（最大值）

单元格	名称	初值	终值
$C$21	利润 家具1	9200	9200

可变单元格

单元格	名称	初值	终值	整数
$C$8	产量(件) 家具1	100	100	整数
$D$8	产量(件) 家具2	80	80	整数
$E$8	产量(件) 家具3	40	40	整数
$F$8	产量(件) 家具4	0	0	整数

约束

单元格	名称	单元格值	公式	状态	型数值
$C$18	木材用料成本 家具1	600	$C$18<=$C$14	到达限制值	0
$C$19	玻璃用料成本 家具1	800	$C$19<=$C$15	未到限制值	200
$C$20	实际工作时间(时) 家具1	400	$C$20<=$C$13	到达限制值	0
$C$8	产量(件) 家具1	100	$C$8<=$C$12	到达限制值	0
$D$8	产量(件) 家具2	80	$D$8<=$D$12	未到限制值	120
$E$8	产量(件) 家具3	40	$E$8<=$E$12	未到限制值	10
$F$8	产量(件) 家具4	0	$F$8<=$F$12	未到限制值	100

$C$8:$F$8=整数

图 12-18　运算结果报告

到满值，仅玻璃用料有所剩余。由此可见在生产之前设计优化方案的益处。

12.4　拓展实训

12.4.1　实训 1：产品最佳生产方案

企业需要生产两种风机 A 和 B，两种产品各生产一个需要工时 3 小时和 7 小时，用电量 4 千瓦和 5 千瓦，需要原材料 9 吨和 5 吨。公司可提供的工时为 300 小时，可提供的用电量为 250 千瓦，可提供的原材料为 420 吨。两种产品的单位利润分别为 200 万元和 210 万元。根据以上情况，该如何安排两种产品的生产量，所获得的利润最大？

📖 **相关提示**

（1）决策变量：风机 A，风机 B 的产量。
（2）约束条件：A 的总工时和 B 的总工时之和小于总工时 300；A 的总电量和 B 的总电量之和小于总电量 250；A 的总原材料和 B 的总原材料之和小于总原材料 420；A 和 B 的产量都为整数，且大于等于零。
（3）目标函数：A 的总利润和 B 的总利润之和最大。
（4）根据要求建立如图 12-19 所示的工作表。
（5）计算公式可用 SUMPRODUCT（ ）函数求乘积之和比较方便。

	A	B	C	D	E
1	产品最佳生产方案				
2		A	B	需求量	可提供量
3	工时	3	7	0	300
4	用电量	4	5	0	250
5	原材料	9	5	0	420
6	单位利润	200	210		
7	产量				
8	总利润	0			

图 12－19　产品最佳生产方案

12.4.2　实训 2：最小运输成本方案设计

某公司有 2 个处于不同地理位置的生产工厂和 5 个不同地理位置的客户，现在需要将公司的某产品从 2 个工厂运往 5 个客户。现 2 个工厂的最大产量均为 60000，5 个客户对该商品的需求量为 30000、23000、15000、32000、16000，从各工厂到各客户的单位产品运输成本见表 12－4，请计算出使总运输成本最小的运输方案。

表 12－4　　　　　　　　**单 位 产 品 运 输 成 本**

	客户 1	客户 2	客户 3	客户 4	客户 5
工厂 1	1.75	2.25	1.5	2	1.5
工厂 2	2	2.5	2.5	1.5	1

相关提示

(1) 决策变量：两个工厂运到五个客户的量。

(2) 约束条件：工厂 1 送到五个客户的产品总量不超过 60000，同理工厂 2 也是；两个工厂送到客户 1、客户 2、客户 3、客户 4、客户 5 的产品总量不超过 30000、23000、15000、32000 和 16000；送到每个客户的产品量为整数。

(3) 目标函数：最低运输总成本。

(4) 建立 Excel 工作表如图 12－20 所示。

	A	B	C	D	E	F	G	H
1	最低运输总成本							
2	单位产品运输成本							
3		客户1	客户2	客户3	客户4	客户5		
4	工厂1	1.75	2.25	1.5	2	1.5		
5	工厂2	2	2.5	2.5	1.5	1		
6								
7	运输方案							
8		客户1	客户2	客户3	客户4	客户5	合计	产量
9	工厂1						0	60000
10	工厂2						0	60000
11	合计	0	0	0	0	0		
12	需求	30000	23000	15000	32000	16000		
13	运输总成本	0						

图 12－20　建立的工作表

在 B11 单元格输入"＝SUM(B9：B10)",自动填充至 F11 单元格。

在 G9 单元格输入"＝SUM(B9：F9)",自动填充至 G10 单元格。

在 C13 单元格输入"＝SUMPRODUCT(B4：F5,B9：F10)",意为计算两个工厂到五个客户的运输费用。

使用规划求解时要选择"最小值"。

结果如图 12-21 所示。

	A	B	C	D	E	F	G	H
1	最低运输总成本							
2		单位产品运输成本						
3		客户1	客户2	客户3	客户4	客户5		
4	工厂1	1.75	2.25	1.5	2	1.5		
5	工厂2	2	2.5	2.5	1.5	1		
6								
7		运输方案						
8		客户1	客户2	客户3	客户4	客户5	合计	产量
9	工厂1	30000	15000	15000	0	0	60000	60000
10	工厂2	0	8000	0	32000	16000	56000	60000
11	合计	30000	23000	15000	32000	16000		
12	需求	30000	23000	15000	32000	16000		
13	运输总成本	192750						

图 12-21 最低运输成本方案

12.5 综合实践

对某生产企业进行调研,了解产品种类、产品的生产工时、单品销售利润,以及企业的生产能力、投资情况等,利用 Excel 规划求解帮助企业获取最大的利润。

任务 13

制作会议方案演示文稿

　　幻灯片在企业宣传以及企业内部的员工培训、工作总结汇报、市场营销方案讨论、各种会议讲演、技术方案研讨中都能发挥很好的作用。通过投影机、平板电视等相应的大屏幕显示设备与电脑的连接，将所要说明的问题图文并茂地展示在大屏幕上，以使众多的观众能够看到相应的内容。在幻灯片中，我们可以将各种多媒体素材应用于幻灯片，以使幻灯片的表现力更为生动、翔实。例如，公司经常会为某一主题召开会议，从会议的筹备到会后的管理与落实，都需要考虑周到细致，这样才能将一场会议安排好。将会议的策划制作成演示文稿的形式，每一页或几页幻灯片都会说明一个内容，这样安排会议的目的会更加明确。下面通过具体的会议筹备与组织的案例来介绍 PowerPoint 演示文稿的制作方法。

　　制作完成的演示文稿在幻灯片浏览视图中的效果如图 13-1 所示。

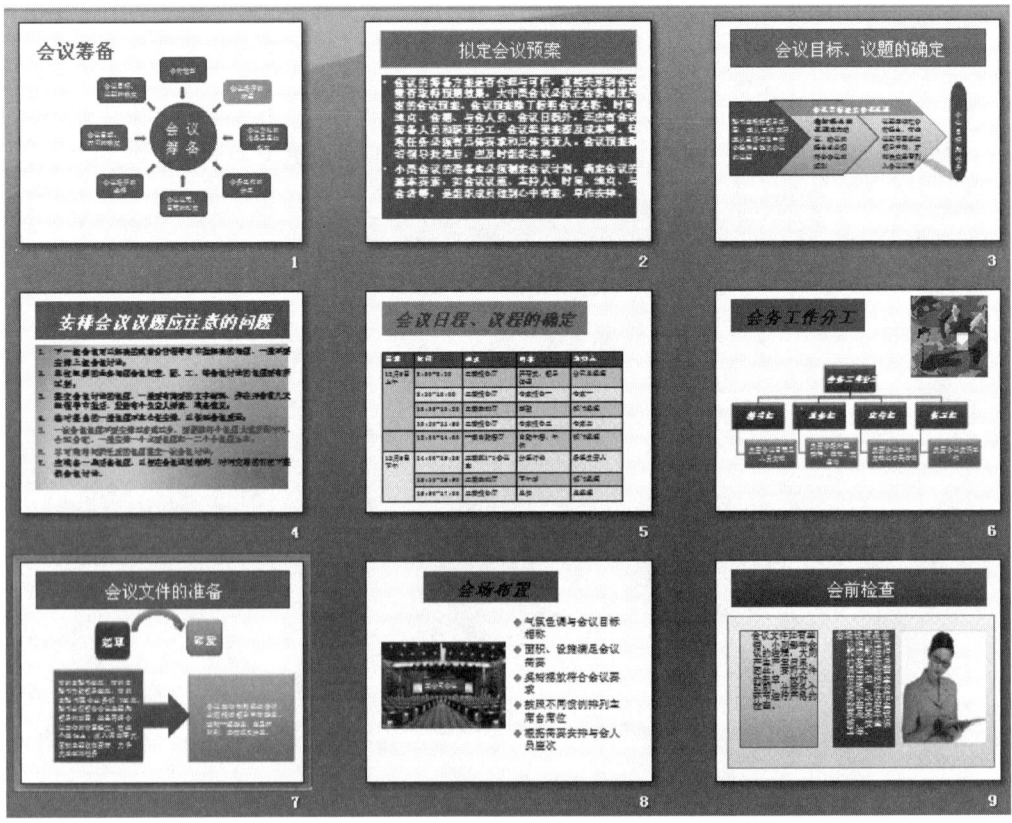

图 13-1　"会议方案演示文稿"效果图

任务 13　制作会议方案演示文稿

13.1　任务情境

小王大学毕业后，准备去一家公司应聘办公室秘书一职，公司人力资源部李经理负责招聘工作，李经理要求小王用 PowerPoint 制作一个关于普通会议筹备和组织用的演示文稿，要求体现出会议的筹备和组织过程，小王要想成功应聘就要积极准备了。

知识目标

- 掌握 PowerPoint 2007 的启动和退出。
- 熟悉 PowerPoint 2007 的工作环境。
- 掌握 PowerPoint 2007 演示文稿的创建和保存方法。
- 掌握在幻灯片中插入图片、组织结构图、表格的方法。
- 掌握幻灯片的管理和美化。
- 掌握幻灯片的放映方式。

能力目标

- 能够根据具体的工作情景制作一个符合主题思想的演示文稿，并进行简单的修饰。

13.2　任务分析

会议的筹备组织，方方面面的问题都要考虑周全，包括会议目标的确定、会议日期的确定、场所的选择、会务工作的分工、会议资料的准备与分发、会议场所的布置和会前检查等。只有考虑全面仔细，才能保证会议的正常运行。将会议的筹划制作成演示文稿，可以比较明确会议安排中的各个方面，对于以后的会议安排可以进行参考。所以在组织会议之前制作一个关于会议筹备的演示文稿，将各个方面的问题考虑周到是非常有必要的。

经过分析，制作一个会议筹备与组织用的演示文稿需要进行以下工作：

- 新建并保存会议筹备与组织用的演示文稿。
- 选择合理的幻灯片版式、录入具体的内容。
- 对幻灯片的文字、段落进行格式设置。
- 在幻灯片中插入一些与会议筹备与组织相关的图片、表格及组织结构图。
- 进行幻灯片的管理和演示文稿的放映。

13.3　任务实现：制作会议方案演示文稿

13.3.1　熟悉 PowerPoint 2007 工作环境

1. *启动* PowerPoint 2007

熟悉一下 PowerPoint 的工作环境，是成功利用 PowerPoint 制作一个完美的演示文稿的前提。

PowerPoint 2007 启动与退出操作方法与 Word 2007 类似。启动 PowerPoint 2007 程序，系统会自动新建一个空白演示文稿 1，其工作界面如图 13-2 所示。

启动 PowerPoint 2007 方法主要如下：

方法一：执行"开始"/"程序"/"Microsoft Office"/"Microsoft Office Power-Point 2007"命令，即可启动 PowerPoint 2007。

方法二：双击桌面上的 PowerPoint 2007 快捷图标，启动 PowerPoint 2007。

方法三：找到 PowerPoint 程序的可执行文件，双击该文件启动 PowerPoint 2007。

2. 认识 PowerPoint 2007 的工作环境

PowerPoint 2007 与 PowerPoint 2003 及更早期的版本相比，界面上有很大的差异，像 Word 2007 一样，将所有的操作命令都集中到相应的选项卡下，简化了用户对操作命令的查找过程，提高了工作效率。PowerPoint 2007 的工作界面如图 13-2 所示。

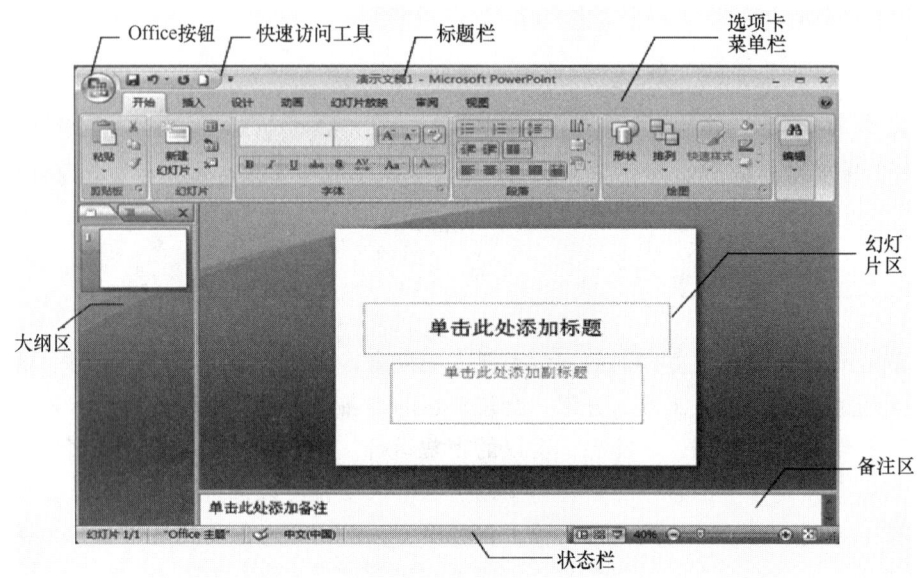

图 13-2　PowerPoint 2007 工作界面

PowerPoint 2007 工作界面主要有 Office 按钮、快速访问工具栏、标题栏、选项卡菜单栏、大纲区、幻灯片区、备注区和状态栏组成。其中，Office 按钮、快速访问工具栏、标题栏及状态栏与 Word 2007 类似，在此不再赘述。Office 按钮下拉菜单如图 13-3 所示，快速访问工具栏如图 13-4 所示。

(1) 选项卡菜单栏。选项卡菜单栏位于标题栏下方，由选项卡和功能区组成，如图 13-5 所示。由图中可以看出，每个选项卡都对应着各自的功能区，通过单击选项卡可以在不同的功能区之间进行切换。每个选项组的右下角都有一个启动按钮，单击该按钮会弹出相应的对话框。

(2) 大纲区。大纲区位于窗口的左侧，用于组织和开展演示文稿中各幻灯片的内容。用户可以在该区中输入文本、排列幻灯片顺序。

(3) 幻灯片区。幻灯片区用于显示和编辑幻灯片的内容。

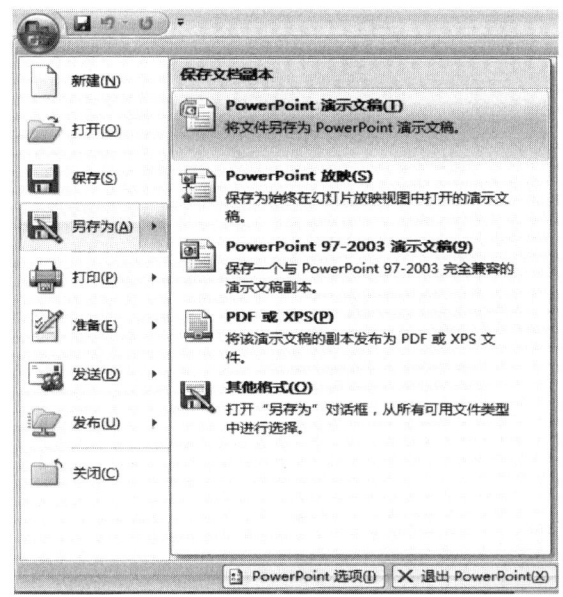

图 13-3　Office 按钮下拉菜单　　　　图 13-4　快速访问工具栏

图 13-5　选项卡和功能区

（4）备注区。备注区用于添加与观众共享的备注信息。如果需要在备注中含有图形，必须在备注页视图中添加备注。

3. PowerPoint 2007 的视图

PowerPoint 2007 提供了普通视图、幻灯片浏览视图、备注页等多种视图，让用户可以根据实际情况用不同的方式观看幻灯片。单击"视图"选项卡，在下面第一栏对应的功能区中有如图 13-6 所示的"演示文稿视图"选项卡菜单栏。

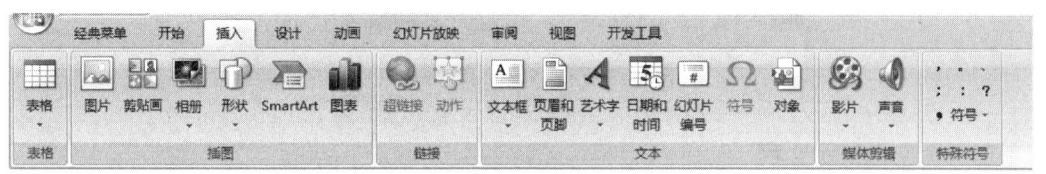

13.3.2　创建演示文稿

图 13-6　"演示文稿视图"选项卡菜单栏

单击"Office 按钮 "，在弹出的下拉菜单中选择"新建"，弹出如图 13-7 所示的"新建演示文稿"对话框。

在图中可以看到新建演示文稿有很多模板，用户可以根据自己的需要选择适合自己演示文稿主题的模板。小王要完成会议的筹备与组织的演示文稿，首先要创建一个演示文稿。

创建一个空白演示文稿的方法如下：

方法一：启动 PowerPoint 2007，程序自动创建一个空白演示文稿，默认的文件名为"演示文稿1"。

方法二：在 PowerPoint 2007 窗口中，单击"快速访问工具栏"上的"新建"按钮可

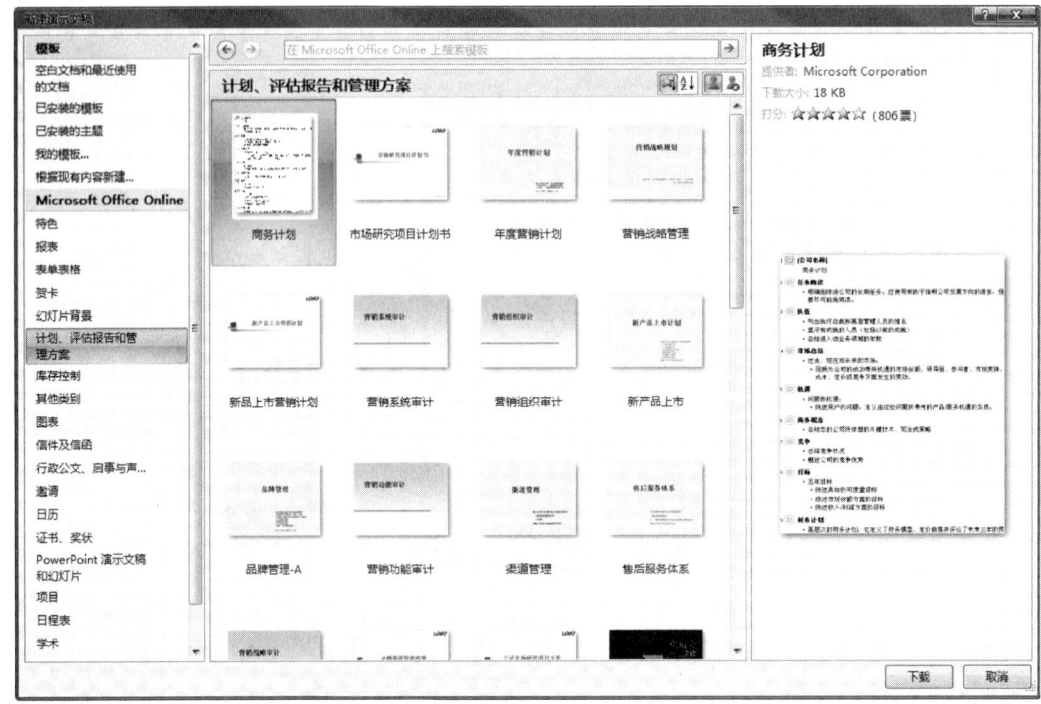

图 13-7 "新建演示文稿"对话框

以新建一个空白演示文稿。

方法三：在"新建演示文稿"对话框中选择"空白文档和最近使用的文档"中选中"空白演示文稿"，单击"创建"按钮，可以创建一个空白演示文稿。

13.3.3 保存演示文稿

新建了一个演示文稿要先将其保存起来，因为是第一次保存，所以会弹出"另存为"对话框，保存演示文稿的方法如下：

（1）单击快速访问工具栏上的"保存"按钮，弹出"另存为"对话框，如图 13-8 所示，选择文件存放的路径及设置文件名，PowerPoint 2007 文件的扩展名是 .pptx，单击"保存"按钮即可。

（2）如果编辑之后的演示文稿需要以新的文件名进行保存，或者需要保存在其他的路径，从而保留原来的演示文稿，则需要对演示文稿进行另存为操作。单击"Office 按钮"，在弹出的下拉菜单中选择"另存为"命令，在右侧选择保存文档副本的类型。

13.3.4 幻灯片的制作与编辑

1. 制作"会议基本流程"幻灯片

以会议的筹备的流程来讲解如何制作一张幻灯片。要组织好一次会议，筹备流程为："会议目标、议题的确定，会议日期、时间的确定，会议场所的选择，会议日程的拟定，会务工作的分工，会议资料的准备，会前检查"等。将这些流程设置成一定的形状，会更加美观，制作效果如图 13-9 所示。

新建演示文稿中默认包含一张"标题幻灯片"版式的幻灯片，要完成图 13-9 效果，

任务 13　制作会议方案演示文稿

图 13-8　"另存为"对话框

可以更改幻灯片的版式为"仅标题"的版式。方法是：切换到"开始"选项卡，在"幻灯片"选项组中单击"版式"按钮 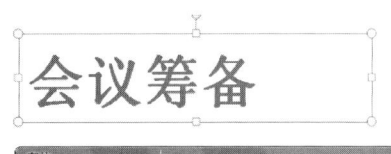，选择"仅标题"版式。

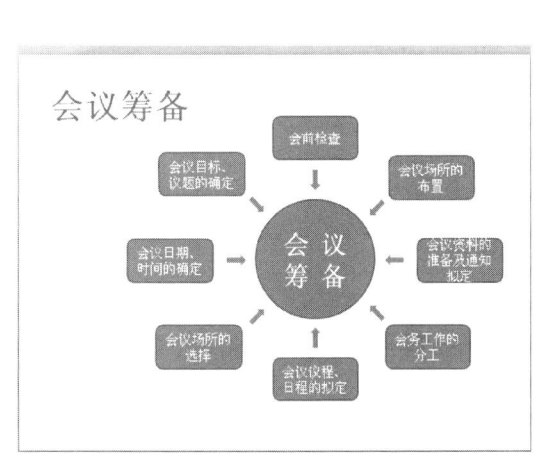

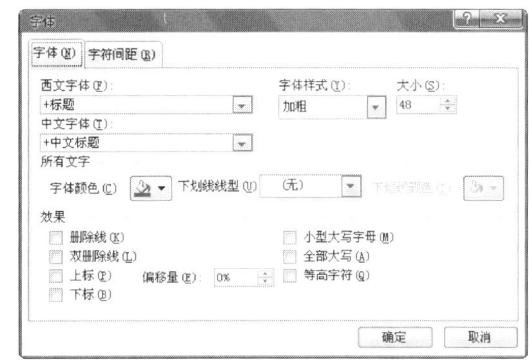

图 13-9　幻灯片效果图　　　　　　　图 13-10　"字体"对话框

（1）添加文本、设置文本格式。制作任何一个演示文稿都离不开文本的添加及文本格式的设置，会议筹备与组织的演示文稿页不例外。所以要制作好一个会议筹备和组织好演示文稿，首先要准备文字材料，也就是想好怎样来策划一次会议。

1）添加文本。在"标题"占位符中单击鼠标，输入"会议的策划与管理"。然后在绘图工具中单击"横排文本框"按钮 ▣。在幻灯片区通过鼠标左键拖动，输入"会议的基本流程"。

2）设置字体格式。标题"会议筹备"的格式：宋体、48 磅、加粗、红色。

选定要设置格式的文本，单击"字体"选项组下的启动按钮，弹出"字体"对话框，如图 13-10 所示。切换到"字体"选项卡，设置字体、字体样式、大小、字体颜色等。

单击"确定"按钮。

（2）插入自选图形。在图13-9所示的幻灯片中会议的流程用到了自选图形，主要是椭圆、圆角矩形和箭头。具体的步骤如下：

1）切换到"插入"选项卡，在"插图"选项组中单击"形状"按钮，在弹出的下拉列表中选择"圆角矩形"，如图13-11所示。

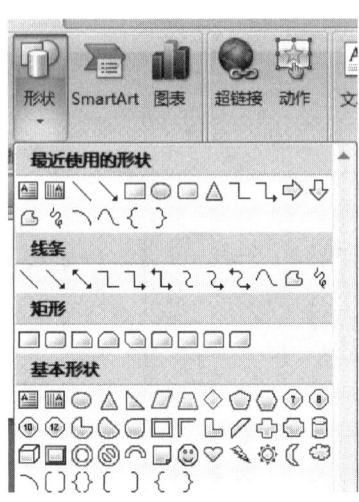

图13-11 "形状"下拉列表

2）这时鼠标指针变成十字形状，在幻灯片区中按下鼠标左键并拖动，拖动到适当位置，释放鼠标，即可绘制出一个圆角矩形，如图13-12所示。在圆角矩形上黑色的菱形状称为调节柄，用来调节圆角矩形的形状；绿色的圆形用来旋转圆角矩形；圆角矩形边缘的8个调整柄，用来改变圆角矩形的大小。拖动调整柄调整圆角矩形到合适的大小。

3）双击该圆角矩形，会自动切换到"绘图工具/格式"选项卡，单击"形状样式"下的"形状填充"按钮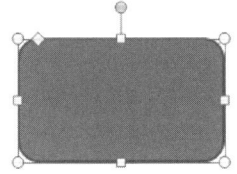，在弹出的主题颜色中选择蓝色，如图13-13所示，这时圆角矩形的颜色变为蓝色。

4）选中圆角矩形，点击鼠标右键，在弹出的快捷菜单中选择"编辑文字"命令，这时，在圆角矩形中就会有光标在闪动，录入"会议目标、议题的确定"，然后选中文本，设置字体格式，如图13-14所示。

图13-12 圆角矩形

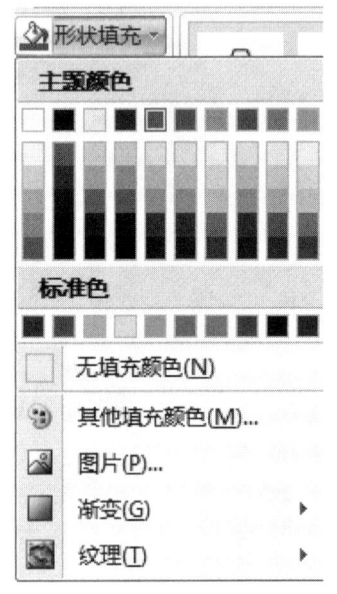

图13-13 "形状填充"下拉列表

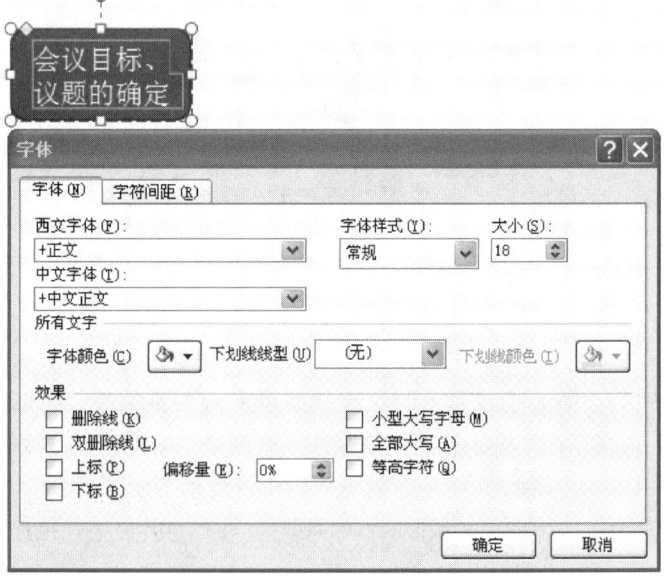

图13-14 设置字体格式

5）添加指示箭头。在图13-11所示的"形状"下拉列表中，选择箭头，拖动鼠标，在圆角矩形的下方绘制一个向下的箭头,选中箭头双击,切换到"绘图工具/格式"选项卡,单击"形状样式"下的"形状填充"按钮 ,在弹出的主题颜色中选择蓝色,单击"形状轮廓"按钮,选择颜色为蓝色。

6) 重复上面的步骤,设置其他的会议流程,将不同的圆角矩形设置不同的填充颜色,这样看起来跟美观一些。然后将所有的圆角矩形和箭头按一定的顺序和形状排列起来。

7) 最后将所有的图形选中,即先选择第一个图形,然后按住 Shift 键选择其余的图形,单击鼠标右键,在弹出的快捷菜单中选择"组合"/"组合"命令,将所有的图形组合为一个图形,这样便于移动。如果对里面的某一个图形进行修改的话,可以单击鼠标右键,在弹出的快捷菜单中选择"组合"/"取消组合"命令,进行修改。

2. 制作"会议日程、议程的确定"幻灯片

组织一次会议要求明确会议日程、议程,所以要以插入表格的形式来制作这张幻灯片,效果图如图 13-15 所示。

要制作这张幻灯片,首先要选择幻灯片的版式为"标题和内容"的版式,切换到"开始"选项卡,在"幻灯片"选项组中单击"版式"按钮,选择"标题和内容"版式,如图 13-16 所示。

(1) 设置标题。

1) 在标题占位符处单击鼠标,输入"会议日程、议程的确定",并设置字体为:隶书、44磅、加粗倾斜、蓝色格式。

2) 选中标题占位符,在"绘图"选项组中单击"快速样式"按钮,弹出如图 13-17 所示的"快速样式"列表,选择"浅色1轮廓,橄榄色填充"。单击"形状效果"按钮,选择"阴影"菜单中的"透视"/"左上角透视"命令,设置效果如图 13-18 所示。

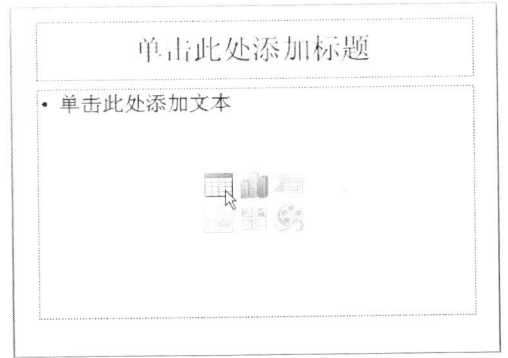

图 13-16 "标题和内容"版式幻灯片

图 13-15 成立团队工作组幻灯片

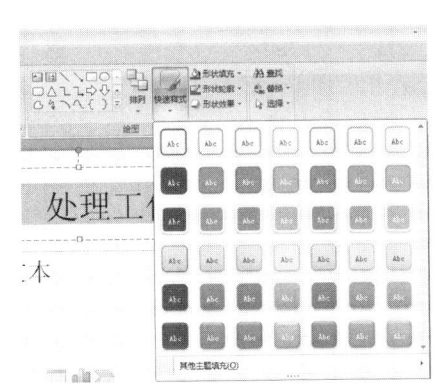

图 13-17 "快速样式"列表

(2) 插入表格。

1) 在"标题和内容"版式幻灯片中,单击"插入表格"按钮,弹出如图13-19所示的"插入表格"对话框,设置为9行5列。这时,在文本区插入了一个9行5列的表格,如图13-20所示。

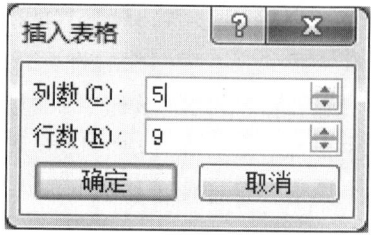

图13-18 标题设置效果　　　　　　图13-19 "插入表格"对话框

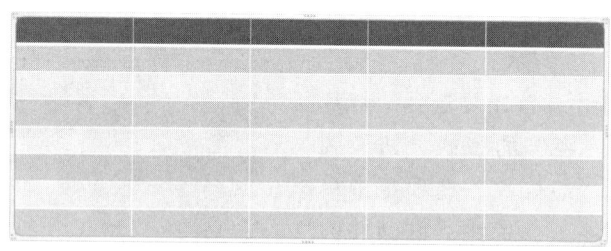

图13-20 9行5列的表格

2) 选中整个表格,双击表格会自动切换到"表格工具/设计"选项卡,在"表格样式"选项组中单击"边框"按钮，选择"所有边框"按钮；在"表格工具/设计"选项卡,在"表格样式"选项组中单击"中度样式2-强调2"选项,此时表格变为如图13-21所示的表格样式。

图13-21 设置好的表格

任务 13 制作会议方案演示文稿

3）在表格内输入设置的团队名称、负责人和相关的职责项，并调整表格的边框，使得单元格具有合适的高度跟宽度。完成效果如图 13-15 所示。

3. 制作"会务工作分工"幻灯片

要安排好一场会议，要对会务工作进行分工，所以小王要制作一张关于会务工作分工的幻灯片，制作效果如图 13-22 所示。选取幻灯片的版式为"仅标题"版式。

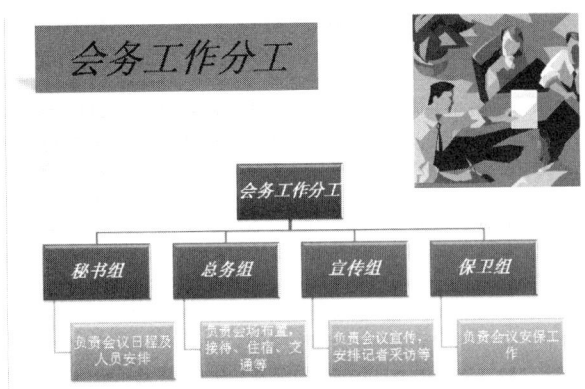

图 13-22 "会务工作分工"幻灯片

（1）设置标题。在标题占位符中输入标题："会议信息加工"，设置格式同图 13-18 所示的效果。

（2）插入剪贴画。切换到"插入"选项卡，在"插图"选项组中单击"剪贴画"按钮，在窗口右侧弹出"剪贴画"的任务窗格，如图 13-23 所示。单击"搜索"按钮，选择剪贴画。这样在幻灯片中就会出现一幅剪贴画。调整剪贴画的大小，并将其放在幻灯片的右上角。

（3）插入组织结构图。组织结构图是用于版式某个系统或某个单位的组织结构。会议信息的加工采用组织结构图的形式，可以有比较直观的印象。在幻灯片中插入组织结构图的方法如下。

1）切换到"插入"选项卡，在"插图"选项组中的"SmartArt"按钮，打开如图 13-24 所示的"选择 SmartArt 图形"对话框，选择"层次结构"中的"组织结构图"，单击"确定"按钮，即可在幻灯片中插入组织结构图，效果如图13-25所示。

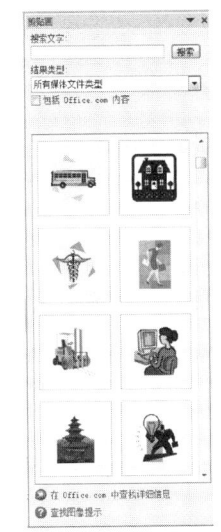

图 13-23 "剪贴画"任务窗格

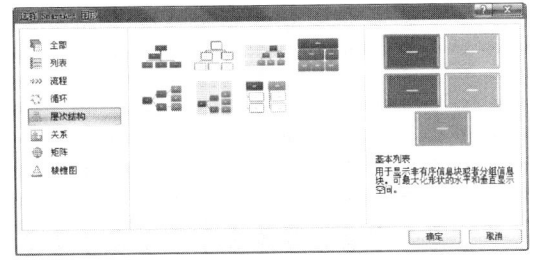

图 13-24 "选择 SmartArt 图形"对话框

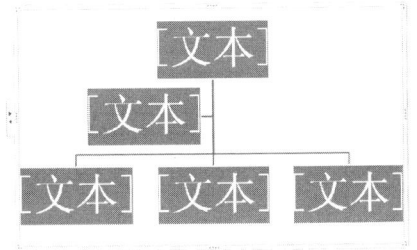

图 13-25 插入组织结构图

179

2）双击组织结构图，切换到"SmartArt 工具/设计"选项卡，在组织结构图中将不合适的形状删除，在需要添加形状的地方单击鼠标，选择"创建图形"选项组中的"添加形状"按钮，在下拉列表中选择相应的选项。并在文本窗格中输入文本，设置字体格式，设置为如图 13-26 所示的效果。

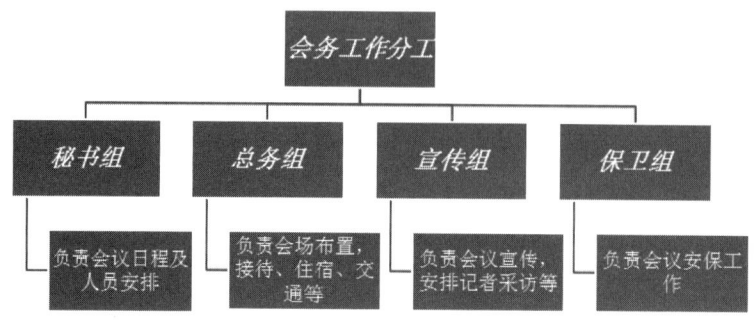

图 13-26　添加文本

3）选中组织结构图，选择"SmartArt 样式"选项组中的"更改颜色"按钮，在下拉列表中选择"彩色"组中的"彩色范围—强调文字颜色 3 至 4"，然后在图 13-27 "SmartArt 样式"中选择"优雅"样式。

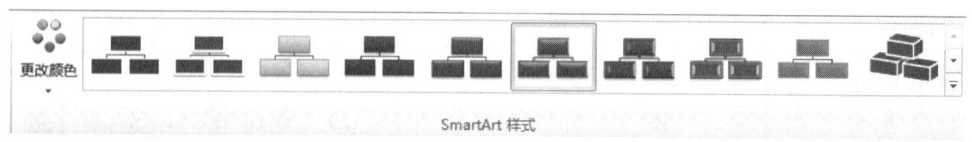

图 13-27　"SmartArt 样式"选项组

4）选中一个文本窗格设置填充颜色。比如选中"会议信息加工"文本窗格，单击鼠标左键，在弹出的快捷菜单中选择"设置形状格式"对话框，如图 13-28 所示。选择一种填充的预设颜色，单击"关闭"按钮。然后对其他文本窗格设置填充颜色。

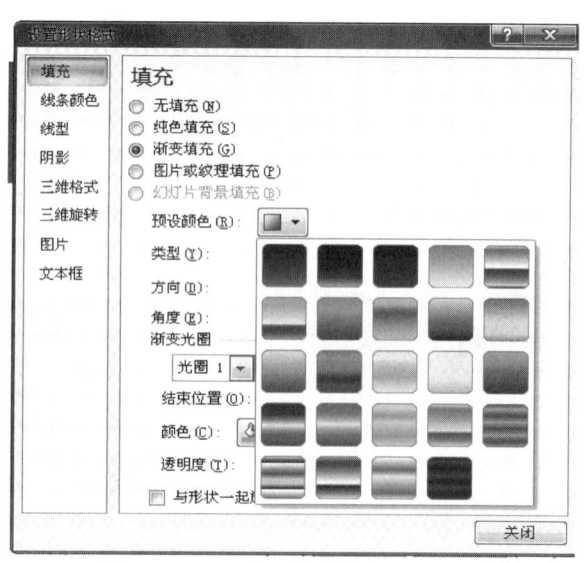

图 13-28　"设置形状格式"对话框

4. 制作"会场布置"幻灯片

召开一次会议，会场布置十分重要，涉及环境布置、桌椅摆放、主席台席位排列等工作，所以要制作如图 13-29 所示的"会场布置"幻灯片，主要涉及了插入来自文件的图片和插入特殊符号。幻灯片的版式为如图 13-30 所示的"两栏内容"的版式。

（1）设置标题。在图 13-30 所示的"两栏内容"幻灯片版式中，单击标题占位符，输入："三 会后必须要注意的问题"，设置格式与图 13-18 所示的效果相同。

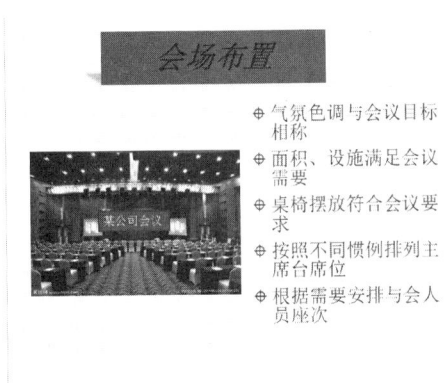

图 13-29 "会场布置"幻灯片

图 13-30 "两栏内容"版式

（2）插入图片。

1）单击左侧文本区的"插入来自文件的图片"按钮 ，弹出如图 13-31 所示的"插入图片"对话框，选择"会场布置.jpg"，单击"插入"按钮。在左侧文本区插入了图片，移动图片到幻灯片的左下角。

2）切换到"插入"选项卡，在"文本"选项组中单击"文本框"按钮，在下拉列表中选择"横排文本框"，在"图片1"中绘制一个文本框，输入文字"某公司会议"，设置字体格式为：宋体、18磅字、加粗、白色字体，红色底纹，效果如图 13-32 所示。

图 13-31 所示的"插入图片"对话框

图 13-32 在图片中插入文本

（3）设置项目符号。在图 13-30 所示的幻灯片右边的文本区占位符内单击鼠标，录入会后注意事项，然后选中文本，切换到"开始"选项卡，在"段落"选项组中单击"项目符号"按钮，在弹出的下拉列表中选择"项目符号和编号"，弹出"项目符号和编号"对话框,弹出如图 13-33 所示的"项目符号和编号"对话框;单击"图片"按钮,弹出如图 13-34 所示的"图片项目符号"对话框,选择 ⊕ 符号,单击"确定"按钮。

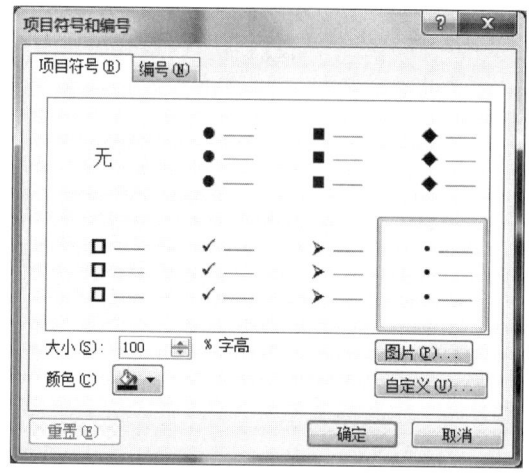
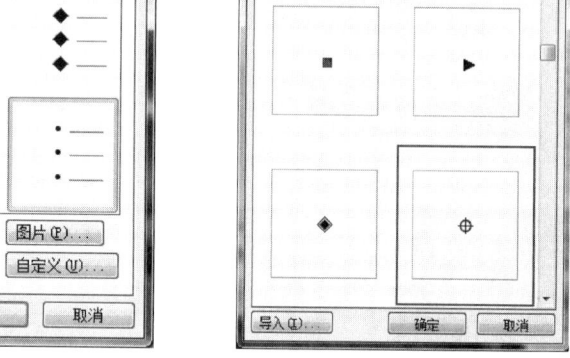

图 13-33 "项目符号和编号"对话框   图 13-34 "图片项目符号"对话框

13.3.5 管理幻灯片

小王设计好的演示文稿后,需要随时进行调整,这样不可避免地要进行幻灯片的创建、移动、复制、删除及编辑等操作,下面将分别进行介绍。

1. 幻灯片的创建

小王想在第三张幻灯片后插入一张新的幻灯片,用来讲解"安排会议议题应注意的问题"这个主题,具体操作如下:

(1) 在幻灯片的大纲区,第三张幻灯片和第四张幻灯片处单击鼠标,就会在第一张幻灯片后出现一条横线。

(2) 切换到"开始"选项卡,在"幻灯片"选项组中单击"新建幻灯片"按钮,弹出幻灯片的版式列表,选择"标题和内容"版式,插入新的幻灯片,如图 13-35 所示。

(3) 单击标题占位符,录入标题:安排会议议题应注意的问题,格式设置效果如图 13-18 所示。

(4) 单击文本占位符,录入文本,效果如图 13-36 所示。

2. 幻灯片的移动

对幻灯片的移动,能够实现对幻灯片顺序的调整,可以通过下列方法来实现幻灯片的移动。

方法一:在普通视图中的大纲区切换到"幻灯片"窗格,选中要移动的幻灯片,按住鼠标左键拖动到幻灯片所需的位置,然后松开鼠标即可;或单击鼠标右键,在弹出的快捷菜单中选择"剪切"命令,到所需要的位置选择"粘贴"命令。

方法二:在幻灯片浏览视图下,选中要移动的幻灯片,按住鼠标左键拖动到幻灯片所需的位置,然后松开鼠标即可;或单击鼠标右键,在弹出的快捷菜单中选择"剪切"命令,到所需要的位置选择"粘贴"命令。

任务 13　制作会议方案演示文稿

图 13-35　"标题和内容"版式　　图 13-36　录入文本内容

3. 幻灯片的复制

如果需要一张或几张幻灯片具有相同的内容，可以对幻灯片进行复制操作。

选中所要复制的幻灯片，单击鼠标右键，在弹出的快捷菜单中选择"复制"，将鼠标指针移动到想要粘贴的位置，选择"粘贴"命令。

4. 幻灯片的删除

多余的或没有价值的幻灯片要将其删除，删除幻灯片的方法如下：

方法一：选中要删除的幻灯片，按"Delete"键。

方法二：选中要删除的幻灯片，在"开始"选项组的"幻灯片"功能区，单击"删除"按钮。

相关知识

◆ 添加幻灯片。添加幻灯片和创建幻灯片不同，创建幻灯片是在当前演示文稿中进行幻灯片数量的增加，而在不同演示文稿中对幻灯片进行调用，就属于幻灯片的添加。

◆ 添加幻灯片的方法。切换到"开始"选项卡，在"幻灯片"选项组中单击"新建幻灯片"按钮，在弹出的下拉菜单中选择"重用幻灯片"命令，打开如图 13-37 所示"重用幻灯片"的任务窗格，单击"浏览"按钮，选择所要添加的幻灯片所在的演示文稿，然后在要添加的幻灯片上单击即可将幻灯片添加到当前演示文稿中。

图 13-37　"重用幻灯片"任务窗格

13.3.6 美化幻灯片

制作好了演示文稿,为了能更清楚地表达所要阐明的要点,就要在美化演示文稿上下点功夫。

1. 幻灯片的格式化

在演示文稿中,每一张幻灯片都有单独的内容和风格,编辑幻灯片时,对每一页的文字、图片或段落进行必要的设置。以图13-36"安排会议议题应注意的问题"幻灯片的正文文本为例进行格式化设置。

(1) 设置字体格式。选定文本,单击"字体"选项组下的启动按钮,弹出"字体"对话框,如图13-38所示。设置括号外的文本用红色字体。

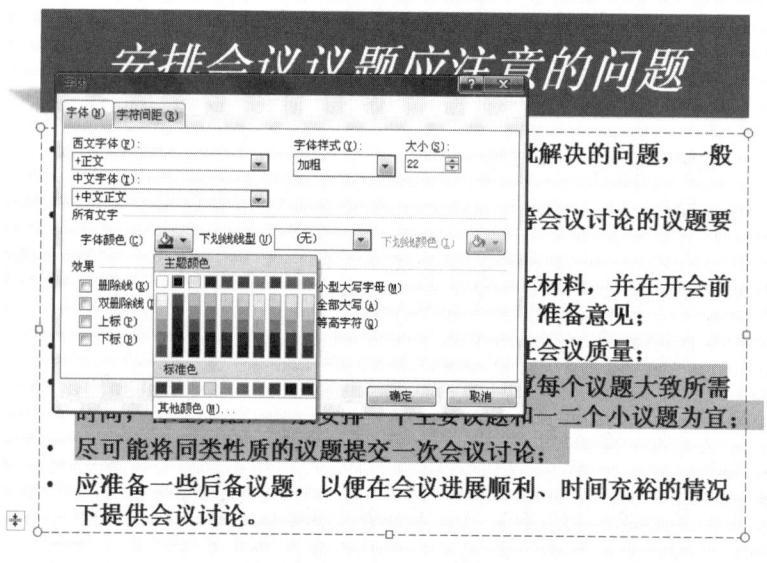

图13-38 "字体"对话框

(2) 设置段落格式。选定正文段落,单击"段落"选项组下的启动按钮,弹出如图13-39所示的"段落"对话框,进行段落格式的设置。

另外,在如图13-40所示的"段落"选项组中可以设置行距、分栏、文字方向等操作,只需在"段落"选项组中单击相应的按钮即可。

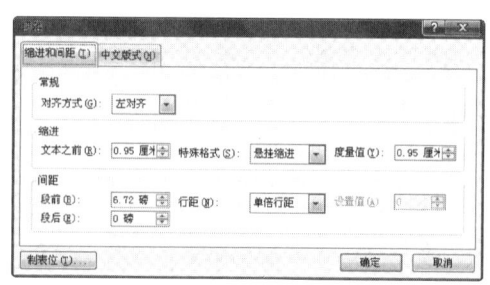

图13-39 "段落"对话框

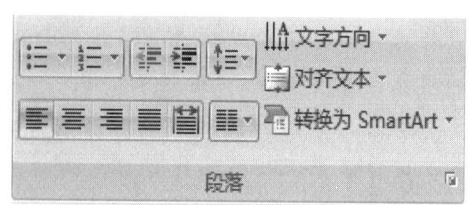

图13-40 "段落"选项组

（3）设置项目符号和编号。使用项目符号及编号，可以使文本具有清晰的层次结构。在输入正文文本，按回车键分段的时候，系统会默认添加项目符号"·"。下面将正文文本设置为"1.，2.，3.…"的编号格式。具体的操作方法是：选定正文文本，单击"段落"选项组中的"编号"按钮，弹出如图13－41所示的下拉列表，在下拉列表中进行相应的设置。

"会议的策划"幻灯片设置完成后效果如图13－42所示。

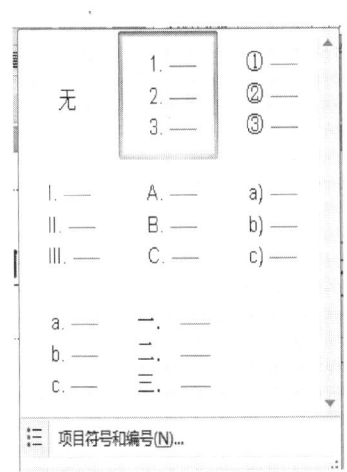

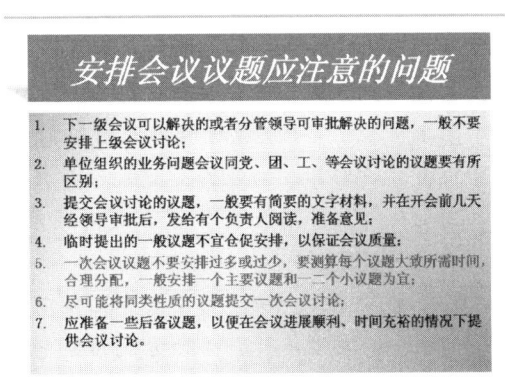

图13－41　"编号"下拉列表　　　　图13－42　"会议的策划"幻灯片

2．设置文本背景

只有白底黑字的文本虽然对比清晰，但是比较单调，合理地运用颜色可以使幻灯片的演示效果增色不少。设置文本背景的步骤如下：

（1）选定正文文本占位符，单击鼠标右键，在弹出的快捷菜单中选择"设置形状格式"命令，弹出"设置形状格式"对话框，如图13－43所示。

（2）选择"渐变填充"，设置颜色，单击"关闭"按钮，设置效果如图13－44所示。

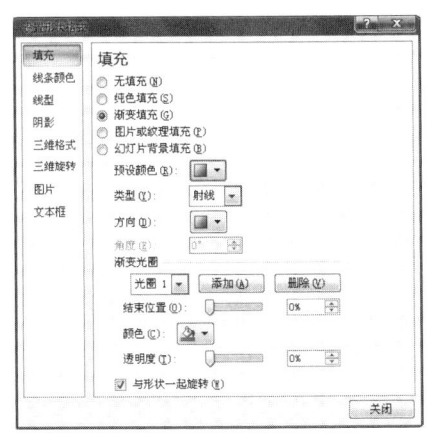

图13－43　"设置形状格式"对话框　　　　图13－44　"会议的策划"幻灯片

13.3.7 幻灯片的放映

1. 设置放映方式

制作好的演示文稿要进行放映，这样可以充分展示自己所做的内容，自己所做的内容配合自己的讲解会让内容更加充分，所以小王要选择好合适的放映方式。

设置幻灯片的放映方式，具体步骤如下：

（1）切换到"幻灯片放映"选项卡，在"设置"选项组中单击"设置幻灯片放映"按钮，打开"设置放映方式"对话框，如图13-45所示。

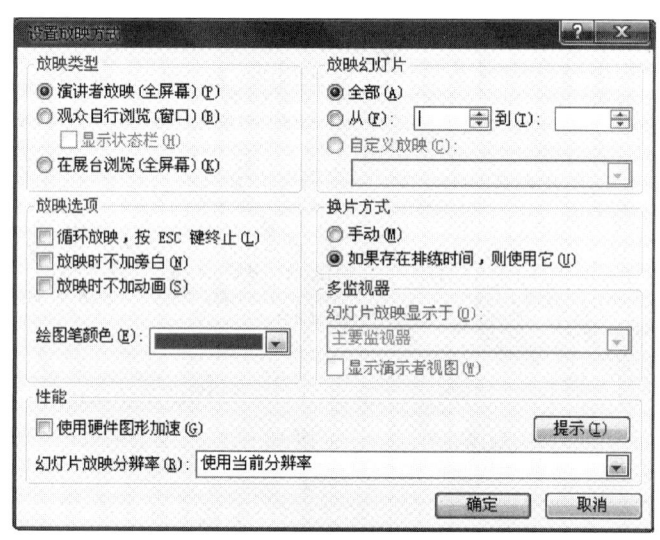

图13-45 "设置放映方式"对话框

（2）设置放映类型。一般选择演讲者放映（全屏幕）方式，这样更有利于小张展示自己所做的内容。

📖 **相关知识**

- 放映类型有三种："演讲者放映"是全屏放映，也是最常用的一张放映方式，演讲者播放演示文稿，并对演示文稿具有完全的控制权，可随时停止播放、添加内容等；"观众自行浏览"用于小规模的演示，通过命令的方式来控制放映效果；"在展台浏览"的方式是自动运行演示文稿，不需要专人播放及控制，通过时间或者按Esc，对演示文稿进行播放的控制。
- 设置放映幻灯片的范围。放映幻灯片的范围有三种方式：全部播放、播放指定范围的幻灯片、播放制作的自定义放映。用户可以根据需要选中相应的单选按钮，并进行设置。
- 设置换片方式。手动选项表示必须有人干预才会切换幻灯片，当然也可进行有时间限定的自动换片，手动方式的优先级要高于自动换片方式。

2. 排练计时

一般应聘的时候都会有时间限制，不可能无限制地去陈述，所以在自己准备演示文稿的时候，要做好计时，这样可以在规定的时间内适当地调整演示文稿中要陈述的内容。

设置排练计时的方法如下：

（1）切换到"幻灯片放映"选项卡，在"设置"选项组中单击"排练计时"按钮，弹出如图 13-46 所示的"预演"任务框，在该任务框中显示该幻灯片的时间和演示文稿放映的总时间。

图 13-46 "预演"任务框

（2）单击"下一页"按钮，可以切换到下一页幻灯片，计算幻灯片的播放时间；单击"暂停"按钮，可以暂时停止幻灯片的计时；单击"重复"按钮，可以重新对该幻灯片进行计时，在演示文稿放映的总时间里也重新计入该张幻灯片的播放时间。

（3）单击"关闭"按钮，弹出如图 13-47 所示的提示信息。

图 13-47 提示信息

（4）单击"是（Y）"按钮，切换到幻灯片浏览视图下，在每张幻灯片下面列出了幻灯片播放的时间，并在"设置"选项组中自动勾选"使用排练计时"选项前面的复选框；单击"否（N）"按钮，退出排练计时。

3．播放幻灯片

小王在放映幻灯片的时候还要注意放映幻灯片的方法。放映演示文稿及幻灯片的方法有如下几种。

方法一：从头开始放映：切换到"幻灯片放映"选项卡，在"开始放映幻灯片"选项组中单击"从头开始"按钮，可以从第一张幻灯片开始全屏播放演示文稿。

方法二：从当前幻灯片开始放映：单击"从当前幻灯片开始"按钮，则从当前选定的幻灯片开始全屏播放演示文稿。

方法三：自定义幻灯片放映：单击"自定义幻灯片放映"按钮右边的箭头，选择"自定义放映"命令，打开"自定义放映"对话框，如图 13-48 所示，单击"新建"按钮，打开"定义自定义放映"对话框，如图 13-49 所示。在"定义自定义放映"对话框中可以设置幻灯片放映的名称，选中"在演示文稿中的幻灯片"单击"添加"按钮，添加到"在自定义放映中的幻灯片"中，单击"确定"按钮，回到"自定义放映"对话框中，单击"关闭"按钮，则关闭"自定义放映"对话框。再单击"放映"按钮，则对当前定义的幻灯片进行播放。这样在"幻灯片放映"功能区的"开始放映幻灯片"选项组的"自定

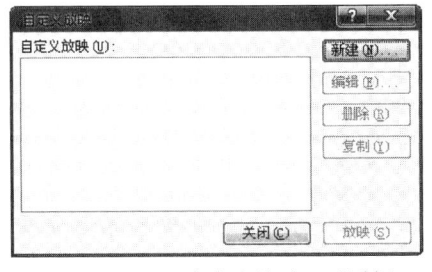

图 13-48 "自定义放映"对话框

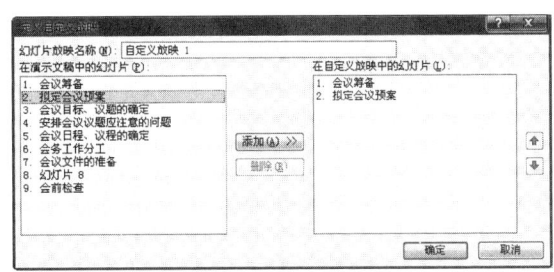

图 13-49 "定义自定义放映"对话框

义幻灯片放映"按钮的下拉列表中就有刚才自定义放映的名称,如"自定义放映1",单击"自定义放映1"也可完成自定义的放映方式。

播放过程中可以通过右键的快捷菜单终止放映,也可以随时按 Esc 键退出幻灯片的放映。

13.4 拓展实训

实训:制作"大学新生入学指南"演示文稿

制作"大学新生入学指南"为主题的演示文稿,效果如图 13-50 所示。制作要求如下:

图 13-50 "大学新生入学指南"为主题的演示文稿

(1) 内容设计:从"过去读大学""现在的大学生""找工作难""学习""生活""职业""如何渡过大学三年生活"等方面设计"大学新生入学指南",要求突出主题。

(2) 板式设计:每张幻灯片采用切合主题的背景图片,要做到图文并茂,图文切合。

(3) 设置贯穿始终的背景音乐:钢琴曲蓝色多瑙河。

相关提示

1. 图形透明度设置

文本框设置为透明和渐变效果,具体步骤为:选中文本框,单击鼠标右键,在突出的快捷菜单中选择"设置形状格式",弹出"设置形状格式"对话框,如图 13-51 所示;在左侧列表中选择"填充",在右侧窗口中选中"渐变填充",然后设置"预设颜色""类型"

"角度""结束位置""透明度"等效果选项。

2. 设置始终贯穿的背景音乐

（1）选中音乐响起的那张幻灯片，此处选中第一张幻灯片。

（2）切换到"插入"选项卡，单击"媒体剪辑"选项组中的"声音"按钮，在列表中选择"文件中的声音"，弹出"插入声音"对话框，选中需要的歌曲文件。

（3）选取歌曲文件后返回第一张幻灯片，会立即自动弹出一个对话框询问是否自动播放音乐还是单击图标时播放，这里选中"自动"按钮，如图 13-52 所示。

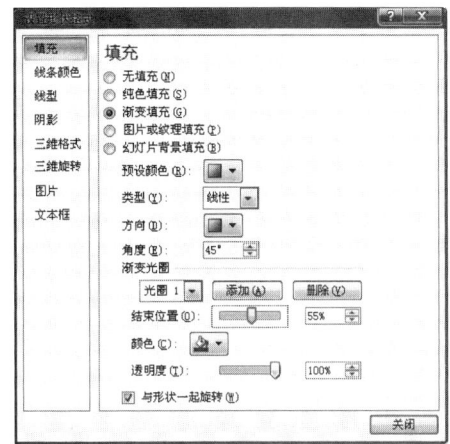

图 13-51 "设置形状格式"对话框

（4）音乐插入幻灯片后，会出现一个"小喇叭"；小喇叭出现后，可以对其双击进行播放试听，单击空白处即可停止。

（5）项目还要设置声音的效果选项。在右侧"自定义动画"任务窗格中，单击声音动画右侧下拉箭头，选择其中的"效果选项"命令，如图 13-53 所示；在打开的"播放声音"对话框（图 13-54）中进行如下设置。

图 13-52 设置声音播放时间

在"效果"选项卡中将"停止播放"选项从默认的"单击时"更改成"在 100 张幻灯片后"停止。这样就确保了鼠标单击不会让音乐停止，而是直到幻灯片放映完再停止。

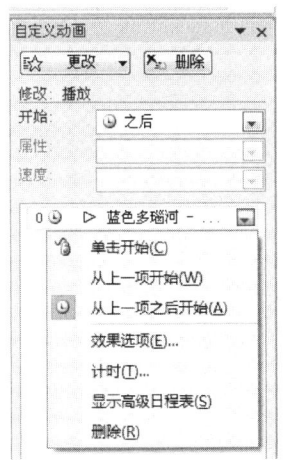

图 13-53 "自定义动画"对话框

图 13-54 声音效果选项设置

在"计时"选项卡中将"重复"选项设置成"直到幻灯片末尾"，这样可以确保在幻灯片播放未结束前，音乐可以自动重复循环播放。

在"声音设置"选项卡中选中"幻灯片放映时隐藏声音图标"选项。这样可以在幻灯片放映时,自动隐藏小喇叭图标。

(6) 幻灯片全部设置完成后,单击"确定"按钮返回幻灯片。

至此,音乐背景幻灯片已制作完成,下面就可以从第一张幻灯片开始放映,来感受一下背景音乐带来的无穷魅力了。

13.5 综合实践

对于即将步入职场的毕业生来说,在面试过程中进行自我介绍是必须经历的过程。现在要求根据以上所学内容,结合实际情况,制作一个自我介绍的演示文稿。

制作要求如下:

(1) 制作一个不少于 8 张幻灯片的演示文稿,并以"个人介绍.pptx"为名进行保存。

(2) 第一张幻灯片标题填充为"蓝色面巾纸"的纹理,其余幻灯片进行相应的颜色填充。

(3) 要求演示文稿内有包含图片、表格和组织结构图的幻灯片。

(4) 设置放映方式为:在展台浏览。

(5) 演示文稿的布局合理,内容能充分展示自己。

任务 14
制作产品介绍演示文稿

PowerPoint 软件的作用是制作多媒体效果的演示文稿,它可以向幻灯片中添加各种各样的对象,包括文本、图片、图形、图表、声音、影像等多媒体信息,并利用其本身所具有的动画效果设置,通过幻灯片放映的形式生动、直观、丰富多彩地向观众进行展示,使产品介绍更具说服力和感染力。

本任务是制作一个有关产品介绍演示文稿,效果如图 14-1 所示。

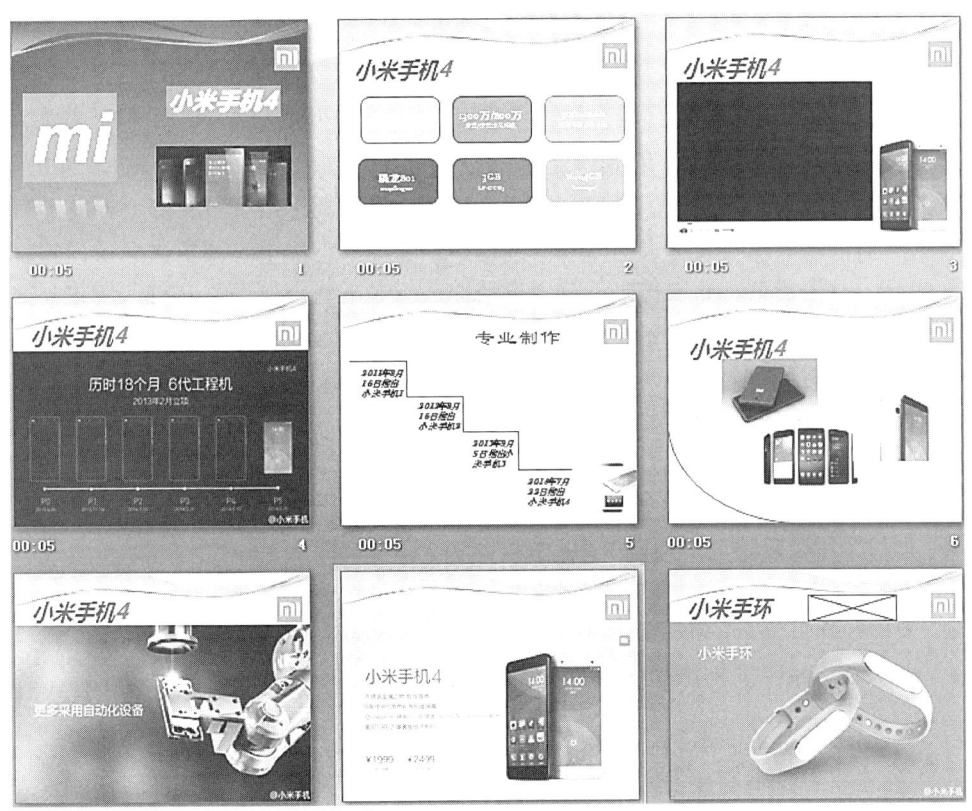

图 14-1 "小米手机 4"产品介绍演示文稿效果图

14.1 任务情境

为发布新产品,公司决定将于近期召开有关产品宣传和推销的专题会议。今天上午公司下发了本次会议的会议方案，会议方案中一个非常重要的内容就是设计并制作产品介绍演示文稿，而小李正是此项工作的负责人。

● 知识目标

- 母版的设置方法。
- 幻灯片的动画设置。
- 在幻灯片中插入视频等对象的方法。
- 幻灯片切换效果设置。
- 幻灯片中设置超链接的方法。
- 演示文稿的打印、打包和发布。

● 能力目标

- 能够根据实际需要，运用所学知识，设计并制作出主题鲜明、风格统一、赏心悦目的幻灯片。

14.2 任务分析

本任务是制作一个产品介绍演示文稿，而宣传和展示正是 PowerPoint 软件的优势，利用它所具有的排版、统一母版设置和动画设计等功能，制作出丰富多彩、专业美观的演示文稿，从而最大限度地吸引人们眼球。经过多方了解，小李了解到本次会议的宗旨、目的以及参会人员等信息。要制作出符合会议精神、能够达到会议目的 PPT，不仅需要能够体现产品特色的文字和图片，还要配有适度、精美的动画效果。

经过分析，制作一个产品介绍的演示文稿，需要完成以下工作：
- 根据会议主题搜集素材，确定演示文稿的主题和风格。
- 为幻灯片设置母版。
- 在幻灯片中插入声音、视频、Flash 动画等多媒体元素。
- 为幻灯片设置精美的动画效果。
- 设置幻灯片的切换方式和切换效果。
- 为幻灯片设置超链接。
- 演示文稿的打包和发布。

14.3 任务实现：制作产品介绍演示文稿通知

14.3.1 制作前准备工作

根据会议要求，需要制作介绍"小米手机 4"的演示文稿。在制作演示文稿之前，首先需要进行以下准备工作。

(1) 了解会议主题及要达到的目的。

(2) 根据产品特色和与会人员特点，设计演示文稿的内容、版式、配色及表达风格。

(3) 根据演示文稿所需展示内容，搜集相关资料（包括文字资料、图片资料、相关声音、视频资料等）。

14.3.2 为幻灯片设置母版

格式统一的演示文稿会给人以主题鲜明、版面整洁美观的感觉，因此在制作幻灯片之前，设置统一格式的幻灯片母版是非常必要的。幻灯片母版可以预设每张幻灯片的背景、配色方案、图形图案、占位符的位置、大小和格式以及样式等，这样可避免单独对每一张幻灯片进行所需格式设置；另外，若想更改幻灯片设置，只需更改母版设置就可更改对所有幻灯片的设置。本任务演示文稿母版设计（主母版）如图 14 - 2 所示。

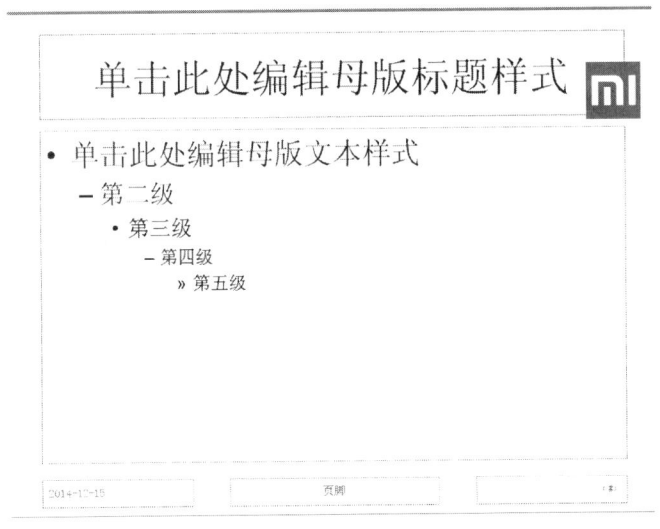

图 14 - 2 主母版设计

1. 母版设计思路

因制作的是产品介绍演示文稿，所以应突出产品品牌的 Logo 和产品名称，如图 14 - 2 右上角图片所示（其中 Logo 为"mi"，产品名称为"小米手机 4"）。因本演示文稿中的文本内容比较少，所以占位符中的标题样式和文本样式采用默认样式，在此没有进行设置。

2. 母版制作步骤

(1) 选中任意一张幻灯片，切换到"视图"选项卡，单击"演示文稿视图"选项组下的"幻灯片母版"按钮，进入"幻灯片母版"视图，如图 14 - 3 所示。

(2) 单击左侧窗口中第一张也是最大一张幻灯片，将事先制作好的小米公司标志图片插入到该幻灯片标题的右方，如图 14 - 2 所示。

(3) 单击"关闭母版视图"按钮。

📖 **相关知识**

◆ 主母版和版式模板

图 14 - 3 所示窗口中显示了多种幻灯片母版。其中第一张也是最大的一张称为"主母版"，其余的均称为"版式模板"。主母版能影响所有版式模板，如需设置统一的内容、图

第二部分 日常办公事务处理

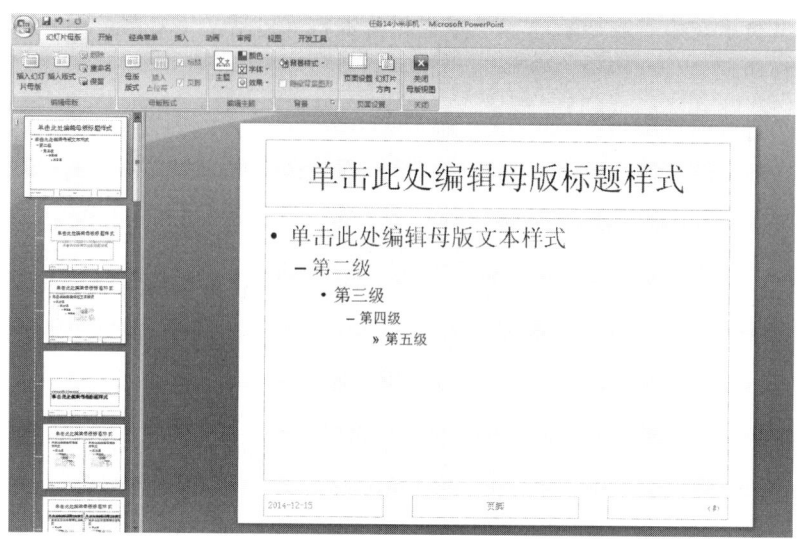

图14-3 "幻灯片母版"视图

片、背景和格式,可直接在主母版中设置,其他版式母版会自动与其一致。版式母版包括:标题幻灯片版式母版、标题和内容版式母版、节标题版式母版等,可单独控制配色、文字和格式等设置。

同时使用多个母版。为满足不同需要,可以在一个演示文稿中使用多个母版,设置和使用方法如下。

1. 设置多个母版

(1) 选中图14-3中的第一张幻灯片,在"幻灯片母版"选项卡下,单击"编辑主题"选项组中的"主题"按钮,在弹出的下拉列表中选取一个主题"流畅"。

(2) 将光标定位到图14-3左侧窗口最后一张版式母版的下面,按照(1)步骤再插入"龙腾四海",如图14-4所示了两个主题的母版。

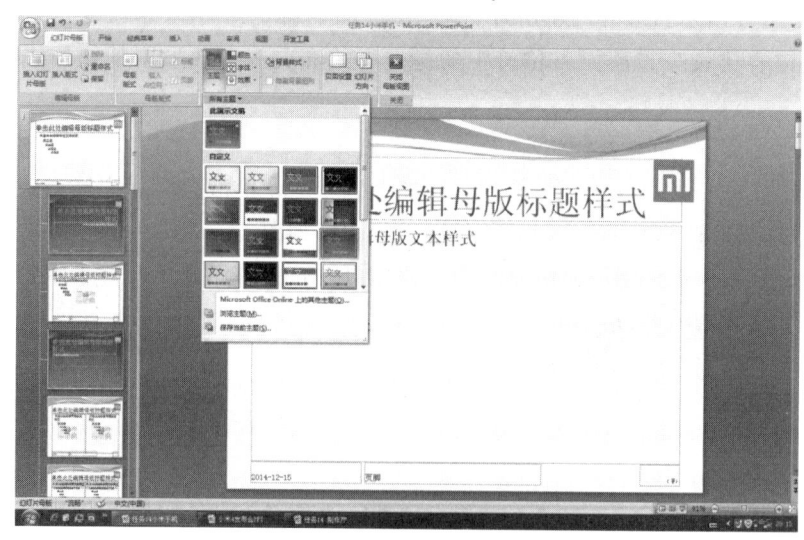

图14-4 设置了两个主题的目标

194

2. 应用多个母版

(1) 关闭母版视图，回到普通视图。

(2) 选中需要设置母版的幻灯片，切换到"开始"选项卡，单击"幻灯片"选项组中"新建幻灯片"按钮，在弹出的下拉列表中选择想要的母版即可，如图 14-5 所示。

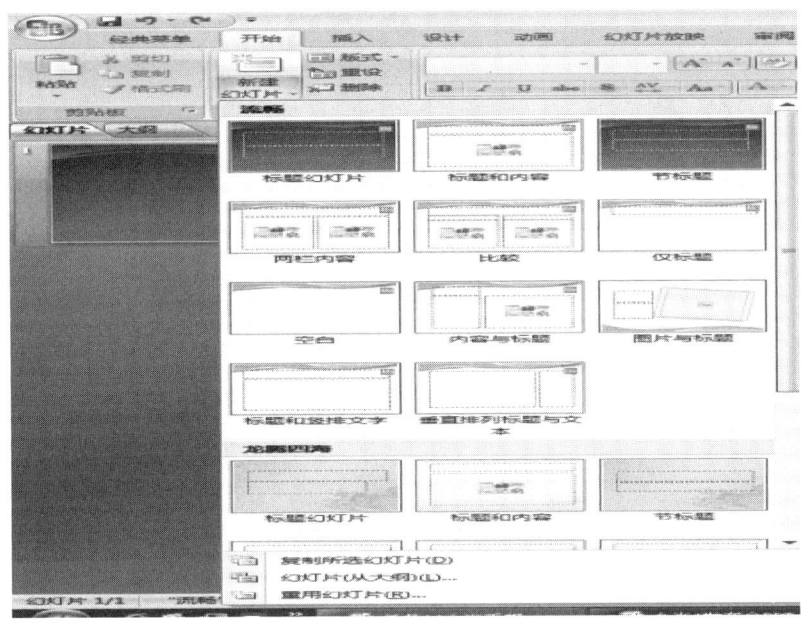

图 14-5　多个母版供选择

14.3.3　设置幻灯片展示内容

本演示文稿主要是对小米公司小米手机 4 产品的介绍，包括 9 张幻灯片：第 1 张是标题幻灯片，标明本演示文稿的主题是介绍"小米手机"；第 2 张是小米手机 4 的性能参数，介绍小米手机 4 的具体参数；第 3 张是播放关于小米手机 4 的官方广告视频，让大家从视频中了解更多小米手机 4 的情况；第 4 张是小米 4 的研制历史；第 5 张介绍小米手机的发展史；第 6 张是小米手机 4 的产品展示；第 7 张介绍小米手机 4 的加工制作；第 8 张介绍小米手机 4 的性能、价格；第 9 张以小米手机的手环结束。

根据以上设计添加幻灯片，并输入幻灯片内容。

1. 标题幻灯片中文字效果设置

在第一张幻灯片中，切换到"插入"选项卡，在"文本"选项组中单击"艺术字"按钮，如图 14-6 所示，在弹出的列表中选择一种艺术字造型，输入"mi"，设置字体：Arial，字号：166，字形：倾斜、文字阴影，颜色为白色，形状填充：橙色。幻灯片中的文字设置效果如图 14-7 所示。

2. 幻灯片中自选图形的应用

为了布局和美化幻灯片的版面，在第 5、第 6 张幻灯片中应用了折线和弧线图形。

折线绘制：切换到"插入"选项卡，在"插图"选项组中单击"形状"按钮，在弹出的列表中选择"直线"，然后绘制多条直线组成如图 14-8 所示的折线效果。

图 14-6 "艺术字"对话框

图 14-7 相关文字设置效果

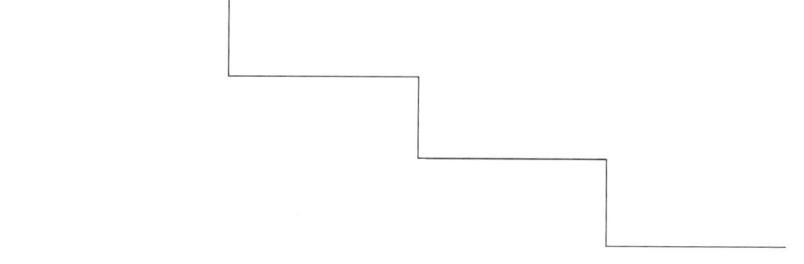

图 14-8 折线效果

弧线绘制：切换到"插入"选项卡，在"插图"选项组中单击"形状"按钮，在弹出的列表中选择"弧形"，拖动鼠标绘制出一条弧线；弧线出现之后，再利用绿色控点将弧线进行180°旋转，然后利用花色控点和白色控点调整弧线的形状和大小，效果如图14-9所示。

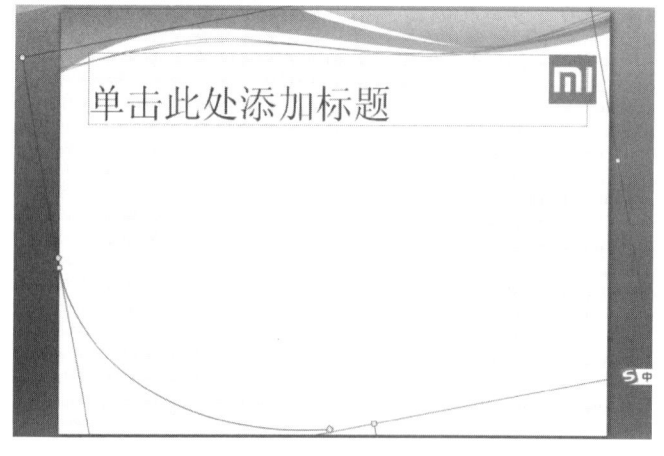

图 14-9 弧线效果

14.3.4 在幻灯片中插入广告视频和 Flash 动画

1. 在幻灯片中插入广告视频

为了更好地展示产品,需要在幻灯片中插入小米手机 4 产品的广告视频。在幻灯片中播放视频的方法有以下两种:

方法一:直接插入视频文件播放。操作步骤:切换到"插入"选项卡,在"媒体剪辑"选项组中单击"影片"按钮,在下拉列表中选择"文件中的影片",弹出"插入影片"对话框,选择需要插入的视频文件即可。

这种插入视频文件的方法比较简单,缺点是播放过程中无法控制视频的状态,如:暂停、播放、音量调节、播放进度等。

方法二:使用播放器播放。首先需要在幻灯片中插入"Windows Media Player"控件,方法如下:切换到"开发工具"选项卡,在"控件"选项组中单击"其他控件"按钮,弹出"其他控件"对话框,在列表中选择"Windows Media Player",如图 14-10 所示;单击"确定"按钮,光标变成十字花状,在幻灯片需要播放视频的位置拖动鼠标绘制出"Windows Media Player"控件,如图 14-11 所示。

图 14-10 "其他控件"对话框

图 14-11 插入"Windows Media Player"控件

最后一步是指定"Windows Media Player"控件要播放的视频文件的地址,方法如下:选中 Windows Media Player 控件,单击鼠标右键,在弹出的快捷菜单中执行"属性"命令,弹出"属性"面板,设置 URL 属性为视频文件所在位置,如图 14-12 所示。

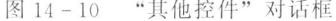

图 14-12 属性设置

注意：图 14-12 中指定的视频文件的位置是"\canoneos.wmv"，此处使用的是相对路径（若使用绝对路径，格式如："F：\re13\canonedos.wmv"）。相对路径即表示视频文件 canoneos.wmv 是和当前的演示文稿在同一目录下。

相关提示

◆ 显示"开发工具"选项卡

若选项卡菜单栏中没有"开发工具"选项卡，将其显示出来的方法为：单击窗口左上角的"Office"按钮，选择右下方的"PowerPoint 选项"按钮，弹出"PowerPoint 选项"对话框，如图 14-13 所示，在左侧菜单中选择"常用"，然后在右侧窗口中勾选'在功能区显示"开发工具"选项卡'复选项，单击"确定"，即可将"开发工具"选项卡添加到选项卡菜单栏，如图 14-14 所示。

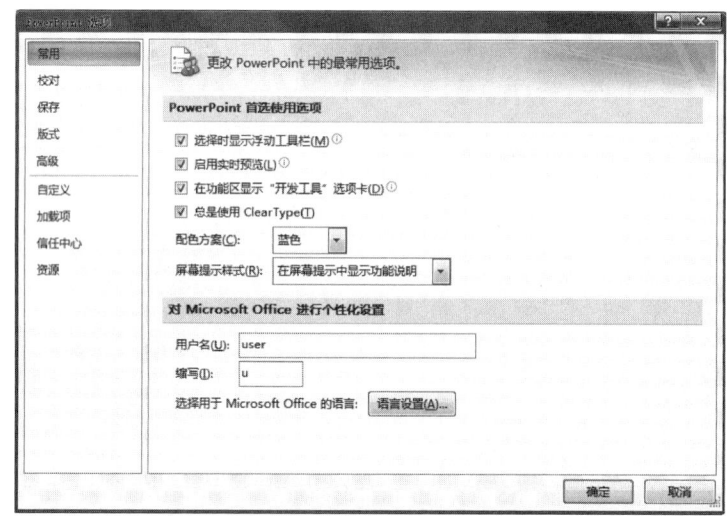

图 14-13 增加"开发工具"选项卡到菜单栏

图 14-14 "开发工具"选项卡

◆ 自定义"Windows Media Player"播放器属性

为了更好地控制文件播放，可以根据需要自行设置播放器的控件布局模式、是否自动播放、是否全屏播放、音量控制等，方法如下：

（1）选中"Windows Media Player"控件。

（2）单击鼠标右键，在控件菜单中选择"属性"，弹出"属性"对话框，如图 14-15 所示。

(3) 单击"自定义"后面的按钮,弹出"Windows Media Player 属性"对话框,如图 14-16 所示,可以根据实际需要设置播放文件的源、控件布局、播放选项、音量设置等内容。

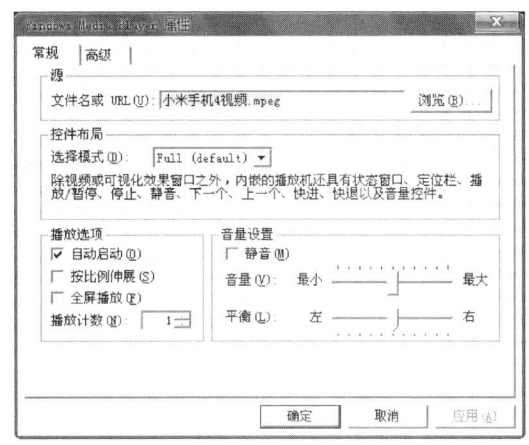

图 14-15 "属性"对话框　　　　图 14-16 "Windows Media Player 属性"对话框

2. 在幻灯片中插入 Flash 动画

Flash 文件因其体积小、不失真、表现力强等特点被广泛应用于网络、广告、游戏等领域,但是你知道吗,在 PPT 中也能插入 Flash 动画文件。任务演示文稿最后一张幻灯片中就插入一个 Flash 文件,具体方法如下:

切换到"开发工具"选项卡,在"控件"选项组中单击"其他控件"按钮,弹出"其他控件"对话框,在列表中选择"Shockwave Flash Object",如图 14-17 所示;鼠标变成十字形状,拖动鼠标绘制 Shockwave Flash Object 控件,如图 14-18 所示。

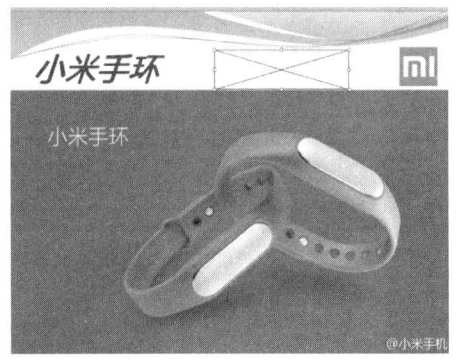

图 14-17 "其他控件"对话框　　　　图 14-18 绘制 Shockwave Flash Object 控件

最后来指定"Shockwave Flash Object"控件要播放的 Flash 文件的地址,方法如下:

选中"Shockwave Flash Object"控件,单击鼠标右键,在弹出的快捷菜单中执行"属性"命令,弹出"属性"面板,设置 Movie 属性为 Flash 文件所在位置,如图 14-19 所示。

使用 Shift+F5 快捷键即可欣赏本页炫丽的 Flash 动画效果,如图 14-20 所示。

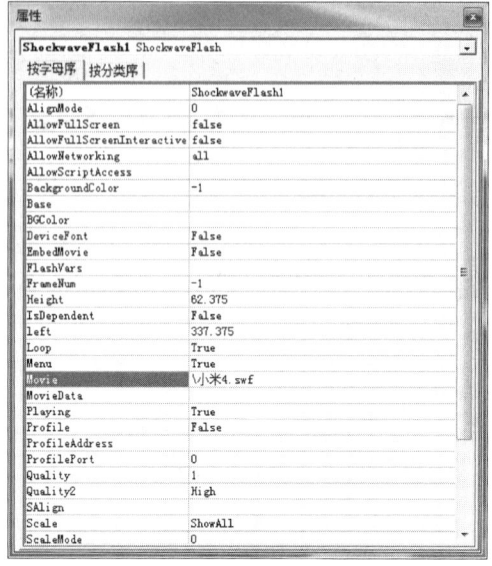

图 14-19 属性设置

图 14-20 Flash 动画效果

📖 相关提示

◆ 对象的超链接模式和嵌入模式

插入到 PPT 中的 Flash 文件有两种模式：一种是超链接模式，一种是嵌入模式，默认是超链接模式。

若是超链接模式，则不可随意更改被链接的 Flash 文件的路径和文件名，若更改了 Flash 文件的路径和文件名，就会找不到源文件（因为超链接模式对于插入的文件只保留了该文件的地址，而不是嵌入整个源文件）。这种模式的好处是可以减少演示文稿的存储空间。

若采用的是嵌入模式，那么 Flash 动画就像插入到幻灯片中的图片一样，不用再考虑具体文件的位置，它会包含在演示文稿之中，但是这样做将会使得演示文稿的存储空间变大。

插入到 PPT 的 Flash 文件默认为超链接模式，要想改为嵌入模式，只要将图 14-19 中的"EmbedMovie"属性设置为"True"即可，将该属性 True 的作用是将要播放的文件设置为嵌入模式。

14.3.5 幻灯片动画设置

只有好的图片、文字、视频动画以及统一的母版效果还不够，为了达到更强的视觉冲击力，还应该为每张幻灯片设置动画效果。PowerPoint 提供了两种不同方式的动画：一种是"幻灯片切换"动画；一种是对象"自定义动画"。

1. 设置文字动画

PowerPoint 中有 4 种动画效果，分别是进入、强调、退出和动作路径。有了它们就可以为任何一个幻灯片中的对象制作进入动画、强调动画、退出动画以及按照指定路线运动的动画了。

本任务幻灯片中既有文本又有图片，在设定对象动画时应根据它们的特点进行设置。

任务 14　制作产品介绍演示文稿

文字的自定义动画设置，如图 14-21、图 14-22 所示。

图 14-21　第一张幻灯片中的文字动画效果设置

图 14-22　第三张幻灯片中的文字动画效果设置

操作步骤如下（以为第三张幻灯片中的标题文字设置自定义动画效果为例）：

（1）切换到"动画"选项卡，在"动画"选项组中单击"自定义动画"按钮，窗口右侧显示"自定义动画"任务窗格。

（2）在"自定义动画"任务窗格中单击"添加效果"→"进入"→"华丽型"→"螺旋飞入"。如图 14-23 所示，将"速度"设置成"快速"。

（3）依次单击图 14-23 中的"添加效果"→"强调"→"基本型"→"陀螺旋"，然后再将"速度"设置为"慢速"，即可完成"强调"动画效果设置。

2．设置图片动画

第 5 张幻灯片展示的是小米手机不断更新换代的过程，于是在该幻灯片中设置了"阶梯型"动画，四张图片依次从下方沿着阶梯向上运动，直到到达自己的位置。实现这种沿着某种线路运动的动画需要使用"自定义动画"中的"动作路径"动画效果。具体操作步骤如下：

图 14-23　"自定义动画"任务窗格

（1）将四张手机图片放置到幻灯片底部。

（2）选中需要移动到最上端的那张图片，依次单击右图中的"添加效果"／"动作路径"／"绘制自定义路径"／"曲线"。

（3）绘制如图 14-24 所示的直线路径。

（4）为了能自动流畅地进行路径运动，在图 14-23 中"自定义动画"任务窗格，把

201

第二部分 日常办公事务处理

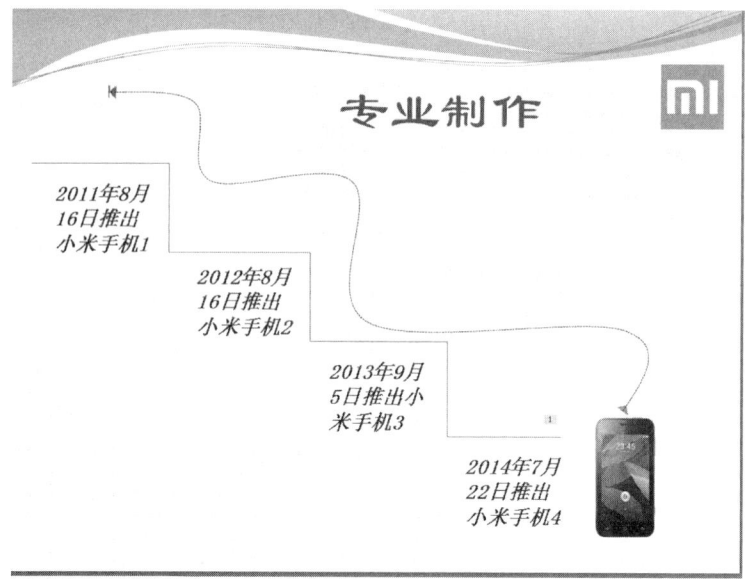

图 14-24 绘制自定义路径

第二个至第四个运动路径的"开始"属性调整成"之后",将所有运动路径的"速度"调整为"非常快"。

(5) 再用类似的方法将另外两张图片设置成沿路径运动的动画,全部设置完成后,如图 14-25 所示。

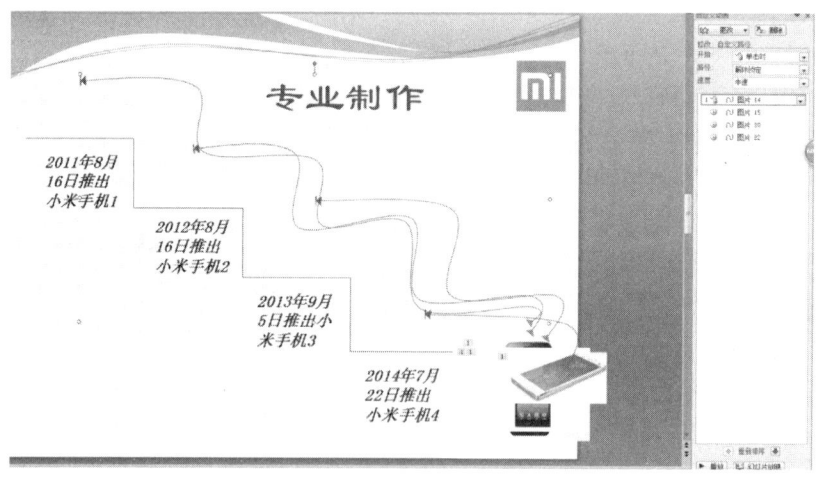

图 14-25 将四张图片设置成沿各自路径运动

14.3.6 幻灯片切换效果设置

"幻灯片切换"动画就是在放映时两张幻灯片过渡时的动画,它的作用是承上启下,用动画效果将下一张幻灯片展示在观众面前。设置切换效果应根据幻灯片内容和播放场合来决定每一张幻灯片的切换动画,不应随意进行设置。

1. 标题幻灯片切换效果设置

选定第 1 张幻灯片(即标题幻灯片),切换到"动画"选项卡,在"切换到此幻灯片"

202

选项组左侧系统提供的幻灯片切换效果列表中选择"菱形";"切换声音"属性设置为"无";"切换速度"属性设置为"慢速";"换片方式"属性设置为"单击鼠标时换片"或"5 秒之后自动设置动画效果",如图 14 - 26 所示。

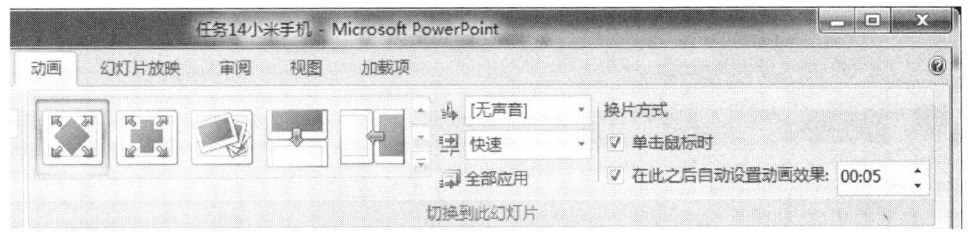

图 14 - 26 切换效果设置

2. 其他幻灯片切换效果设置

(1) 目录幻灯片(第 2 张幻灯片)切换效果设置:效果"盒装展开";无声音;快速。

(2) 第 3 张幻灯片切换效果设置:效果"顺时针回旋,2 根轮辐";无声音;快速。

(3) 第 4 张幻灯片切换效果设置:效果"菱形";无声音;慢速。

(4) 第 5 张幻灯片切换效果设置:效果"圆形";声音"照相机";慢速。

(5) 第 6 张幻灯片切换效果设置:效果"菱形";声音"照相机";慢速。

(6) 第 7 张幻灯片切换效果设置:效果"顺时针回旋,3 根轮辐";无声音;快速。

以上幻灯片,除第三张幻灯片之外,"换片方式"选项均设置为:"单击鼠标时换片"或"3 秒之后自动设置动画效果"。

相关提示

◆ 如图 14 - 27 所示的"换片方式"中季选中了"单击鼠标时"选项,又选中了"在此之后自动设置动画效果"(即 5 秒钟之后自动设置),所以在播放时,若时间没到 5 秒还可以手动进行播放,设定的时间到了则可以自动播放。

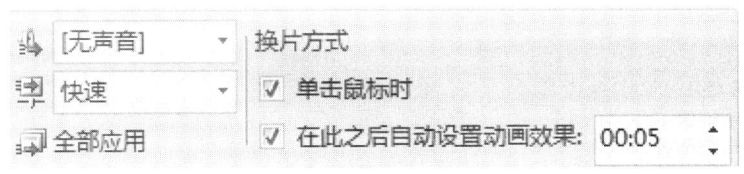

图 14 - 27 换片方式设置

全部设置完成后,切换到"视图"选项卡,单击"演示文稿视图"选项组中"幻灯片浏览"按钮,切换到"幻灯片浏览"视图下,可以看到每张幻灯片缩略图左下方都会显示一个标记,单击这个标记可以在当前视图中看到浏览效果,如图 14 - 1 所示。

14.3.7 为演示文稿设置超链接

在放映演示文稿时,默认情况下是按幻灯片的次序逐一播放的,这样不利于实现交互式播放。为了让观众更好地交互,在第 8 张幻灯片中标题中添加超链接功能,以便放映时能够进行链接或跳转,而无需顺序从头播放。

为目录页设置超链接,具体操作步骤如下:

（1）选中第 8 张幻灯片，选择要创建超级链接的文本："小米手机 4"。

（2）切换到"插入"选项卡，在"链接"选项组中单击"超链接"按钮，或单击鼠标右键，在弹出的快捷菜单中选择"超链接"命令，弹出图 14-28 所示的"插入超链接"对话框。

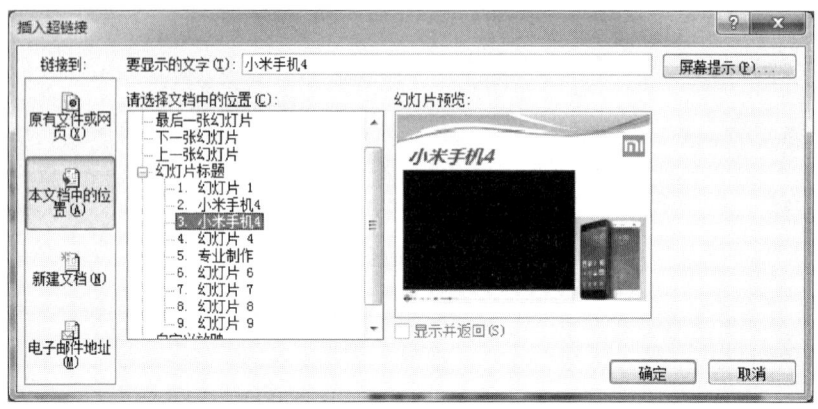

图 14-28　"插入超链接"对话框

（3）在对话框中单击"链接到：本文档中的位置"，选中第 3 张幻灯片，单击"确定"按钮即可创建超级链接。

（4）重复以上步骤，设置其余标题文本的超链接。

在图 14-28 中可以看到插入的超链接还可以链接到"原有文件或网页""新建文档""电子邮件地址"，下面依次说明。

链接到原有文件或网页：是指可以链接到计算机中存在的任意文件，或者链接到指定网页。

链接到新建文档：是指想链接的文件还没有建立，现在来创建。

链接到电子邮件地址：是指在幻灯片放映时，只要单击该对象，就可以立即打开 Outlook 邮件收发软件，新建一封事先指定好收件人和邮件主题的邮件，省去了记忆邮件和自己手动操作的麻烦。

📖 相关知识

- 建立好链接的文本会添加下划线，并且显示成配色方案指定的颜色。在播放时，单击有超级链接的对象跳转到其他位置后，颜色也会改变。
- 如果想修改某个超级链接，要先选中设置超级链接的文本，在"链接"选项组单击"超链接"按钮，或单击鼠标右键，在弹出的快捷菜单中选择"标记超链接"命令，弹出"编辑超链接"对话框，更改原来的超级链接。要删除某个超级链接，则要选中设置超级链接的文本，单击鼠标右键，在弹出的快捷菜单中选择"取消超链接"命令。

14.3.8　演示文稿的打印、打包和发布

至此，精美的演示文稿终于制作完成，下面需提交本 PPT 的电子稿和打印稿。考虑到经理计算机上安装的字体、版本等环境可能跟这台计算机不一样，为保证能正常播放，小李决定将演示文稿打包后发给经理。

PowerPoint 提供将演示文稿打包并刻录成 CD 的功能，用户通过此功能可以将演示文稿、播放器及相关的配置文件刻录到 CD 光盘中，并制作成专门的演示文稿光盘，甚至可

以选择是否让光盘具备自动播放功能。

1. 打印演示文稿

（1）进行页面设置。切换到"设计"选项卡，在"页面设置"选项组中单击"页面设置"按钮，弹出如图 14-29 所示的"页面设置"对话框，设置幻灯片的大小，单击"确定"按钮。

（2）打印演示文稿。单击 Office 按钮，在弹出的下拉菜单中选择"打印"命令，即可打印演示文稿。

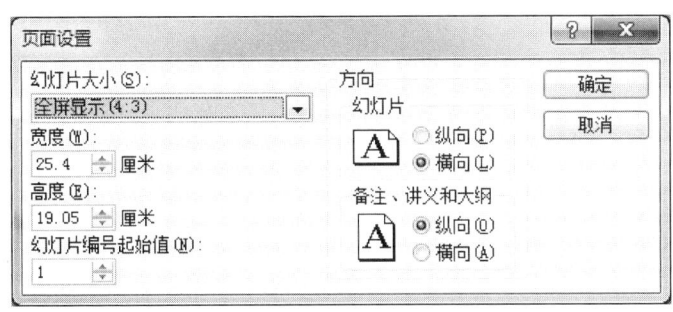

图 14-29　"页面设置"对话框

2. 打包演示文稿

将演示文稿打包具体的操作步骤如下：

（1）单击 Office 按钮，在弹出的下拉菜单中，执行"发布"/"CD 数据包"命令，弹出如图 14-30 所示的"打包成 CD"对话框。默认情况下包含链接文件和 PowerPoint 播放器。

（2）在"将 CD 命名为"文本框中，可以更改默认的 CD 命名；单击"复制到文件夹"按钮，弹出"复制到文件夹"对话框，可以命名文件夹的名称和存放的位置；单击"复制到 CD"按钮，如果计算机上装有刻录机，则会把所有文件刻录到 CD 上；单击"选项"按钮，还可以进一步设置字体、密码等。

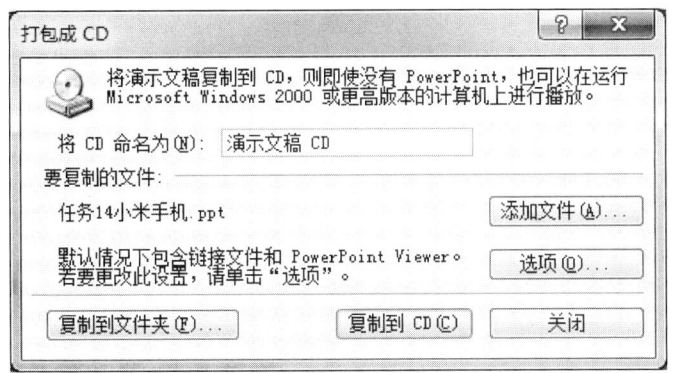

图 14-30　所示的"打包成 CD"对话框

3. 播放打包的演示文稿

播放打包的演示文稿的步骤如下：

（1）找到打包的文件夹或 CD 所在的位置。

（2）双击运行 PPTVIEW.EXE 文件，弹出"Microsoft Office PowerPoint Viewer"对话框，如图 14-31 所示。选择要播放的文件即可播放。

第二部分 日常办公事务处理

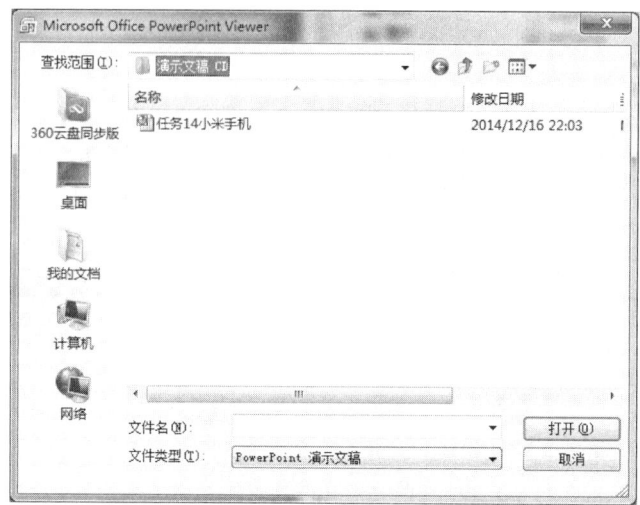

图 14-31 "Microsoft Office PowerPoint Viewer"对话框

4. 演示文稿的发布

为了更好地宣传公司产品，可以将制作好的演示文稿保存为网页格式（*.htm；*.html）或单个文件网页（*.mht；*.mhtml）。发布为网页格式可以方便演示文稿文件网上共享。

将制作好的演示文稿发布到网上，具体方法如下：

（1）单击"Office按钮"下的"另存为"命令，打开"另存为"对话框，选择保存格式为网页格式（*.htm；*.html），如图14-32所示。

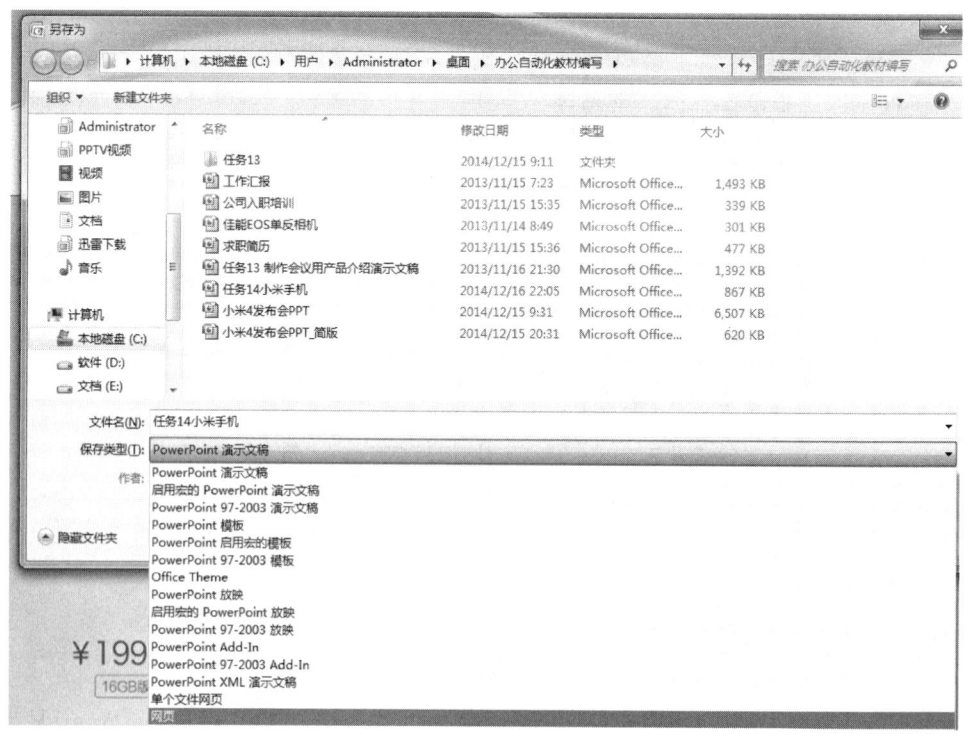

图 14-32 "另存为"对话框

任务 14　制作产品介绍演示文稿

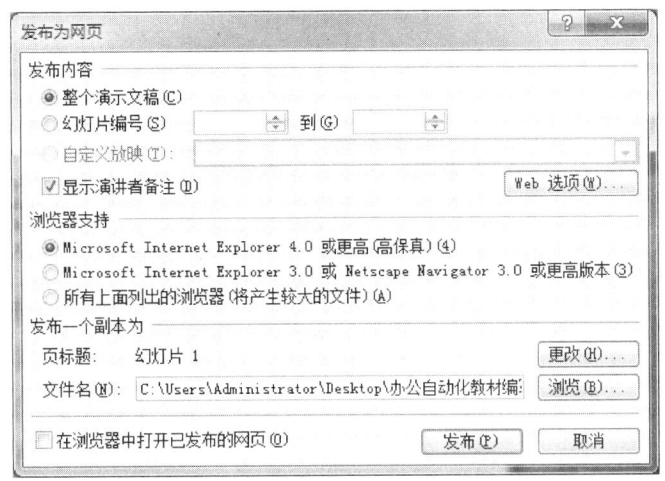

图 14-33　"发布为网页"对话框

（2）单击"另存为"对话框的"发布"按钮，弹出"发布为网页"对话框，如图14-33所示。发布内容：可以发布整个演示文稿，也可以发布部分；"更改"按钮：用来设置页标题，可以根据幻灯片主题命名；"浏览"按钮：用以指定网页文件的本地存放位置。

（3）单击"发布为网页"对话框的"发布"按钮，即可执行发布。发布的结果是生成了一个htm类型的网页文件，双击打开该文件，就会在浏览器中播放演示文稿内容。

> **注意**：网页格式无法支持某些动画特效，也不能自动切换幻灯片，在浏览器中播放时会弹出如图14-34所示的提示。出现这种情况，应在信息栏中右击，选择"允许阻止的内容"，弹出"安全警告"对话框，如图14-35所示；然后单击"是"按钮，即可在浏览器中浏览演示文稿了，如图14-36所示。

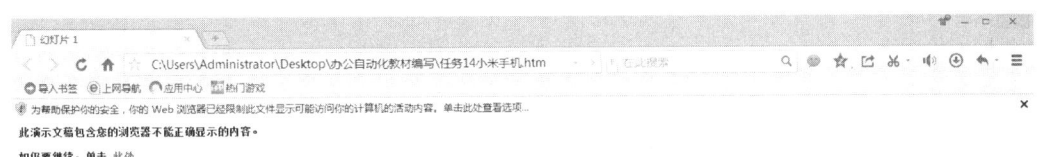

图 14-34　提示

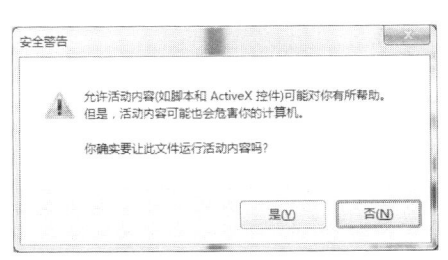

图 14-35　"安全警告"对话框

图 14-36　在浏览器中浏览演示文稿效果

14.4 拓展实训

14.4.1 实训 1：制作工作汇报演示文稿

为了总结经验，展望未来，在新的一年即将来临之际，公司决定将于近期举行各科室年度工作总结汇报活动。

工作汇报不仅要有简明条理的内容，还要配有适合的动画效果。下面就制作一份主题鲜明、内容条理简明、新颖别致的演示文稿。效果如图 14-37 所示。

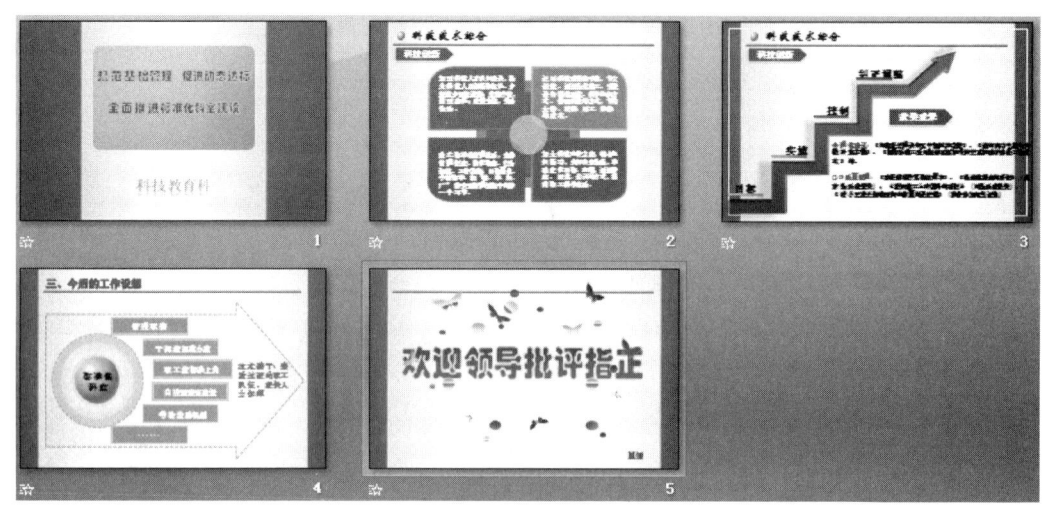

图 14-37 工作汇报演示文稿效果图

制作要求如下：

(1) 汇报内容简明有条理，图文并茂。

(2) 综合运用各种动画效果，为汇报锦上添花。

第二张幻灯片文字内容如下：

加强科技人才队伍建设，激发科技人员创新积极性。多渠道、多层次进修；业绩考核，增强责任；成果交流，奖励优秀。

运用科技成果和手段，节支创效。通过优化施工、引进设备消化吸收、科学组织方式、修旧利废等方式，节约大修、材料、用工、维修等成本。

建立标准化管理体系，完善管理制度、岗位职责、行为规范、工作流程、目标量化、考核标准，把"精、准、细、严"落实到管理过程中的第一个环节。

加大科技宣传力度，精心组织活动，发挥自身优势，准确定位目标、主题，通过讲座、展览、培训等方式，提高职工科学素质。

第三张幻灯片中文字内容如下：

合理化建议："焊接热处理设备双中频温控改进""道岔启动电路的实验补充步骤""框构桥施工采用钢筋混凝土板桩代替挖孔桩防护降低工程成本"等。

QC 质量管理："降低螺栓拧紧器故障率""轨道模拟盘的研制""换梁施工上砟漏斗的

研制""减少更换长钢轨预留空搭量的误差值"。

14.4.2 实训2：制作求职简历演示文稿

制作如图14-38所示的求职简历演示文稿。

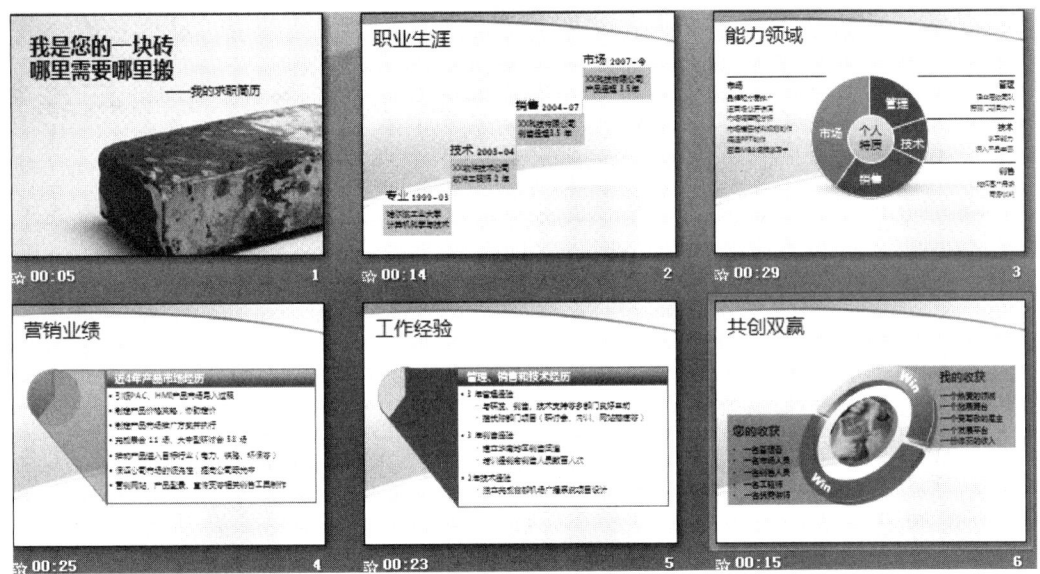

图14-38 求职简历演示文稿

制作要求如下：

(1) 内容设计：从"职业生涯""能力领域""营销业绩""工作经验""共创双赢"五个方面进行介绍。

(2) 进行幻灯片母版设置（应用素材中的主题"zt.thmx"）。

(3) 为幻灯片进行动画效果设置。

14.5 综合实践

根据以上所学的内容制作一份"关于召开新产品发布会"用的演示文稿，要求对演示文稿的字体、段落进行合理的格式化设置，并添加动画、声音和幻灯片切换效果，使得演示文稿更加生动、有吸引力。

第三部分 办公设备部分

任务 15
常用办公设备的使用与维护

本任务主要介绍办公过程中常见设备的基本知识、基本使用、日常维护和常见故障处理方法。

15.1 打印机的使用与维护

15.1.1 打印机的分类

打印机按工作方式不同可分为针式打印机（图 15-1）、喷墨打印机（图15-2）和激光打印机三种（图 15-3）。

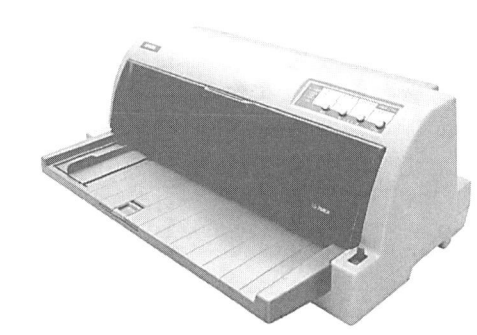

图 15-1 针式打印机外观

图 15-2 喷墨打印机外观

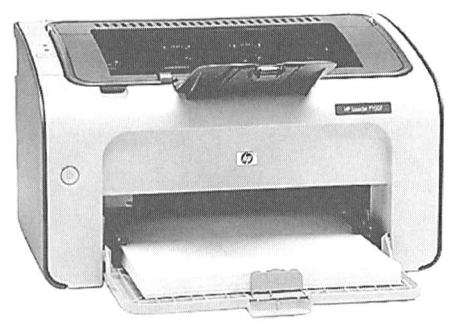

图 15-3 激光打印机外观

1. 针式打印机的性能特点

针式打印机使用打印针击打色带，将色带上的颜色印到纸上而产生图案。针式打印机具有以下特点：

（1）纸张适应性好。可适应 0.065～0.52mm 的单页纸、单页复制纸、连续纸、信封、明信片、带标签的连续纸、卷纸等多种类型的纸。

（2）独具复制打印功能。因其独特的工作模式，使得针式打印机具有独有的复制打印和蜡纸打印的功能，这个功能是喷墨打印机和激光打印机所无法具备的。

（3）耗材低廉。针式打印机的耗材主要是色带，一般每条色带可完成 200 万～800 万字的打印，而每条色带的售价仅在几元到几十元之间。

（4）操作简单、易于维护。

针式打印机的缺点主要有打印分辨率低，打印质量差；打印噪声大；打印速度慢等。

2. 喷墨打印机的性能特点

喷墨打印机的主要优点有分辨率高，工作噪声较低，打印速度较快，能够实现较高质量的彩色打印，设备体积小，占用空间少。主要缺点有墨盒耗材成本高，打印质量与打印速度、墨盒及纸张的关系密切，不具备针式打印机的复制能力。

3. 激光打印机的性能特点

激光打印机的主要优点有打印质量高，几乎达到了印刷的水平；打印速度快，噪声小。主要缺点有耗材贵，激光打印机使用碳粉，一盒碳粉可以打印 3000～5000 张纸；对纸张的要求高；不具备针式打印机的复制能力。

15.1.2　打印机的安装

无论哪种打印机，安装过程基本类似，一般安装流程为安装打印机硬件→安装打印机驱动程序→打印测试。

下面以 EPSON LP - 2200 激光打印机的在 Windows 7 系统下的安装过程为例讲解打印机的安装过程。

1. 安装打印机硬件

（1）选定合适的位置，摆放好打印机。

（2）连接打印机与计算机。使用随机附带的数据线将打印机与计算机的 USB 接口连接。

（3）连接打印机的电源线。将打印机的电源线一端插头插到打印机的背部，另一端插头插到主电源插座上。

2. 安装打印机驱动程序

硬件连接好后，要使打印机能够正常工作，必须还要安装相应的驱动程序。具体操作步骤如下：

（1）单击"开始"菜单，执行"设备和打印机"命令，如图 15-4 所示。

（2）在"设备和打印机"页面，选择"添加打印机"，此页面可以添加本地打印机或添加网络打印机，如图 15-5 所示。

（3）在图 15-5 所示窗口中选择"添加本地打印机"后，会进入到选择打印机

图 15-4　执行"设备和打印机"命令

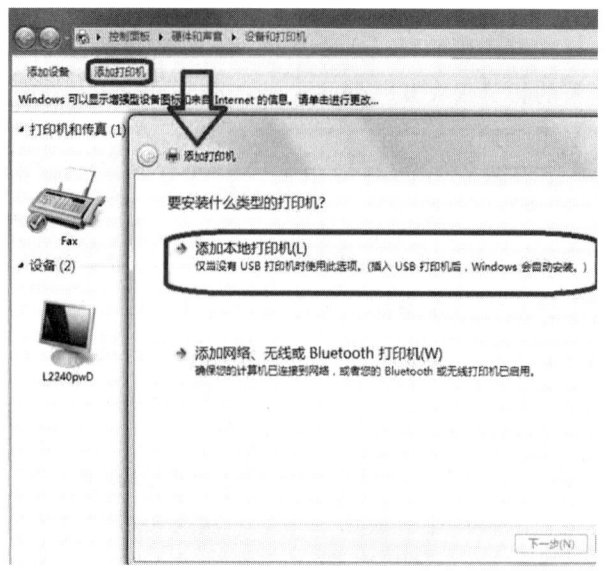

图 15-5 "设备和打印机"窗口

端口类型界面,选择本地打印机端口类型后点击"下一步",如图 15-6 所示。

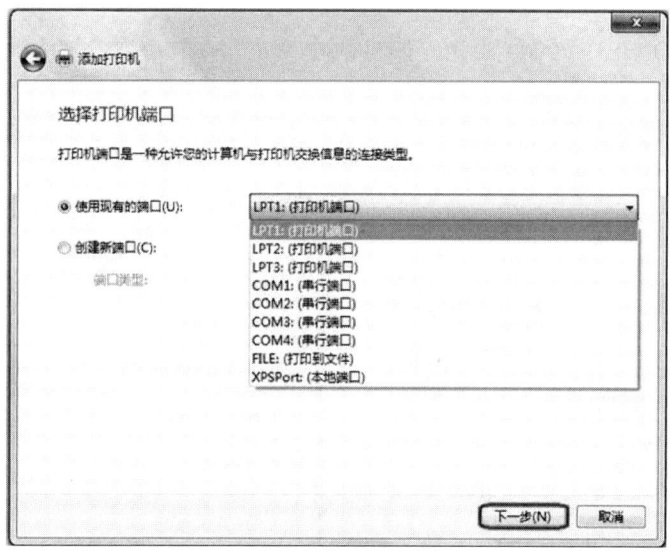

图 15-6 选择打印机端口

(4) 此页面需要选择打印机的"厂商"和"打印机类型"进行驱动加载,例如"EPSON LP-2200 打印机",选择完成后点击"下一步"。

> **注**:如果 Windows 7 系统在列表中没有您打印机的类型,可以"从磁盘安装"添加打印机驱动。或点击"Windows Update"按钮,然后等待 Windows 联网检查其他驱动程序。

(5) 在接下来的界面中,系统会显示出您所选择的打印机名称,确认无误后,点击

"下一步"进行驱动安装。

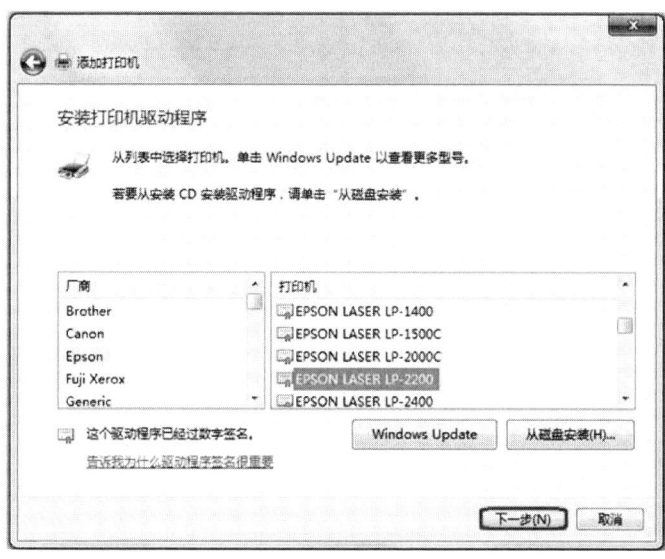

图 15-7　确定驱动程序类型

（6）打印机驱动加载完成后，系统会出现是否共享打印机的界面，您可以选择"不共享这台打印机"或"共享此打印机以便网络中的其他用户可以找到并使用它"。如果选择共享此打印机，需要设置共享打印机名称，如图 15-8 所示。

图 15-8　设置打印机是否共享

（7）点击"下一步"，添加打印机完成，设备处会显示所添加的打印机。您可以通过"打印测试页"检测设备是否可以正常使用，如图 15-9 所示。

15.1.3　打印机的维护

打印机在使用过程中需要精心维护，以便延长其使用期限和提高打印质量。下面以目

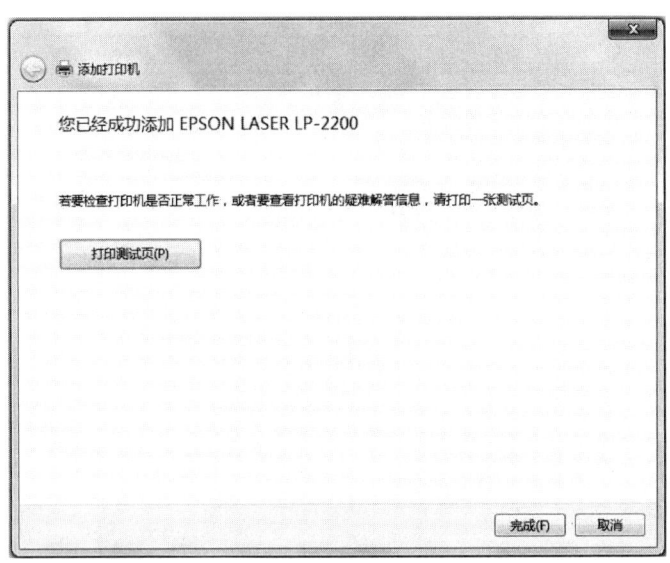

图 15-9　打印测试页

前常用的激光打印机为例介绍打印机在使用过程中应注意的事项。

- ◆ 打印机应放置在清洁、干燥的环境中，以免因为灰尘或潮湿而影响使用。
- ◆ 在刚开启打印机电源开关后，打印机还处于预热状态时，不要盲目操作。
- ◆ 由于激光打印机进行打印依赖的是静电作用，因此应使用正规去静电打印纸，以免降低打印质量。
- ◆ 打印纸应放置在干燥的环境中，一旦受潮将易产生挤纸等故障。
- ◆ 长时间使用后可以使用高纯度酒精或专业滚筒清洁器来清洗送纸滚筒上的污垢，这些污垢主要是由打印纸带入的。
- ◆ 如果打印质量下降可能是由于冠状电线有沉积灰尘，影响静电使用效率所致。用户可以按照说明手册找到冠状电线后使用干棉布轻拭，切忌使用酒精或其他溶剂，否则会破坏电线的静电效果。
- ◆ 长时间使用后散热风扇会沉积较多灰尘而影响散热效率，这时可以使用小毛刷对其进行清理，保证打印机正常散热。

15.1.4　打印机常见故障及排除

下面以激光打印机为例，介绍在使用过程中常见的故障现象及排除方法。

如果打印机工作不正常，按表 15-1 所示顺序进行检查。如果打印机未通过某一项检查，可执行相应的故障排除方法。

表 15-1　　　　　　　　　激光打印机的故障检查

检查步骤	故障排除方法
检查控制面板上的数据指示灯是否亮	如果所有指示灯都不亮，应检查电源线的连接和电源开关，可通过将电源线插入另一电源插座来检查电源是否正常供电
按演示按钮，打印演示页	如果未打印出演示页，检查进纸器内是否装纸

续表

检 查 步 骤	故障排除方法
利用应用软件打印一篇短文件，检查打印机与计算机之间是否正确连接和通信	如果未打印，检查打印机与计算机之间的电缆是否连接好；在打印队列或后台打印程序中检查打印是否被停止；利用应用软件检查是否使用了正确的打印机驱动程序和通信端口

(1) 故障现象：打印机开机后没有反应或无法打印。

故障分析：引起此故障的可能原因有以下几种：①打印机电源没有接通、打印机电源开关未打开、打印机数据电缆的连接不正确；②打印机进纸盒中没有纸，打印机内有卡纸，感光鼓组件有问题；③应用程序有问题或存在病毒；④硬盘剩余空间过小导致打印机不能打印或未将当前打印机设置为默认打印机；⑤当前打印机已被设置为暂停打印；⑥打印机驱动程序不合适以及配置不正确；⑦BIOS 中打印机端口未能打开；⑧打印机驱动程序未正确安装或损坏；⑨打印机硬件出现故障。

故障检修方法：首先对打印机电源及电缆的连接进行检查；如没有发现问题，接下来对进出纸路及感光鼓和硬盘进行检查；如果都没有问题，然后用杀毒软件进行杀毒处理；如果还没有效果，选择"开始/设置/打印机"，检查当前使用的打印机图标是否有一黑色的小钩，如果有黑色小钩，则说明该机已被设置了默认打印机。再作进一步检查，检查驱动程序的选择是否正确，如果驱动程序不正确，重新安装正确的驱动程序。

(2) 故障现象：打印机打印时卡纸。

故障分析：此故障大多是因为打印纸有问题，如质量不好、厚薄不适及受潮等。在卡纸时应首先检查纸卡在什么位置，再作相应的排除。

故障检修方法：下面列举纸常卡的部位和排除方法：

1) 纸卡在多功能送纸器中。打开送纸器的前盖，向上直着拉出被卡的纸。尔后关上送纸器的前盖，打开机子的顶盖，检查机子里面是否有撕碎的纸片。若纸不能直接拉出来，应打开顶盖，取出硒鼓组件，将卡的纸向前拉出。

2) 纸卡在加出纸盒里。向下拉开出纸器，打开支撑铁丝向外拉出卡住的纸。注意不能从出纸盒直接向外拉卡住的纸，以防加热辊上粘上墨粉，使后面的打印纸粘上墨粉。

3) 纸卡在硒鼓附近。打开机盖，取出硒鼓避光保存，将卡住的纸向前拉出，尔后装回硒鼓，关上打印机盖。

4) 纸卡在加热辊里。打开机顶盖，取出硒鼓组件并避光保存好，然后将卡住的纸拉出。装回硒鼓组件，关上打印机的顶盖。

(3) 故障现象：打印机打印时不进纸。

故障分析：①计算机屏幕上显示"Paper Empty"提示，或 Alarm 及 Paper 指示灯在闪烁，即表示送纸器内缺纸；②送纸器内有纸，但纸张异常；③送纸器中装的纸张过满。

故障检修方法：经检查为送纸器中装的纸张过满。将送纸器中的纸量适当减少后，故障排除。

(4) 故障现象：打印页面上沾有墨粉或出现竖直黑条。

故障分析：打印机能打印，说明打印机无问题，引起这种故障的可能原因有以下几种：①打印机内部的扫描器脏污；②硒鼓组合中的主电晕丝脏污；③硒鼓有问题。

故障检修方法：经检查为打印机内部的扫描器脏污。首先用柔软的干布将扫描器擦拭干净，并清除打印机内部溅撒的墨粉及纸屑等，试机，故障依旧；再对主电晕丝进行清洁，左右移动主电晕丝上的清洁环，使主电晕丝清洁干净，之后把清洁环移回有"▲"标记的原处后，故障仍未排除，说明硒鼓有问题。更换新硒鼓后，开机打印，故障排除。

15.2 传真机的使用与维护

传真机是运用扫描和光电变换技术，把文件、图表、照片等静止图像转换成电信号，传送到接收端，以记录形式进行复制的通信设备，其外部形状如图15-10所示。

图15-10 传真机外部形状

15.2.1 传真机的分类

目前市场上常见的传真机可以分为四大类：

（1）热敏纸传真机（也称为卷筒纸传真机）。热敏纸传真机是通过热敏打印头将打印介质上的热敏材料熔化变色，生成所需的文字和图形。使用热敏纸，成本低廉，但热敏纸保存时间短，需复印后方可保留。

（2）热转印式普通纸传真机。热转印从热敏技术发展而来，它通过加热转印色带，使涂敷于色带上的墨转印到纸上形成图像。

（3）喷墨式普通纸传真机（也称为喷墨一体机）。打印图像使用喷墨打印，介质使用普通复印纸，保存时间长，便于存档。此类传真机多为中档机，功能较全，性能中档。

（4）激光式普通纸传真机（也称为激光一体机）。打印图像使用激光打印，介质使用普通复印纸，图像清晰、精美，保存时间长，便于存档。此类传真机多为高档机，功能齐全，性能优越。

而市场上最常见的就是热敏纸传真机和喷墨/激光一体机。

15.2.2 传真机的使用

1. 传真操作前的准备

（1）文稿用纸厚度要在0.06～0.15mm之间。

（2）不宜传送写在透明纸上的文稿。

（3）文稿宽度及长度要符合所用传真机的要求。

（4）传真文稿上的墨、胶水及涂改液要完全干透。

（5）不平整的原稿不能直接发送，可用其复制件发送。

（6）文件上不可以有铁夹、订书钉、别针等坚硬物品。

（7）避免传送黄色、黄绿色及浅蓝色颜色编写的文稿。

（8）必要时使用文件传送透明胶套发送文稿。

2. 传真机的发送操作

（1）开机后，安装好稿件。

（2）根据发送文件的图像深浅及对图像清晰度的要求调整清晰度和对比度。

（3）给接收方打电话。这里有两种方式，一般传真的时候号码没有单独记下来，可以先拨号。然后按监听键，这样就相当于按了电话的免提键，传真机会有外音，或者如果不需要外音直接将话机提起就可以，如图 15-11 所示。

有的传真机是自动的，拨通之后就会直接给传真信号，听到刺耳的"滴"的声音就是有信号了，一般这个信号是连续的"滴——"，此时按下"传真/开始"按钮，传真就会自动传送了，如图 15-12 所示。

图 15-11 给接收方打电话

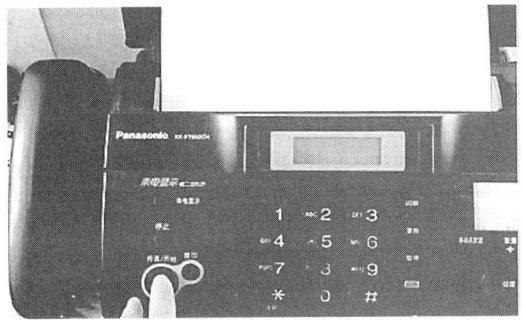

图 15-12 按下"传真/开始"按钮

有一种就是电话传真一起的，拨打的号码是有人先接听的，电话接听后告诉人家你要发传真，请她给你个传真信号就可以了，要注意也是要等听到传真信号响起"滴——"的声音，才可以按下"传真/开始"按钮开始传送。

另一种拨号方式就是直接提机拨号，和打电话一样，把听筒拿起来拨号，然后等传真信号，如图 15-13 所示。

拨通之后，听到"滴——"的信号声，此时按下"传真/开始"按钮，挂了听筒，传真就会自动传送了，如图 15-14 所示。

图 15-13 直接提机拨号

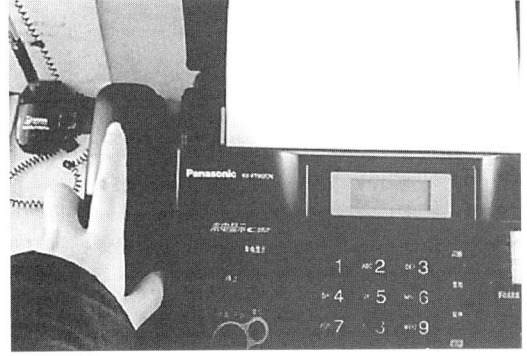

图 15-14 挂听筒，传真自动传送

3. 传真机的接收操作

（1）自动接收操作步骤：第一步，将手动/自动键拨至自动（AUTO）接收；第二步，当电话铃响 2~3 声后，传真机自动完成接收。

（2）手动接收操作步骤：第一步，对方设为自动发送，当电话铃响起后提起话筒和对方应答，如听到"哔"声后，按"传真/开始"按钮；对方设为手动发送，和对方应答完毕，按"传真/开始"按钮；第二步，把话筒放回原处；第三步，传真机自动完成接收。

4．传真机的复印操作

传真机复印功能是传真机最为简单的操作，但它的意义却不简单：首先，它有类似于复印机的功能；其次，复印操作可以判断一台传真机扫描、打印及主控部分是否故障。复印步骤为：①将文稿放入进稿器上；②按"复印"按钮；③按"设置"开始复印。

15.2.3 传真机的常见故障及其排除方法

（1）文件复印时一侧字迹不规则泛白，其原因主要有以下可能：

1）上盖扣合不严或泛白一侧的挂钩没有挂到位。处理方法：打开面板后压住两边用力重新扣合。

2）也可能是热感头（TPH）错位所致。处理方法：打开面板后反复按压热感头，调整使其复位。

（2）文件复印有黑带原因。扫描器（CIS）表面脏或者热感头故障。处理方法：可以先清洗扫描器，如仍有黑带，则更换热感头。

（3）文件复印 1/4 白原因。热感头或扫描器故障。处理方法：首先进入服务模式，测试热感头，如有问题，更换；如果热感头良好，则为扫描器故障，更换扫描器。

（4）文件复印不清晰原因。扫描器或者白辊脏。处理方法：清洁扫描器和白辊。

（5）文件复印全白原因。主板、热感头或者扫描器故障。处理方法：首先进入服务模式，测试热感头，如有问题，更换；否则更换主板，如果复印仍显示全白，再更换扫描器。

15.3 复印机的使用与维护

复印机是一种能将手写、印刷或绘制的原始文件，复制出和原稿相同文件的机器。它不需要印刷版，且具有快速复印、缩放等现代化特性，节省人们许多抄写、刻印的时间，是必备的自动化办公设备。外观如图 15-15 所示。

图 15-15 复印机外观

15.3.1 复印机的分类

- 按成像处理方式可以分为：模拟复印机、数码复印机。
- 按可复印的颜色分为：单色、多色、彩色复印机。
- 按复印尺寸分为：普及型、便携式、工程图纸复印机。
- 按对纸张的要求分为：普通纸复印机、特殊涂层纸复印机。
- 按显影方式分为：干法显影、湿法显影，目前常用的是干法显影复印机。

- 按复印速度分为：低速、中速和高速 3 档，低速为 12 张/分钟，中速为 15～35 张/分钟，高速为 36 张/分钟以上。
- 按光导材料分为：硒、硒碲合金、氧化锌和有机光导体等材料。

不同类型复印机的特点也不尽相同：

(1) 便携式个人机。机身小，可手提携带。复印幅面为 A4 纸，复印速度为 5 张/分钟左右，一般无缩放功能。适合于家庭或经理办公室自用，可以放置于桌面上，但复印成本较高，耗材贵。

(2) 中低档办公型。功能齐全，复印速度一般在 25 张/分钟左右，供纸方式一般为双纸盒加手送，是办公用的主要机型，可满足日常文印的要求，还可以偶尔承担小规模的批量复印。

(3) 高速高档型。复印速度快，可达 30 张/分钟以上，自动化程度高、功能齐全、多数带有双面复印功能，适用于大型办公室，小型文印中心等。

(4) 高速柜式生产型。复印速度快，在 50 张/分钟以上，稳定性高，功能齐全，承印量大，带有液晶显示屏。高速柜式生产型全部为柜式一体且配有自动双面送稿器及分页器，功能已接近了轻型印刷机，适用于大型办公室的文印中心等场合。

15.3.2 复印机的基本操作

使用复印机之前应该认真阅读随机附带的操作手册，掌握操作方法。一般来说，复印机操作需要经过以下几个步骤：预热；检查原稿；检查机器显示；放置原稿；设定复印份数；设定复印倍率；选择复印纸尺寸；调节复印浓度；开始复印。

1. 预热

按下电源开关，开始预热，面板上应有指示灯显示，并出现等待信号，这个状态大概持续约 1 分钟时间。当预热时间达到时，机器即可开始复印，这时会出现可以复印信号或音频信号。

2. 检查原稿

拿到需要复印的原稿后，应大致翻阅一下，需要注意以下几个因素：原稿的纸张尺寸、质地、颜色，原稿上字迹的色调，原稿的装订方式，原稿张数，有无图片等以及原稿是否需要改变曝光量。这些因素都与复印质量有关，必须做到心中有数。对原稿上不清晰的字迹、线条等，应在复印前描写清楚，以免复印后返工。可以拆开的原稿应拆开，以免复印时出现不平整的阴影。

3. 检查机器显示

机器预热完毕后，应查看操作面板上的各项显示是否正常，主要包括以下几项：可以复印信号显示、纸盒位置显示、大小复印显示、复印数量显示（一般为 1）、复印浓度调节显示、纸张尺寸显示，一切显示正常才可进行复印。

4. 放置原稿

根据稿台玻璃刻度板的指示及当前使用纸盒的尺寸和横竖方向放好原稿。需要注意的是，复印有顺序的原稿时，可以从最后一页开始，这样复印出来的复印品的顺序就是正确的。

5. 设定复印份数

按下数字键设定复印份数。设定有误时可按清除键"C"清除，然后重新设定。

6. 设定复印倍率

通常复印机都有复印缩放功能，复印机的复印倍率有以下方式。

(1) 固定缩放倍率。缩放只有固定的几档，很容易将一种固定尺寸纸上的稿件经过放大或缩小后印到另一种固定尺寸的纸上去，例如：A3→A4，即将 A3 规格的原稿复印到 A4 纸上。

(2) 使用无级变倍键进行无级变倍复印。使用这种方式，可以对原稿进行 50%～200%、级差为 1% 的无级变倍缩放。

(3) 使用自动无级变倍键，实行自动无级变倍。使用这种模式，机器会根据原稿和供纸盒内的纸尺寸自动设置合适的复印倍率。

7. 选择复印纸尺寸

根据原稿尺寸、放大或缩小倍率按下纸盒选取键。如机内装有所需尺寸的纸盒，则在面板上会显示出来；如无显示，则需更换纸盒。

8. 调节复印浓度

根据原稿纸张、字迹的色调深浅，适当调节复印浓度。原稿纸张颜色较深的，如报纸，应将复印浓度调浅些；字迹线条细，不十分清晰的，如复印品原稿、铅笔原稿等，则应将浓度调深些。复印图片时一般应将浓度调浅。

15.3.3 复印机的日常维护和常见故障处理

1. 复印机的日常维护

(1) 光学系统的清洁。

- 用橡皮气球把光学元件表面的灰尘及墨粉吹去。
- 用软毛刷把嵌在各个缝隙中的灰尘除去。
- 用光学脱脂棉或镜头纸轻擦光学元件表面。
- 用光学脱脂棉蘸清洁液擦去油污、手指印等污迹。

(2) 防止或减少卡纸。

- 严格选择、裁切和保管复印用纸。
- 加强设备的日常保养和定期检修。
- 一旦发现卡纸故障，要及时处理，并找出原因，排除隐患。
- 认真按操作规程要求进行操作。

2. 常见故障处理

(1) 卡纸：卡纸后，面板上的卡纸信号亮，这时需打开机门或左（定影器）右（纸部）侧板，取出卡住的纸张。

(2) 纸张用完：纸张用完时面板上会出现纸盒空的信号，装入复印纸，可继续复印。

(3) 墨粉不足：墨粉不足信号灯亮，表明机内墨粉已快用完，将会影响复印质量，应及时补充，有些机型出现此信号时机器停止运转，有些机型仍可继续复印。加入墨粉前应将墨粉瓶或筒摇动几次，使结块的墨粉碎成粉末。

(4) 废粉过多：从感光鼓上清除下来的废墨粉收集在一只废粉瓶内，装满后会在面板上显示出信号，有些机器与墨粉不足时使用同一个信号，这就更应当注意检查，当废粉装满时要及时倒掉。

15.4 扫描仪的使用与维护

扫描仪是一种捕获图像信息的设备,它通过扫描将图像、照片和文本等信息转换成计算机可以显示、编辑、储存和输出的数字格式的信息。扫描仪的应用范围很广泛,例如用于扫描美术图片和照片,然后将其插入到文件中;用于扫描印刷文字,然后配合使用文字识别软件(OCR)实现文字高速录入等。扫描仪外观如图15-16所示。

15.4.1 扫描仪的分类

(1) 根据扫描仪的使用领域可分为:家用扫描仪、商用(办公)扫描仪和专业用扫描仪。

(2) 根据扫描仪的操作方式可以分为:手持式扫描仪、平板式扫描仪。

(3) 根据接口方式分类(即扫描仪与计算机之间的连接方式),目前扫描仪常见的接口有SCSI、EPP、USB三种。

(4) 根据扫描仪所支持的颜色分类可分

图15-16 扫描仪的外观

为:单色扫描仪与彩色扫描仪。单色扫描仪得到的是灰度图像,彩色扫描仪可以得到彩色图像。

(5) 按用途可将扫描仪分为可用于各种图稿输入的通用型扫描仪和专门用于特殊图像输入的专用型扫描仪,如条码读入器、卡片阅读机等。

(6) 根据扫描的介质可分为:反射式(纸材料)扫描仪、透射式(胶片)扫描仪以及既可扫反射稿又可扫透射稿的多用途扫描仪。

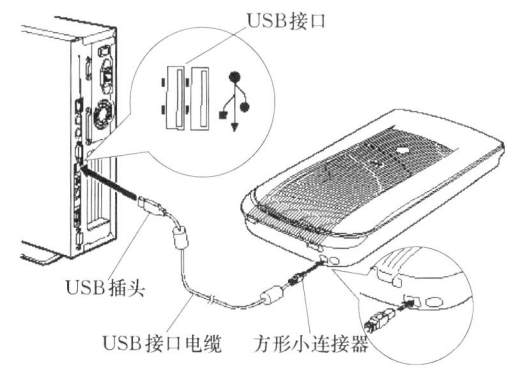

图15-17 USB接口扫描仪的连接

15.4.2 扫描仪的安装

1. 安装扫描仪硬件

(1) 选择平整的位置,摆放好扫描仪。

(2) 打开自动保护锁。

(3) 连接扫描仪和计算机。将随机附带的USB电缆一端与扫描仪的USB端口相连,另一端与计算机的USB端口相连,然后连接扫描仪的电源,如图15-17所示。

2. 安装扫描仪驱动程序

接通扫描仪的电源,启动计算机,将扫描仪的驱动程序安装盘放入驱动器中,按说明书和屏幕提示完成安装。

15.4.3 扫描仪的使用

扫描仪可以扫描照片、印刷品以及一些实物。扫描时通常要使用 Photoshop 或扫描仪自带的图像编辑软件。下面以 Photoshop CS6 软件为例，简单介绍扫描仪扫描图像的步骤。

安装好扫描仪后，打开扫描仪电源。打开计算机中安装的 Photoshop 软件，进入"文件"菜单，如图 15-18 所示。选择"导入"子菜单中的"WIA 支持…"，这时候 Photoshop 会询问使用哪个设备，如图 15-19 所示。连接好的扫描仪设备名称会出现在设备列表中，鼠标单击扫描仪设备名称后，单击"确定"按钮，进入到如图 15-20 所示的扫描界面。该界面窗口的左边是有关扫描类型、分辨率和输出图像尺寸等内容的设置选项。在窗口的右边是扫描预览区域，右下方是"预览"和"扫描"两个命令按钮，扫描前可先单击"预览'按钮进行预览，在预览画面上选择扫描范围后，再单击"扫描"进行扫描。

图 15-18　Photoshop CS 软件界面

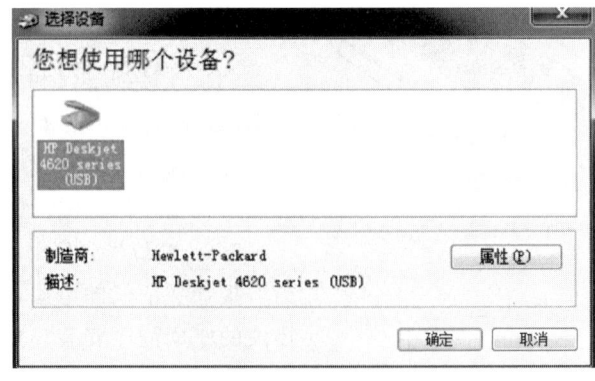

图 15-19　选择扫描仪设备

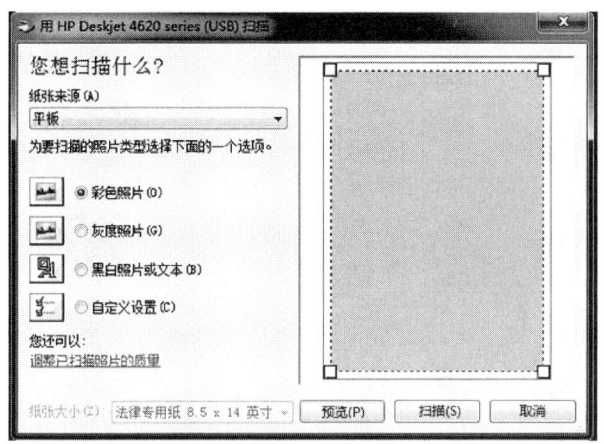

图 15-20　扫描选项

15.4.4　扫描仪的日常维护

扫描仪是目前最实用的图像输入设备。为了保证扫描仪的扫描质量，延长扫描仪的使用寿命，应从以下几个方面对扫描仪进行维护：

（1）做好定期保洁工作。扫描仪中的玻璃平板及反光镜片、镜头沾染灰尘或者其他杂质，会使扫描仪的反射光线变弱，从而影响图片的扫描质量。为此，扫描仪适宜放置在少尘的环境中，用完后要及时用防尘罩将扫描仪遮盖起来。要定期对扫描仪进行清洁，清洁的顺序是先外壳后玻璃平板。

（2）保护好光学部件。扫描仪在扫描图像的过程中，需要通过光电转换器把模拟信号转换成数字信号，然后再送到计算机中。这个光电转换设置非常精密，光学镜头或反射镜头的位置对扫描的质量有很大的影响。因此在工作过程中，不要随便改动这些光学装置的位置，同时要尽量避免对扫描仪的震动或者倾斜。

（3）扫描前要预热。扫描仪正常工作的环境温度为 10～40℃，扫描仪在刚启动时光源的稳定性比较差，光源的色温也没有达到正常工作所需要的色温，此时扫描的图像往往饱和度不足，因此在扫描前要先让扫描仪预热一段时间。

（4）不要中途切断电源。由于镜组在工作时运动速度比较慢，扫描一幅图像后需要一些时间从底部归位，因此在正常供电的情况下不要中途切断电源，待扫描仪的镜组全部归位后再切断电源。

15.5　多功能一体机的使用与维护

多功能一体机是一种将打印、复印、传真、扫描等功能集成在一起的办公设备。虽然有多种的功能，但是打印技术是多功能一体机的基础功能，因为无论是复印功能还是接收传真功能的实现都需要打印功能支持才能够完成。多功能一体机的外部结构如图 15-21 所示。

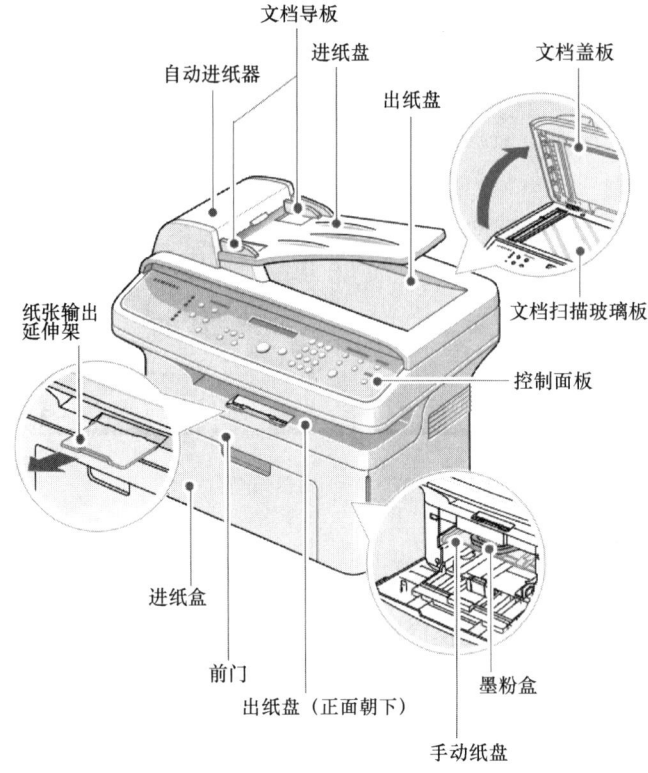

图 15-21 三星 SCX-4521F 多功能一体机外部结构

15.5.1 多功能一体机的分类

（1）根据产品原型分为：基于打印机的一体机、基于传真机的一体机、基于复印机的一体机。

（2）按照打印技术（方式）分为：喷墨型一体机、激光型一体机、碳带热传印型一体机。

（3）按照扫描技术分为：馈纸式一体机、平台式一体机。

15.5.2 多功能一体机的使用

（1）多功能一体机的操作（控制）面板（三星 SCX-4521F 为例）如图 15-22 所示，图中各编号对应的功能区如下：

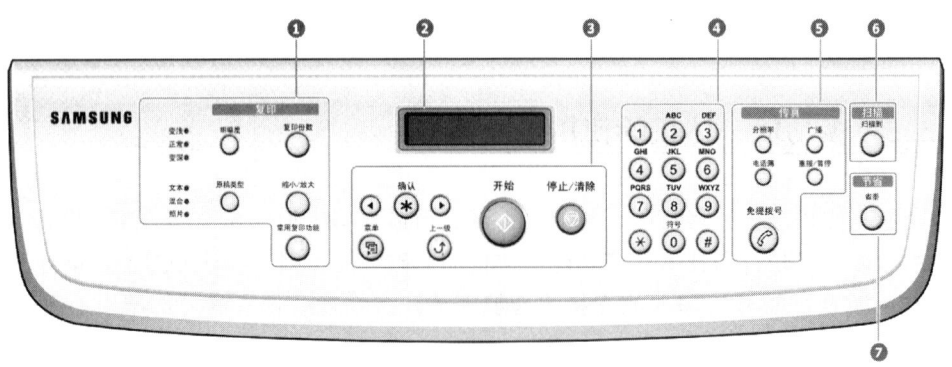

图 15-22 多功能一体机的控制面板

1) 复印设备操作按钮。可设置复印的明暗度、原稿类型、复印份数、缩小/放大等参数。

2) 显示屏。在操作过程中显示当前状态和提示信息。

3) 操作菜单选择及启动操作按钮。

4) 数字键盘。用于拨号或输入字母数字字符。

5) 传真设备操作按钮。

6) 扫描到按钮。用于访问可将图像扫描到其中的 PC 软件程序的列表。

7) 省墨按钮。通过减少打印文档的墨粉用量来节省墨粉。

(2) 多功能一体机的初始设置：设置日期和时间，设置音频或脉冲拨号模式，设置本机标志 ID。

(3) 多功能一体机的基本操作。

1) 放入原稿和纸张：在自动送纸器中放入原稿；将原稿放到玻璃板上；在进纸盒中放入标准纸；在进纸盒中放入照片纸。

2) 使用复印功能：设置复印纸张尺寸/类型，进行高质量的复印。

3) 使用扫描功能：扫描到应用程序；停止扫描。

4) 从计算机打印：从软件程序中打印；更改打印设置；停止打印操作。

5) 使用传真功能：发送传真；接收传真。

15.5.3 多功能一体机的日常维护

(1) 清洁一体机：清洁玻璃板、清洁外壳、清洁电晕丝。

(2) 使用墨盒：更换墨盒、清洁墨盒。

(3) 保护感光鼓：在一体机需要更换墨粉或者检查故障需要拿出碳粉盒时，一定要避免感光鼓在阳光下和灯光下的直接照射。

(4) 按步骤拆装：用户应掌握一定的拆卸方法，按照操作说明书，有步骤、有顺序地进行拆卸。

(5) 其他保养注意事项：严禁带电插拔一体机信号电缆或电源线，不要频繁开关机，保护好光学部件，选择正规用纸，保证电源环境的稳定，不要经常随意修改参数。

15.6 移动存储设备的使用与维护

15.6.1 移动硬盘

1. 移动硬盘简介

移动硬盘（Mobile Hard Disk）顾名思义是以硬盘为存储介质，是计算机之间交换大容量数据，强调便携性的存储产品。市场上绝大多数的移动硬盘都是以标准硬盘为基础的，而只有很少部分的是以微型硬盘（1.8 英寸硬盘等）为基础，但价格因素决定着主流移动硬盘还是以标准笔记本硬盘为基础。因为采用硬盘作为存储机制，所以移动硬盘在数据的读写模式上与标准 IDE 硬盘是相同的。移动硬盘多采用 USB、IEEE1394 等传输速度较快的接口，可以较高的速度与系统进行数据传输。

2. 移动硬盘的安装和使用

当前被用户广泛使用的移动硬盘基本上是 USB 接口,安装和使用方法如下:

(1) 将 USB 连接线一端插移动硬盘上,另一端插在电脑的 USB 接口上,一般的机器在机箱前端也有 USB 接口。

(2) 如果是 Windows XP 及其以上版本的操作系统就不需要安装其他的驱动程序,插上接口等待几秒钟后桌面上就会弹出打开此文件之类的窗口。

(3) 这时候可以关闭窗口,打开"我的电脑",在可移动存储设备里面就可以看到一个移动硬盘图标,这就是刚安装的移动硬盘了。可以在里面进行新建文件夹、删除等一系列在电脑中都可以进行的操作。

部分移动硬盘在某些计算机(特别是笔记本电脑)上使用时,需提供外接电源,一般通过专用的电源连线从键盘或鼠标接口获得。较新的移动硬盘采用了从另一个 USB 接口获得电源的方法,提供一对二 USB 连接线。

15.6.2 闪盘的安装和使用

闪盘就是闪存,通常通过 USB 接口与电脑连接,暂时储存文件或用来传输文件,采用 Flash 闪存芯片作为存储介质,容量从几百 MB 到十几 GB 不等。具有可多次擦写、速度快且防磁、防震、防潮的优点。

U 盘,全称 USB 闪存驱动器,是闪存的一种,英文名"USB flash disk"。它是采用 USB 接口和闪存(Flash Memory)技术结合的方便携带、外观精美时尚的移动存储器,是一种使用 USB 接口,不用驱动器,无需外接电源的微型高容量移动存储产品,通过 USB 接口与电脑连接,实现即插即用。U 盘的称呼最早来源于朗科科技生产的一种新型存储设备,名曰"优盘"。U 盘连接到电脑的 USB 接口后,实现在不同电脑之间进行文件交流。另外,现在的计算机主板基本都支持从 USB 设备启动。

闪盘的安装和使用与移动硬盘基本一样,此处不再赘述。

参 考 文 献

[1] 宋玲玲. 办公自动化应用案例教程［M］. 北京：电子工业出版社，2014.
[2] 孙印杰. 办公自动化实训教程（修订版）［M］. 北京：电子工业出版社，2009.
[3] 石蔚云. 最新电脑办公自动化实用教程［M］. 上海：上海科学普及出版社，2013.
[4] 神龙工作室. Excel 表格制作范例应用［M］. 北京：人民邮电出版社，2010.
[5] 连卫民等. 办公自动化实用教程. 北京：高等教育出版社，2003.
[6] 王佳祥. 办公自动化设备使用与维护［M］. 北京：人民邮电出版社，2012.
[7] 黄军辉，周挺兴. 办公自动化设备使用与管理［M］. 北京：电子工业出版社，2010.